本书由国家自然科学基金
"基于利益诱导与风险控制的生鲜农产品有效供给双重驱动机制研究"（编号：71773104）
江苏省科协调研课题"乡村振兴背景下江苏省'花园+农业'体系发展对策研究"
扬州市社科联重点课题资助出版

U0661577

区域有机农产品
定制理论与江苏实践

田跃　姚冠新　徐静　著

CUSTOMIZED THEORY

—— OF ——

REGIONAL ORGANIC AGRI-FOOD AND PRACTICE

—— IN ——

JIANGSU PROVINCE

江苏大学出版社
JIANGSU UNIVERSITY PRESS

镇 江

图书在版编目(CIP)数据

区域有机农产品定制理论与江苏实践 / 田跃,姚冠新,徐静著. — 镇江：江苏大学出版社,2021.6
ISBN 978-7-5684-1531-6

Ⅰ.①区… Ⅱ.①田… ②姚… ③徐… Ⅲ.①有机农业－农产品－产供销一体化－研究－中国 Ⅳ.①F326.5

中国版本图书馆 CIP 数据核字(2020)第 265321 号

区域有机农产品定制理论与江苏实践
Quyu Youji Nongchanpin Dingzhi Lilun yu Jiangsu Shijian

著　者/田　跃　姚冠新　徐　静
责任编辑/郑晨晖
出版发行/江苏大学出版社
地　　址/江苏省镇江市梦溪园巷 30 号(邮编：212003)
电　　话/0511-84446464(传真)
网　　址/http：//press.ujs.edu.cn
排　　版/镇江市江东印刷有限责任公司
印　　刷/广东虎彩云印刷有限公司
开　　本/718 mm×1 000 mm　1/16
印　　张/15.5
字　　数/242 千字
版　　次/2021 年 6 月第 1 版
印　　次/2021 年 6 月第 1 次印刷
书　　号/ISBN 978-7-5684-1531-6
定　　价/50.00 元

如有印装质量问题请与本社营销部联系(电话：0511-84440882)

前　言

改革开放 40 余年,居民收入的不断增长驱动区域有机农产品市场蓬勃发展,全国各地涌现出众多具有地理保护标识的农产品,使得有机农业呈现出"百花齐放"的活跃态势,但有机农产品"买难卖难"的市场痼疾仍然存在。该问题不仅影响农业供给侧结构性改革的成效,更对扩大绿色优质农产品的供给造成阻碍。鉴于此,2017 年中共中央、国务院印发的中央一号文件《关于深入推进农业供给侧结构性改革加快培育农业农村发展新动能的若干意见》明确提出"要把增加绿色优质农产品供给放在突出位置,把提高农业供给体系质量和效率作为主攻方向,把促进农民增收作为核心目标,从生产端、供给侧入手,创新体制机制,调整优化农业的要素、产品、技术、产业、区域、主体等方面结构,优化农业产业体系、生产体系、经营体系,突出绿色发展,聚力质量兴农,使农业供需关系在更高水平上实现新的平衡。"2018 年和 2019 年中央一号文件又相继聚焦农产品的阶段性供需不匹配的状况,强调产销脱节严重与风险保障不足等问题已成为脱贫攻坚中的突出问题。由此可见,连续多年中央一号文件将解决农产品供需不匹配作为重要命题,关注绿色优质农产品有效供给,提出以品质与效率为先,从供给端、流通端和需求端入手,综合创新供给体系的决策,从而实现供需关系的高层次平衡。

从 2016 年开始,每年的中央一号文件屡次提及加大农业结构性调整与升级,推进农业多元化发展业态,促进体制机制创新,探索订单农业、直销直供等产销新模式,鼓励培育现代农产品品牌和地理保护标识,建设现代农产品冷链物流体系等内容,以此保障绿色优质农产品的稳定供给。由此可知,创新完善有机农产品供需匹配的体制机制成为我国研究人员亟须探索与思考的问题,也是政府相关部门决策施策亟需的理论与实践依据。

近年来,江苏省高度重视绿色优质农产品的供需关系,通过构建订单、租赁、托管等各类新型产销模式的尝试,积极推广具备实践基础的产业融合新业态,降低资源粗放型消耗,提升了供需衔接水平,并相继涌现出江苏生态示范园、农业合作社及产业联盟等一系列产业主体,加速了农业结构性调整与升级。但我们也必须清醒认识到,与国外发达国家或区域相比,江苏有机农产品产销模式仍处于需要不断完善的过程中,体制机制与政策落地尚待进一步"破冰",包括区域有机农产品产销体系创新不足、主体培育内容精准度不高、驱动机制研究不够深入等。因此,我们需要依据江苏省有机农业发展的具体情况,考虑区域有机农产品的产销特点,及时总结经验,明确发展方向,探索对策与措施,加大政策保障力度,将区域有机农产品定制理论与实践研究作为江苏省农业供给侧结构性改革"破冰"的依据之一,实现江苏省"农业强、农村美、农民富"的目标。

基于上述背景,本书借鉴相关研究理论,分析国内外区域有机农产品的供给类型,总结成功经验,归纳并整理出定制实践范式;同时,应用多种计量模型方法,研究区域有机农产品的定制影响因素,挖掘定制体系运行驱动机制,形成定制体系实施方案,并实证分析定制体系的实施效果,最终形成解决江苏省有机农业供需不匹配的政策建议。本研究创新点主要有:将工业产品定制研究成果引入有机农产品供给领域,构建区域有机农产品定制内涵、原理、模式与体系;挖掘有机农产品定制体系运行的驱动机制;在实证分析区域有机农产品定制体系实施效果的基础上,提出可行性较高的政策建议。

限于作者水平,书中存在不妥之处在所难免,敬请读者批评、指正。

著　者

2021 年 3 月

目　录

第 1 章　绪　论

1.1　研究背景与意义

区域农业发展涉及供给主体行为、农业风险技术创新、生态监测及经济管理等方面,需多角度、跨学科地进行综合研究,才能提出区域农业高效持续发展的新理论、新技术与新模式。因此,本书围绕农产品供给侧结构性改革主线,聚焦"三农"问题,以提升区域有机农产品供给精准度为研究目标,来促进绿色优质农产品持续扩大供给,切实提高农民收入。

1.1.1　研究背景

2017 年,中共中央、国务院印发的中央一号文件《关于深入推进农业供给侧结构性改革加快培育农业农村发展新动能的若干意见》中明确提出,"要把增加绿色优质农产品供给放在突出位置,把提高农业供给体系质量和效率作为主攻方向,把促进农民增收作为核心目标,从生产端、供给侧入手,创新体制机制,调整优化农业的要素、产品、技术、产业、区域、主体等方面结构,优化农业产业体系、生产体系、经营体系,突出绿色发展,聚力质量兴农,使农业供需关系在更高水平上实现新的平衡。"2018 年,中共中央、国务院印发的中央一号文件《关于实施乡村振兴战略的意见》中继续将"农产品阶段性供过于求和供给不足并存,农业供给质量亟待提高"作为乡村发展不平衡不充分问题的主要体现。2019 年,中共中央、国务院印发的中央一号文件《关于坚持农业农村优先发展做好"三农"工作的若干意见》中进一步指出

"产销脱节、风险保障不足等问题"是扶贫攻坚中的突出问题。2020年,中共中央、国务院印发的中央一号文件《关于抓好"三农"领域重点工作确保如期实现全面小康的意见》强调,"重点培育家庭农场、农民合作社等新型农业经营主体,培育农业产业化联合体,通过订单农业、入股分红、托管服务等方式,将小农户融入农业产业链;继续调整优化农业结构,加强绿色食品、区域有机农产品、地理标志农产品认证和管理,打造地方知名农产品品牌,增加优质绿色农产品供给。"由此可见,连续多年的中央一号文件以提高农民收入为核心目标,将绿色优质农产品供需平衡作为重要任务,将持续推动体制机制创新,优化产业结构,完善产销体系,实现农业产业的高质量发展作为主要目标。

2020年,因新型冠状病毒疫情致使民众居家隔离长达数月时间,使得农产品产销体系面临崩溃,更使农民收入遭受重创。扬州市杨氏猕猴桃产业园因疫情影响,出现有机农产品大量积压,不得不从先前供不应求的状况演变为低价抛售状态,令经营者痛心。在此之前,甘肃天水花牛苹果曾因丰收产生大量滞销问题,几万斤苹果烂在果园里或倾倒在路上,主要缘由是收购价格暴跌,从往年的2元一斤跌至当年的不到5毛一斤。因此,区域有机农产品仍存在供需关系不平衡的问题,它具有阶段反复性及集中性,而这主要源于供需信息的割裂扭曲、传统生产与供给观念的根深蒂固及风险防范技术与制度的单一薄弱[1]。上述因素不仅导致供给波动大,并易产生"劣币驱逐良币"等市场问题,出现"丰收"和"歉收"均导致区域有机农产品供给主体收入降低的"悖论",难以保证绿色优质农产品供给的持续扩大,同时引发消费者对区域有机农产品品质的焦虑,反而倒逼供给者陷入区域有机农产品"非有机"的泥潭。

国务院总理李克强曾指出,当前要把握科技革命带动产业变革加速等新特点,依托互联网、大数据等平台,在科技创新中推动融通发展;要促进科技与经济深度融通,构建良好创新生态,打造开放创新平台,提升创新效率,与市场需求紧密结合,实施"中国制造2025";努力攻克关键技术,推动定制化、智能化供给创新,进一步提升科技对经济的贡献率[2]。另一方面,"私人定制"和"农业定制"等概念已见诸相关文献,出现在农业产业链和农产品供应链升级研究内容中,以生产者和消费者的直接联系为主,表现为现场采摘、优选配送和租赁代种等形式,突出个性化与多样化的消费诉求,推动有机农产品供给端的持续调整。

总之,区域有机农产品存在"买难卖难"的状况,尤其在疫情期间,这既易导致有机农产品农户收入下降,又难以持续扩大绿色优质农产品的供给,不符合中共中央、国务院颁布的文件精神。本书借助于国家领导人明确提出的加快推进定制化、智能化供给创新及科技创新成果转化应用等观点,结合相关文献成果,系统研究区域有机农产品定制理论,提出保障江苏有机农产品供需平衡的科学建议。

1.1.2　研究意义

区域有机农产品定制的理论与实践研究符合以习近平同志为核心的党中央针对新时代"三农"问题做出的重要决策,契合乡村振兴战略的实施内容,利于促进农业农村现代化与满足城乡居民高水平的消费需求,并对加快农业产业转型升级具有深刻的理论与实践意义。

理论意义:以精准为视角,融合精准农业、精准物流和精准营销等概念,揭示区域有机农产品精准供给的发展趋势,深化了有机农产品有效供给的研究程度;以有效供给、契约与交易成本及规模定制为理论基础,结合区域有机农产品的概念,界定区域有机农产品的定制内涵,丰富了有机农产品有效供给的研究内容;以工业产品规模定制理论为基础,结合区域有机农产品相关研究成果,系统构建区域有机农产品的定制体系,促进了区域有机农产品有效供给的跨学科理论探索;以市场诱导、风险防范与生态保障为驱动因素,结合区域有机农产品定制体系的相关内容,深入挖掘区域有机农产品定制体系运行的驱动机制及定制体系实施效果的实证,归纳区域有机农产品定制驱动方案,填补了有机农产品有效供给研究的理论空白。

实践意义:本书援引的案例来源于社会生活,提炼的区域有机农产品定制模式贴近实际情境,对定制体系的社会推广具有一定的指导意义;本书采用的数据来自于社会调研,剔除不合理部分后,能够真实有效地反映区域有机农产品定制体系的实施效果,研究结论更利于相关部门、企业制订政策、方案与落实决议;本书围绕区域有机农产品存在的产销脱节、风险保障不足等问题,运用多种研究方法,严密剖析其现状、原因,科学挖掘定制体系运行的驱动机制,形成驱动方案,从而为定制体系发展奠定实践基础。

1.2　区域有机农产品定制主体、特征与内涵

区域有机农产品定制是对传统供给的颠覆,体现供给侧结构性改革的内在要求,聚焦于"以需定产",以满足消费者个性化与多样化需求,愈加成为农业产业结构性调整和升级的重要途径之一。

1.2.1　区域有机农产品定制主体

区域有机农产品定制由于消费者参与度提高而促使供需双方直接联系,利于避免定制信息的扭曲,能够有效降低定制成本。因此,定制体系的参与主体越少越好,包括有机农产品供给者(以下称为供给主体)、有机农产品消费者(以下称为消费主体)和有机农产品流通者(以下称为流通主体),其他相关职能、支持与服务机构与三大主体发生联系,并不参与定制体系流程(见图1-1)。同时,区域有机农产品定制主体具备以下特点:一是三位主体之间的信息流、物流和资金流是简单明晰的关系,不存在交叉关系;二是交易关系相对简单,交易成本相对较低;三是具备有效避免信息传递的失真性和增强供应链的快速响应能力。

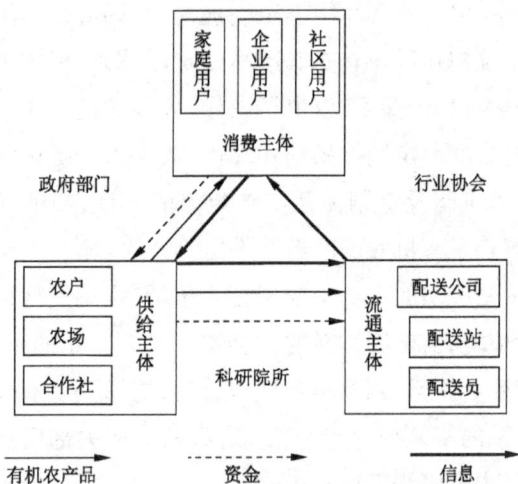

图1-1　定制体系参与主体关系图

1.2.1.1 消费主体

区域有机农产品定制的消费主体区别于普通农产品的大众消费群体，具有市场份额较小，消费个性化，品质要求高，尤其注重饮食安全与身体健康，以及较强的环保意识与消费能力等特征。消费主体的特征具体描述如下：

① 消费主体特殊。区域有机农产品定制消费主体因自身面向小众群体的属性，呈现出如下特征：一是年轻且高收入群体更乐于接受微信、短视频等即时沟通工具定制有机农产品；二是老年且富裕群体主要依赖朋友圈、亲戚圈等资源进行与健康养生活动相关联的现场推介或专家座谈；三是易在大众与小众间发生转换的群体更多关注区域有机农产品所蕴含的社会附加价值。

② 消费主体存在转化。消费条件变化会影响定制意愿与行为，使得消费主体从大众群体转为小众群体，反之，小众群体也会变为大众群体，具体条件变化类型有：一是消费目的变化。食品作为实物，代表一定的地位和生活阶层，消费目的成为小众群体的象征性文化和突出特质，是大众与小众区别的明显标志。同时，两者之间随着区域有机农产品的普及推广，会产生一定程度的转变和重叠。二是消费能力变化。有机农产品定制消费能力强于普通农产品，通常其单价超过普通农产品的 5~8 倍，因此，有机农产品定位于中产阶级甚至富裕阶层，但随着收入的波动，这类群体也会产生大众与小众间的转变。三是消费观念变化。区域有机农产品定制消费是将生态环保、养生作为出发点，聚焦生活品质带来的身心健康和愉悦，并形成一定程度的接受尊重和欣赏反馈，同时存在为了某个特定的对象或在特殊的时间发生大众群体定制区域有机农产品的现象，如定制补贴或生态环保意识的增加等。

1.2.1.2 供给主体

区域有机农产品定制的供给主体关乎供给品质、供给时间、供给区域及品牌保护等，对可追溯体系的源头建设、环境保护及品种改良等承担主要责任。因此，新型职业农民的培育培训成为重中之重，尤其是在家庭农场与小农户的种养技能培训与迁移能力提升等方面，并通过供给主体现状分析与定制体系需求能力分析确定供给主体的培育方向。

① 供给主体现状分析。从业人数多、综合素养高是实现区域有机农产品定制体系发展的前提条件,但目前农村普遍存在以下问题:一是供给主体数量不足。当前,城乡融合的深入与新型城镇化的发展,促使愈来愈多的家庭为了子女教育、老人养老、医疗、事业发展等从农村涌入城市,导致不少农村出现"空心化"和"老年化"的现象,导致乡村振兴战略的人才要素难以得到可靠保证。二是供给主体质量不高。目前,区域有机农产品的供给主体以绿色农业企业为主,已具备一定的市场规模,但仍存在"挂羊头卖狗肉"和"表里不一"等市场问题,主要源于市场环境不够友好、溯源体系不够完善及行业标准难明确等因素。

② 定制体系需求能力分析。定制体系供给主体以新型职业农民为基础,以家庭农场或小农户为供应单元,采用科学化种养技术,掌握互联网营销方法,知晓金融风险知识,不断学习并能迁移自身技能,由依赖传统经验转变为依靠现代技术,主动切入新兴细分市场,以获取产品的高附加值。因此,结合当前供给主体生存现状,定制体系供给主体将来源于以下几个渠道:一是返乡大学毕业生,具有诚信度高、技术理论强的优势,但缺乏实践经验;二是回乡农民工或企业家,具有一定的创业资金和管理能力,但缺乏技术优势;三是本土农民,具有浓厚的乡土情怀和较强的实践精神,但缺乏市场洞察力与营销能力。另一方面,随着"互联网+农业"的兴起,供给主体亟须突破信息化难题,掌握信息搜集、处理分析与科学决策的方法,摆脱原有的"看天而种""望天而收"的作业方式,成长为具备"爱农业、懂技术、善经营"的农业人才,这既是农业供给侧结构性改革的新要求,也是社会发展赋予的新期待。因此,新型职业农民作为区域有机农产品定制的供给主体的一部分,影响定制体系的产生、发展与繁荣,更关乎绿色优质农产品能否稳定供给及扩大供给。

1.2.1.3 流通主体

区域有机农产品定制的流通主体主要由规模化的冷链中心与区域配送中心组成,集中于小批量多品种的单元化配送,逐步从 B2B 与 B2C 的流通模式转变为 C2C 的快配模式,进而形成"家庭农场-家庭消费"的供给结构。因此,定制体系发展离不开单元化、模块化的生鲜技术创新与组织结构变革,高效、专业、众包将成为区域有机农产品定制流通主体的重要特征。其中高效是指速度,即完成任务或指令的时间短。以城市配送为例,美团、饿了么等公司的城市配送主要由骑手承担,往往局限于一定范围。区域有机农产品定制的辐射区域可能集中在家庭农场或售卖点附近不超过 10 千米的范围,能够实现"即时达"的目标。专业是保证配送过程的安全与质量,在经过多个流通环节后,仍能保持品类不错乱、品质不下降、品相无受损,符合消费主体的定制期望。众包模式则是配送个体的社会化和灵活性,发挥社会闲置资源功能,打通农村小路、社区道路和人行道等"毛细血管",推动兼职人员和志愿者在配送终端的裂变功能,逐步构建"众人拾柴火焰高"的现代流通体系。由此可知,网络配送员将成为定制体系流通主体的重要基础单元,具体分析如下:

① 定制体系配送个体数量分析。网络配送员的平均数量是以一定区域内,通常以 10 千米为半径,全天所生成的订单数为依据,结合配送时间的长短和订单浮动误差,满足 1 小时内送货上门的需求,即 $N=\dfrac{Q}{12}\times 6$,其中 Q 为一天总订单数,12 为总消费时间,6 为 1 小时内配送员能够来回 6 次平均为 5 千米的路程。以扬州西区网络订餐为例,扬州京华城商圈是覆盖西区周边城市居民消费的主要网络订餐点,能够满足消费主体全天候的用餐需求,包括奶茶、早点、西餐、快餐及其他美食。假设全天订单数量为网络正常消费人数的 10%,即 1000 人,则配送员合理数量约为 14 人才能保证消费主体能在 1 小时内收到产品。另一方面,网络配送员的数量还受到工资水平的约束,以小时计算,每小时收入应大于等于 20 元(不包括电费、延误费及其他费用支出),以月计算每月收入应不低于 4000 元,否则会造成人员流动波动大。此外,订餐点与消费主体距离也是影响配送员数量和配送效率的重要因素。因此,区域有机农产品定制体系的城市中转站位置的选取是首要考虑因素,应以消费主体聚集区域画圈并确定中心;其次,应合理配置网络配送员,提升配送效率的同时保证其收入;最后,完善配送员进出机制,并妥善解决消费旺季和淡季兼职人员的流动问题,保障其配送安全。

② 定制体系配送个体素养分析。网络配送员素养是职业道德、专业素

养和操作技能等综合技能的总称,人员的稳定有利于素养的提升,相反人员流动频繁则易导致素养下降。查阅相关文献可知,配送人员素养已成为影响物流业健康发展的重要因素,亟需通过规范制度、强化培训和增加职业收入等手段加以提升,并需要利用数据采集技术与信息跟踪系统进行实时监控与风险预防,杜绝个人作业的隐私化和模糊化,实现配送质量的全过程追溯。结合区域有机农产品精准供给概念,网络配送员素养提升可从以下几个方面入手:首先,构建配送员培养体系,包括配送专业建设或课程、网络配送员资格证书;其次,推广配送技术体系,包括 3D 立体配送地址规划、配送信息处理与分析、配送运筹规划及成本预测等信息系统;最后,完善配送员合理进出机制,包括长期聘用合同、临时雇佣协议及行业黑名单等。

总之,区域有机农产品传统供给是以满足消费主体需求为目标,解决供给不足的问题,并将多产丰收作为种植目标,注重产量提升,因此,增加化肥、农药及其他配套物资投入量成为传统作业的重要方式。与此相反,区域有机农产品定制则关注消费主体的品质需求,建立在多品种、个性化、高质量的基础上,将绿色、生态、有机与可持续发展结合起来,提高有机农产品质量。

1.2.2 区域有机农产品定制特征

区域有机农产品的重要属性是有机性,其影响因素为土壤、水、空气等外部环境及用于除草、除虫等功效的农业资料,是全生产过程无害无污染无残留的农产品。同时,区域有机农产品的供给还需要运输全过程无污染的高水平冷链物流保障,在保证效率的基础上做到保鲜保质。因此,区域有机农产品定制的前提是实现产地到销地的全程监控,体现为生产资料、农业资源与冷链设备等的"有机"衔接。具体特征如下:

1.2.2.1 区域有机农产品定制的基础是精准供应链

区域有机农产品精准供应链围绕区域有机农产品生产、流通和销售,将精准要求融入供应链,构建精准农业、精准物流和精准营销为主的产销体系,确保区域有机农产品的安全质量,有效降低成本并提升效益,从而满足供需平衡。

(1)精准农业

精准农业是将 3S 等高级农业勘测信息与现代农作技术结合,以定时、定位、定量为指标,对农资、农作和其他资源实施精准配置,从而实现低成本、高收益的目标,其基本涵义是根据农作物生长的土壤性状,及时调整农资投入,即将每个种植区域土壤、作物品种与生产力空间通过信息系统准确预测,并与该区域农作物的供给目标相结合,采用"系统诊断、优化配方、技术组装、科学管理"等技术手段,高效利用各类资源,最终实现经济效益和环境效益的"双赢"。

（2）精准物流

精准物流是在传统物流的基础上,精准把控货物流通的各个环节,包括单据处理、备货、运输、分拣、装卸搬运等,确保货物百分之百安全到达,同时实现物流过程的标准化和可视化,确保货物准时到达。精准物流通常产生于交易双方点对点的产品流通过程,采用小型化运输设备、安全可靠的物流系统及个性化的包装,结合直供和共同配送的特点,可缩减流通环节,减少周转时间和流通成本,从而提升流通效率。

（3）精准营销

精准营销是在定位精准的基础上,依托现代信息技术手段建立个性化、多样化的沟通服务体系,实现可度量的低成本扩张之路。区别于传统营销,精准营销通过搜集客户的阅读习惯、字段和内容诉求等数据,采用定向邮件、电话、短信、微信等方式进行信息推送、产品销售及效果反馈等。

1.2.2.2　区域有机农产品定制是订单农业的升级版

区域有机农产品定制是依据客户的个性化需求,通过专业合作社或其他团体分解农产品定制信息给农户,同时畅通三者的合作渠道,快速提供满足定制要求的有机农产品,同时持续强化产品定制能力,整合定制服务资源,借助大数据处理、物联网技术及可视化监控等信息技术,实现定制全过程的质量监管和质量追溯。因此,区域有机农产品可依据定制程度由弱到强分为以下三种类型:

（1）区域有机农产品订单体系

订单体系是区域有机农产品供给主体依据客户订单安排产品供给计划或制订前置的生产计划,改变"以产定销"的顺向推动为"以需定产"的逆向拉动,有效避免交易价格波动及资源浪费等问题,降低供给风险及成本。订单体系的重要特点是销售环节由供给量推动转变为由需求量拉动。

（2）区域有机农产品订制体系

订制体系是区域有机农产品供给主体依据客户订制要求，适当调整生产工艺，在不改变产品功能的前提下提供合乎要求的指定有机农产品。与订单体系相比，其供给体系通过重构供给流程，使有机农产品供给类型更为多样化。

（3）区域有机农产品定制体系

定制体系是区域有机农产品供给主体依据已知的定制需求或运用大数据信息技术预测的定制要求，重构产品组合，创新产品类型、功能或外观等，同时通过大棚、温室等现代化智能设施，动态调节农资供应，提升供应柔性，从而满足客户的个性化需求。与订制体系相比，其供给体系诞生新品种、新组合与新业态等，表现为客户需求已影响到产品供应链前端环节。

1.2.2.3　区域有机农产品定制蕴含新技术、新要素、新模式与新业态等内容

围绕消费主体、供给主体与流通主体提出相应的定制销售、定制供给与定制物流的概念，即定制销售是什么？定制供给是什么？定制物流是什么？定制与非定制的区别在于个性化与多样化的需求，其中个性化是与众不同的外观、颜色、品质与内容；多样化是建立在个性化基础上的多样性，即不同消费主体产生的不同消费需求衍生出对产品的多样化要求，是不同类型的产品序列数量的叠加，即定制多样化来源于个性化需求，两者是统一的关系，其层次变化依次为订单农业、订制产品与定制产品，三者的主要区别在于订单农业是在现有产品种类的基础上依据消费主体的需求安排生产；订制产品则是在现有产品种类的基础上依据消费主体需求确定某一具体区域、范围、门类及个体进行供给；定制区域有机农产品则是主动加入消费主体的设计元素，以新技术、新要素、新模式或新业态来满足消费主体的定制需求。简而言之，订单供给是依据消费主体需求来供给有机农产品；订制供给是依据消费主体需求分门别类地供给有机农产品；定制供给则是在加入消费主体个性化需求后，进行一定程度的技术重组后多样化地供给有机农产品。

总之,区域有机农产品定制的本质是依据消费主体需求提供符合质量安全标准的个性化和多样化的农产品,且杜绝两种状况:一是依靠供给基础与环境无序供给产品;二是关注产品产量而忽视产品需求。

1.2.3 区域有机农产品定制内涵

区域有机农产品定制属于绿色优质农产品与特色农产品供给领域的研究内容,蕴含质量高和环境美的特点,符合农业结构改革与升级的方向。同时,它要求达成以下目标:一是避免产销脱节。关注推动大数据技术的应用,以需定产,促进参与主体的功能重叠,保障产品供需匹配。二是压缩中间环节。关注参与主体的成本与收益,剔除中间环节,推动利益共同体下的供给能力。三是降低供给风险。关注参与主体的生产风险、交易风险及金融风险,提高风险防范系数。具体如下:

① 产业链重组。区域有机农产品定制是从产业链的角度改变区域有机农产品生产、加工和销售的交易地位或角色,鼓励产业链的相关主体积极参与农产品部分或全部的生产过程,调整各自的信息平台端口和物资流通接口,实现产业间的敏捷互动响应和无缝对接,共担定制风险,最终形成以蜂巢或蚂蚁型定制单元为基础的定制网络化组织。

② 供应链升级。区域有机农产品定制是从供应链的角度优化农产品产销结构,促使供给主体由传统的被动生产转变为现代的主动供给,促进农产品由"量的增加"转变为"质的提升",提高资源配置效率,增强区域有机农产品定制能力,从而提升供应链系统效益。

③ 区块链创新。区域有机农产品定制是从区块链的角度促使信息共享和透明化,通过云储存技术和设备,保障产品供给过程的质量和安全,以数据不可篡改、集中维护、全程追溯为核心,构建定制体系参与主体相互信任的机制,提升定制信用,从而满足网络化交易、监管和合作的需求。

同时,区域有机农产品定制内涵也可从以下几个方面加深理解:

① 数量、品种的定制:主要是依据客户需求,提供准确的区域有机农产品品种和数量,采用灵活多样的供给方式完成交易过程,包括在线订单、电话通知、现场采摘及租赁管理等。

② 外观、包装的定制:主要指依据客户需求,通过调整生产过程的工艺、

方法等,改变区域有机农产品的原有外观,结合包装材料、设计等方面的改革,完成客户定制任务,如方形西瓜、金色马铃薯及印制企业标识的大米等。

③ 成分、营养的定制:主要是依据客户需求,对区域有机农产品的内在成分与营养进行科学技术调整,增加或减少某些微量元素的含量,满足某些特殊人群的食用需求,如专供糖尿病人食用的苹果、富含维生素 C 的黄瓜等。

④ 口感、风味的定制:主要是指依据客户需求,在保持成分与营养不变的情况下,改变某类区域有机农产品原初的口感与风味,促使原初口感或风味不佳但营养丰富的有机农产品获得客户喜爱。另外,未来将出现以现代科学技术为基础,采用人工材料合成"有机"农产品,保证与所模仿产品一致的口感、风味乃至营养,如人工蔬菜和水果等。

此外,区域有机农产品定制可通过流程重构、体系重建等以满足消费者的定制需求,通过"互联网+农业"的深度融合,促使区域有机农产品定制与旅游观赏、健康养生、保健养老等产业结合产生新的业态,从而助推前者的不断发展。

1.3 文献综述

国内学者对区域有机农产品领域的研究历经多年,已有相当多的学术成果,以供给主体决策行为[3]、有效供给保障政策[4]、农村物流模式动力学[5]等论著为代表,已形成系统性的理论和实践体系。另一方面,相关学者开始将精准理念引入区域有机农产品领域,提出精准服务能够提升区域有机农产品供给质量水平,带动扶贫机制的创新[6]。此外,部分学者关注的区域有机农产品供给安全与质量[7]、流通发展[8,9]等内容也成为当前研究的重要方面。因此,本书基于精准视角[10],研究区域有机农产品定制[11]与相关主体行为规制[12]及体系驱动的内在机制,结合拟定研究重点,检索定制概念、定制因素、定制能力、定制风险及定制信用等方面的文献资料。

1.3.1 国内研究现状

国内定制概念研究开始于 21 世纪初,以顾客满意度为中心,研究精益生产、敏捷制造与柔性管理三者间的关系。精益生产要求,尽量减少不必要的浪费;敏捷制造要求企业具备快速制造的敏捷素质和能力;大规模定制是要求企业将个性化定制产品和大规模生产综合起来;即时响应顾客的个性化需求,由此开始了企业管理范式的转变。国内定制研究具体包括定制概念研究、定制方法研究、定制模型研究、定制技术研究和定制能力研究、定制策略研究。

1.3.2.1 定制概念研究

有学者曾提出关于产品批量化定制的思考[13],接着出现大规模定制成为企业竞争新范式的思路[14],然后又有学者总结出大规模定制的概念、原因、分类与实现[15]。至此,定制理论基础开始出现,并逐渐走向学术繁荣阶段,主要有:结合互联网平台的研究分析,如基于 Internet 的客户化定制[16];结合供应链的研究分析,如面向供应链的大规模定制理论研究[17];即时定制生产模式下企业生产能力的概念及其快速形成机制[18];人力资源外包服务的大规模定制研究[19];结合消费主体购买意愿的定制理论综述[20],学界相继提出定制化采购、定制化服务[21]和定制化生产的概念。

1.3.2.2 定制方法研究

定制设计主要围绕定制体系与定制参数进行研究,既有具体产品的定制体系设计策略[22],又有大批量定制生产系统设计内容[23]。基于通用平台的产品族开发设计,能以低成本、高质量的产品快速响应顾客的个性化需求及围绕企业实际需求建立基于个性化产品定制的参数化设计系统。定制设计具体从模型设计、模式设计、技术设计和方法设计等方面进行检索。定制方法研究主要分为面向大规模批量定制[24,25]与即时顾客定制[26,27]两类。前者提出利用基于主模型、主文档的变型设计技术进行零部件几何拓扑结构及其 CAPP、NC 程序等工程数据详细设计,从而获取与客户订单相一致的精确产品结构的方法,并简述了进行产品配置结果评价的方法及应该遵循的原则。后者则提出通过功能到行为的转换、行为到结构的映射来实现市场需求到产品方案的配置,结合自顶向下和自底向上两种设计方法来实现双向的参数传递,混合 CBR、RBR 等几种知识推理方法来综合利用已有设计知识经验的基于双向混合驱动的个性化产品快速响应设计方法,并分析介绍了其实施的策略。

1.3.2.3 定制模型研究

国内学者对定制模型的研究与对定制理论的探索几乎同时进行,它开始于面向大规模定制的供应链驱动模型的研究与应用[28],繁荣于面向大规模定制的产品平台管理模型[29],缩减于面向大规模定制的供应链延迟策略模型[30]。此后相继出现了大批量定制及其产品与过程集成优化模型研究[31]、面向客户定制的动态 BOM 模型及算法[32]、产品平台在基于大规模定制范式的生产系统中的作用建模[33]、大量定制环境下基于延迟制造的多级供应控制模型研究[34]及基于云计算的大规模定制客户需求响应模型及其节点的选择与分布[35]等。有关规模定制的主要观点有:规模定制需要供应链组成环节的协同合作,包括研发、生产、销售和采购等;规模定制是即时生产模型的丰富或拓展;规模定制对供应链响应速度与准确率提出更高的要求等。

定制模式的研究从定制生产模式发展到定制供应链,首次出现在 21 世纪的主流生产模式中:大规模定制[36]一文中提到,从大规模定制生产模式向集群式[37,38]与供应链定制模式研究[39,40]的转变,系统研究集群式供应链的供应商、外包商、制造商和分销商的各环节计划管理,将集群式供应链的系统战略计划和各个企业运作计划进行有机整合,并提出集群式供应链大规模定制化的主生产计划、物料需求计划和生产作业计划的分解机理。

1.3.2.4 定制技术研究

定制技术的研究开始于 2004 年,学者从大规模定制的广义需求建模方法与实现技术着手[41],相继对大型定制产品模块化制造关键技术研究[42]、大批量定制原理与若干关键技术研究[43]及面向大规模定制产品设计的客户需求处理关键技术研究[44]等方面提出若干方法与建议,主要有:大批量定制管理技术总体框架下基于产品族粗结构的定制生产计划与各环节工序及材料的生产时间估算;从产品的功能、形式、外延和价格四个方面构建影响产品客户满意度的各项因素评价指标体系,建立用于定制化产品客户满意度测评的多级模糊综合评价的数学模型等。

1.3.2.5 定制能力研究

定制能力的研究是指对产品定制程度的研究与分析,主要包括大规模定制模式下定制程度的优选分析[45]、大规模定制模式下定制程度分析[46]等,学者提出在追求类功能需求评分、顾客满意度和利润函数值尽可能高的前提下,可以求出定制程度的最优解及最优定制程度的确定受顾客对定制产品的额外需求及个性化成本两方面因素的影响等观点。

1.3.2.6 定制策略研究

定制策略的研究内容很丰富,涵盖的领域从定制化价格策略到定制化产品库存协调研究。具体有:龚本刚[47]提出基于延迟区分战略的大规模定制生产供应链模型,并对该模型进行分析,说明了延迟区分战略是实现大规模定制生产模式的有效途径;刘一骕等[48]讨论基于战略成本管理和作业成本法在整个产品生命周期中的成本管理模式和控制方法;邵晓峰等[49]提出以大规模定制方为主导供应链的定制产品价格低于集成供应链的定制产品价格,且基于收益共享的回购合约能够有效地协调大规模定制供应链。此外,金立印等[50]讨论定制化服务对消费主体选择影响的理论意义和应用价值,并围绕企业如何通过有效的服务业务组合和战略呈现来创造利润提出了管理建议。

1.3.2 国外研究现状

与国内研究成果有所区别,国外文献主要通过实证案例分析定制的影响因素,如不同行业背景下不同定制消费主体对定制体验感和产品定制意图的影响程度[51],食品企业决策框架影响定制产品中的健康项目比例及与定制价格的密切关系[52]等。另一方面,部分文献则从产品自身属性出发,研究其对定制时间的影响,如产品自身所特有的定制属性可以提升定制效率[53],长时间的定制学习和作业能够增加定制数量并造成定制能力的变化[54]。国外的研究具体包括定制概念研究、定制因素研究、定制模型研究、定制策略研究、定制风险研究和定制信用研究。

1.3.2.1 定制概念研究

一方面,国外学者以创造性解决理论的分割原理为分析框架,阐述了服装定制的术语,包括模块化和多样性的层次以及设计和装配的属性[55]。另一方面,国外学者对于定制概念的研究主要集中在客户关系管理上,如高水平的大规模定制能力依赖于灵活的制造资源、客户参与和产品管理工具[56];

以认知评估、情绪、关系营销理论为基础,构建服务定制的概念模型,并通过研究情绪描述解释定制对信任和品牌忠诚度的影响[57]。

1.3.2.2 定制因素研究

国外学者比较了大众品牌标识对产品定制的影响。以T恤衫和手提包为例,采用网络定制研究工具,研究结果表明在大众品牌标识存在的情况下,定制比标准显示出更高的客户态度和倾向,但在没有大众品牌标志的情况下,两者呈现出相反的结果[58]。此外,从系统理论角度提出定制受组织内部整合、客户关系整合、供应商整合以及各主体之间相互作用的影响,并认为整合供应链有利于大规模定制能力的发展[59];提出定制效果取决于组织协调和项目合作,如客户需求明确、客户参与、产品模块化、项目团队技术能力以及流程工艺嵌入等[60];总结出人际适应行为和关系协调手段成为提高顾客定制满意度的必要前提和条件[61]。

1.3.2.3 定制模型研究

国外文献通过对企业提供定制服务的决策过程进行建模,研究了企业提供定制服务时,消费主体对网络渠道的接受程度与消费主体固定成本的依赖关系[62],同时考虑全球生产者服务供应链的关键特征,即随机需求、定制订单的显著特征、特殊阶段分类、经济性等,构建了一个新的随机多目标动态调度模型来解决全球生产者服务的大规模定制调度的多目标动态优化问题[63]。国外文献提出的基于启动解决方案的定制(CVSS)体系结构,可以极大地降低产品定制的复杂性,同时能保留产品定制的优点[64],并实证研究先进制造技术(AMT)、吸收能力、大规模定制(MC)能力、竞争优势与组织绩效指标之间的关系[65],进一步表明定制能力强的客户对产品外观的关注较多[66]。

1.3.2.4 定制策略研究

国外文献提出规模定制的双通道策略:即单通道和双通道策略,并发现当双通道策略优于单一通道策略时,宜采用混合大规模定制[67],继而认为服务定制策略会影响产业技术孵化器的发展,即孵化器高度异构下实施服务定制策略是可行的,但应密切关注技术孵化器的产业分工程度与服务定制策略的相关度及后续影响[68]。

1.3.2.5 定制风险研究

查阅定制风险研究成果可知,国外文献推导出定制过程中最优退货服务费用的封闭回路表达式[69],进一步研究认为最优退货服务费用的影响因素是代表供应链的网络中不同业务参与者定制程度的定制参数,并采用分析灵敏度的定量模型论证不同定制参数的影响机制,揭示流通服务供应商的风险规避水平与最优退货服务收费政策间的联系[70]。同时,针对上面定制影响因素的劣势分析,学者虽然通过项目生成、观点提炼和实验验证等过程提出多项目量表,并从 8 个维度测量消费主体的感知风险,论证表明增强消费主体的沟通能力能够减少某些风险维度来改进定制服务[71],但仍担心企业文化的高度不确定性易对规模化定制带来负面影响,如配置停滞时间延长、产品转换率降低等[72]。

1.3.2.6 定制信用研究

如前所述,定制信用能够影响到定制行为与服务质量,即客户对定制体系的负面态度能够增强不公平感知,进而影响到定制行为,会极大地降低客户的忠诚度[73]。同时,通过对定制怀疑论和定制学习论的调查,学者提出定制学习能够帮助消费主体更好地理解定制体验,并提升风险规避水平[74];认为零售商能够利用内部和外部的机会制订定制计划,以提供给消费主体独特的购物体验,进一步提升定制信用,包括利用新技术、创新产销体系和发挥社会媒体效应[75]。另一方面,国外文献对定制服务质量的研究主要包括服务定制与服务质量的关系研究,提出服务产品的标准化和定制化是提高服务质量的关键,其中定制化比标准化对服务质量的影响更大,并由此影响到顾客满意度和顾客的品牌忠诚度[76];个人隐私保护程度[77]也会影响到消费主体、电子商务公司和销售代理之间的长期合作关系。同时,有学者证实服务定制受消费对象的影响,其优势是更强的感知控制和更高的消费主体满意度,而劣势则是更大的感知风险[78]。此外,消费主体自我感知信念、服务环境对定制行为的推动[79]、品牌价值、消费主体独特需求[80]以及创造效用、社会价值等都对服务定制产生较大的影响,并进而影响定制满意度和品牌忠诚度[81],最后提出信用机制完善的影响因素包括合理的成员进出机制、完善的激励机制以及规范的约束机制。

1.4　研究评述

从国内外关于区域有机农产品的研究现状可分析得出以下几点：一是研究侧重点不同。国内学者主要侧重研究定制概念和定制体系设计等方面；国外学者主要侧重研究定制影响因素和定制信用等方面。二是研究工具不同。国内学者主要借助数学及统计模型进行研究；国外学者主要借助社会学、经济学等学术理论进行探索。三是研究策略不同。国内学者通过分析定制原料、定制工艺流程及定制生产制造等内容，揭示规模化定制成本和收益关系，并提出产品的定制策略；国外学者则以实际案例为例，结合消费主体定制需求、定制意愿和定制环境等宏观分析，探索定制化对消费忠诚度的促进作用，并提出服务定制策略。总的来说，工业领域的定制化研究成果较丰富，已相继深入研究定制概念、定制因素、定制设计、定制能力、定制风险及定制信用等内容，且提出了许多创新性的策略和建议，但有关区域有机农产品定制的研究文献较少，且尚未出现系统性的科学理论。因此，本书以精准为视角，深入研究区域有机农产品定制体系构建、运行和实施等科学理论，以期填补区域有机农产品产销体系研究的空白，丰富产品定制的研究成果。

1.5　区域有机农产品定制的动因与效应

区域有机农产品定制是农业产业经济发展的新领域，是农产品供需关系的创新类型，能够提升农业资源的利用效率，增强产品产销精准度。同时，多元化的产业融合也极大地丰富了有机农产品定制产业的新功能与新价值。此外，消费需求的个性化、创新合作的新环境及经济发展内循环等都是定制动因。

1.5.1　区域有机农产品定制的动因

为保障区域有机农产品定制市场的良性发展，首先应挖掘激发定制行为发生的动力来源，主要表现为：消费主体个性化需求的产生、供给主体和流通主体对市场利润的追逐、技术开发与应用对定制发展的支撑及政府对定制市场发展的组织和制度保障等(见图1-2)。

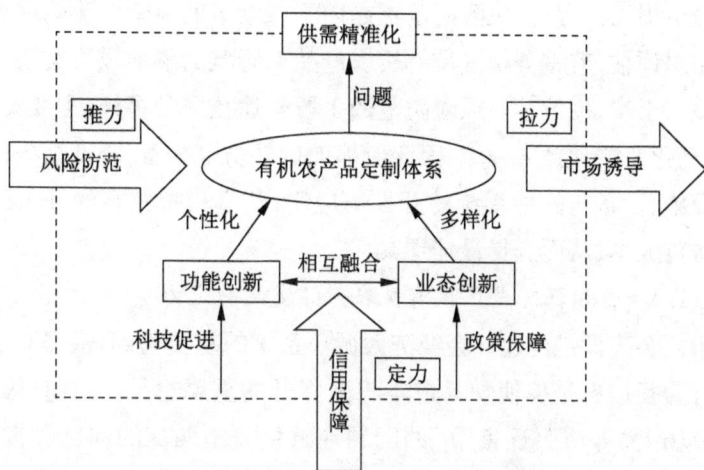

图1-2 区域有机农产品定制动因的理论框架

1.5.1.1 市场诱导是区域有机农产品定制的拉力

市场消费需求来源于客户收入增加带来的消费升级,逐步凸显个性化与多样化,体现客户参与消费的主动性,且这些属性将随着社会消费环境的不断优化与智慧消费的不断升级而日益增强,主要表现为定制市场的产生和发展、定制规模的扩大及定制新业态的繁荣。市场消费需求继而产生市场利润,吸引社会投资,获得政府补贴,进一步增强区域有机农产品定制市场活力,激发供给主体的积极性,并促使其增加农业科技投入,提升农业现代化技术应用范围,进一步提升区域有机农产品的定制品质,并在保证定制柔性的基础上,有效控制定制体系的总成本。此外,市场诱导还体现在社会消费观念应完成健康、生态与绿色的转变,出台政策鼓励与引导消费主体增加有机食品购买比例,以规模化降低供给成本,以机械化提升供给效率,以智能化增强供给能力,从而逐步形成供需匹配的区域有机农产品产销体系。因此,市场诱导是区域有机农产品定制发展的拉力。

1.5.1.2 风险防范是区域有机农产品定制的推力

供给风险无处不在,尤其对于区域有机农产品而言,包括设计风险、生产风险与营销风险,甚至转基因风险等,其中有些风险可以控制与避免,有些风险可以降低其发生概率,而有些风险则难以防范,只能通过事后补救措施极力减少损失。因此,风险防范更趋向于探索事前风险的影响因素、发生机制和结果评估,着重分析区域有机农产品可防范的事前风险类别,如天气灾害、洪水、干旱、疫情等。风险防范的手段与途径多种多样,主要集中于智能化、自动化监测和预警领域,因此应提前做好防范准备,降低损失,同时借助新型设施、设备与软件系统的开发与应用,仿真模拟灾害的冲击强度,精准预测防范成本,从而选择最佳预案。

1.5.1.3 信用保障是区域有机农产品定制的定力

信用社会建设是构建社会经济大循环系统的重要基础,供需互信、联盟互信及行为互信也是促使交易成本不断降低的重要途径。当前,区域有机农产品市场上"劣币驱逐良币"的问题导致供需不匹配的问题时常见诸报端,进一步损害了消费主体本已薄弱的信心,逐步降低了消费主体对传统渠道供给区域有机农产品品质的忠诚度,因此,定制体系的建设应将信用保障作为关键内容,以确认产销体系中"有机性"的货真价实。另一方面,从契约与交易成本理论来看,区域有机农产品定制通过缩减交易环节,压缩交易层次,将交易外部人转变为交易内部人,提升交易的互信程度,直接或间接地降低监管成本,进而影响区域有机农产品的定制价格,提升市场竞争力,激发供给主体扩大产量的积极性。

1.5.2 区域有机农产品定制的效应

区域有机农产品定制聚焦市场诱导消费主体由国外区域有机农产品转为国内区域有机农产品,扩大国内有机农产品供给,激发供给的积极性;由普通农产品转为有机农产品,需要提高居民收入和消费信任度;由传统渠道购买转为产品定制,满足消费的个性化与多样性,从而提升产业链附加值。

1.5.2.1 推动区域有机农产品定制利于实现供需精准化

供需精准是解决产销脱节、避免交易风险的最佳途径,能够促使供需主体衔接主动化、交易信息透明化及质量追溯全程化,在营销精准的前提下,通过精准农业供给和精准物资配送等创新与升级,提升资源利用效率,降低资源的无效投入,以"一"对"一"的内在规律,满足现代产销体系发展的需要。同时,区域有机农产品定制是达成供需精准目标,解决供需失衡的重要途径,从创新传统产销流程着手,变"以产促销"为"以需定产",将消费主体由被动购买产品变为主动设计产品,由体会消费满足变为体验创新快乐,由盲从新品推销变为分享新品功能,在定制体系建设的基础上,促使供需匹配更为高效、柔性与便捷。

1.5.2.2 推动区域有机农产品定制利于满足消费个性化与多样化需求

消费个性化与多样化随着现代年轻人的消费独立性与日俱增,是现代商品经济社会发展的必然趋势,体现了客户专属性,更代表着客户的参与性与体验性。同时,随着现代科学技术的发展,在千篇一律的规模化供给基础上涌现出小批量、品种丰富的私人定制类型,进一步聚焦消费群体,细化消费市场,量身定制产品,依据消费主体自身的不同情况进行设计、生产、销售,切实提升区域有机农产品发展的针对性与精准性。另一方面,区域有机农产品定制来源于消费个性化与多样化,通过产品自身功能创新与产业融合升级,使得消费主体能够获得大量的选择权利与配置自由,并进一步激发其主观能动性,促使其敢于提出新颖设想应用于产品定制,不断挖掘和扩大区域有机农产品市场的增值潜力与价值内涵。

1.5.2.3 推动区域有机农产品定制利于农产品功能创新与农业新业态创新

创新是提升生活品质之源,它与区域有机农产品定制相结合,诞生出农产品功能创新与农业新业态创新两类。农产品功能创新是产品自然属性的改变与升级,是将原有外观、成分或营养,依据客户个性化需求,打造成新式产品的过程,以满足特定场合或环境要求;农业新业态创新则是围绕区域有机农产品定制,将农业与休闲、旅游、会展等融合起来,形成综合性业态。通过提升客户体验,引导其增加优质绿色农产品的消费量,并进一步巩固其对区域有机农产品定制市场的信心。另一方面,区域有机农产品定制亟需农业科技、信息科学与工程技术等方面的支持,以网络革命为前提,基于定制平台,创新定制模式,全面检索特色区域有机农产品与创新传统区域有机农产品,逐渐丰富定制清单,保证客户私人定制的可行性。

1.5.2.4 推动区域有机农产品定制利于促进科技应用完善

科技改变生活,不仅体现在市场诱导的拉力和风险防范的推力上,还体现在信用重塑的定力上。通过手机、电脑、网络、传感器等硬件结合 CRM、ERP、CM 等信息软件,持续完善区域有机农产品定制体系,可增强供给柔性、提升风险防范、重塑产销信用,保障区域有机农产品定制的可靠性与稳定性。

第2章　区域有机农产品定制的概念及理论基础

2.1　基本概念

　　经济发展"新常态"促使农产品领域的研究逐渐从关注总体性数量转向关注结构性数量,聚焦提质、增效与降本,不断完善农业产业改革政策与举措。在此背景下,绿色优质农产品的持续稳定供给成为农业结构性调整与升级的目标之一,连续多年被中央一号文件所提及,并相继出现在一系列政策与意见中。接下来,本书从产品定制入手,研究结构性数量匹配的定制体系,激励区域有机农产品参与主体的积极性,提升定制能力,满足绿色优质农产品的市场需求。

　　产品定制的概念起源于美国未来学家 Alvin Toffler 在 1970 年出版的 *Future Shock*,后被 Start Davis 在 *Future Perfect* 中正式界定为"Mass Customization",即大规模定制(MC),直到 1993 年 B·约瑟夫·派恩在《大规模定制:企业竞争的新前沿》中提出大规模定制的核心是产品品种的多样化和定制化急剧增加,而不相应增加成本,又可称为个性化定制产品的大规模生产,其最大优点是提供战略优势和经济价值。此后,国内外学者从市场、技术与产品等角度对产品定制的方法、条件与模型进行研究,并对产品定制流程、构造、品牌建设、顾客忠诚度及与其他产业间的嵌入与融合等新模式进行分析与总结。研究区域有机农产品定制,需要厘清产品定制、农产品定制、区域有机农产品定制的概念及相互关系。

2.1.1 产品定制

产品定制方式最早出现在 17 世纪欧美国家的贵族阶层的珠宝、服装与鞋帽等上。为了体现生活品质与社交层次,贵族约定手工匠人依据定制需求设计与制造出款式多样、色彩特殊和贴合身材的专属产品,后来逐渐衍生至家具、乐器、房屋乃至电子产品等诸多领域。随着产业技术快速发展,产品供给数量大幅增加,许多行业出现供大于求的状况,满足消费主体需求逐渐取代降低产品成本成为产品供应商优先考虑的内容,由此,产品定制成为现代产业结构发展的主要趋势之一。

进入 21 世纪以来,学术界对产品定制模式的思考日益增多,提出产品定制是今后的主流生产模式,它能够将客户需求多样化与产品供给标准化相结合,旨在满足消费主体需求后的成本控制策略[82]。从理论角度来看,产品定制是指借助现代先进制造、组织与供应技术,依据客户的不同需求,基于现有产品标准与生产制造基础,发挥柔性供应能力,采用组合、分解或其他关联方式,构建模块化的作业流程,获取更多的产品附加值或社会经济价值,并能有效控制成本。从市场实践角度来看,产品定制是通过由产品、技术、市场、政府及参与主体相互作用、相互融合与渗透的有机系统,实现供给与需求的结构、数量、质量等要素的匹配,呈现"一对一"的关系。它不仅指产品订单,还包括设计流程、生产组织、供应体系等一系列要素组成的新模式,并促进产业新属性和产业新业态的发展。因此,产品定制融合精准理论与实践,基于精准营销、精准产业及精准物流,结合产业先进技术与信息科技手段,细化规模化与标准化产品种类、功能与属性,构建更为精确的生产设计及流通供给数据库,能满足客户与日俱增的多样化与个性化诉求。

2.1.2 农产品定制

农产品定制是将工业化产品定制引入农业领域,以解决农产品长期存在产销脱节或供需失衡的问题。当前,农产品定制的研究更多地集中在订单农业、私人订制与直销直供等方面,并出现了诸如扬州市金花科技农场、苏州金满庭生态农业园及上海多利农庄等实践发展的典型案例,但学术界对于农产品定制的研究尚处于初级阶段,只在产品批量定制或大规模定制设计中提及到非标准化产品的定制研究[13]。查阅相关资料发现,农产品定制能赋予消费主体更多的主观能动性,能够依据需求影响农产品产销全过程,改变以往被动接受的地位,实现供需理念的革新与供需模式的创新,从而改变普通农产品售价较低、趋于规模化批量供应、以量取胜、难以短期内获得较好的效果的现状。农产品定制具体可分为三种类型:一是订单农业,是将传统先产后销变为以销定产,以订单为中心,但离不开现有产品种类,以西瓜为例,即由先生产西瓜再销售转变为先接受西瓜订单再种植。二是订制农产品,是订单农业的升级,依据消费主体需求,增加或改变农产品种类,且从源头上确定所需要的具体农产品,更为具体化和多样化,以西瓜为例,即从西瓜种类或数量精确到具体种植范围或具体对象。三是定制农产品,是订制农产品的升级,消费主体可依据自身个性化(特殊化)和多样化需求,通过技术改变农产品内在属性,如外观颜色、组成成分、口味等,以西瓜为例,即消费主体可依据自身需求选择皮薄、水分多、糖分少的西瓜。

总的来说,订单农业是营销模式的改变;订制农产品是生产模式的改变;定制农产品则是研发设计模式的改变。因此,农产品定制在供应链中消费主体与供给主体发生关系的位置中居于前端、订制居于中端、订单居于终端,即分别处于生产环节、加工环节、包装及销售环节等。

2.1.3　区域有机农产品定制

区域有机农产品定制是农产品定制概念的进一步细分,以某区域有机农产品产销区域或某类地理保护标识产品为研究对象,依托于公共交通设施的快速发展与物流体系的不断完善,能实现供需高水平、高质量的平衡。

区域有机农产品定制实践最早出现于第二次世界大战后的日本,起始是为了满足居民日益增长的健康食品需求,而后伴随着农业技术的不断发展和客户个性化需求的逐渐增多,逐渐创造出新式的农产品种类、外观和口味。20 世纪 60 年代,日本政府以奥运会需要大量健康绿色食品为由,曾颁布大力推进提高区域有机农产品供给量以支持一批农业供给主体扩大区域有机农产品定制市场的政策。此外,从学术角度分析,顾燕[15]从概念、原因、分类及实现途径等方面提出大规模定制模式的系统阐述,并认为定制农业将成为产品大规模定制的重要部分。同时,产销组织革新与信息技术创新速度的加快能够推动区域有机农产品的质量可追溯体系的不断完善,从而利于定制关系发生由顾客到会员的转变。陈昆玉将大规模定制界定为企业竞争的新范式,提出产业链中参与主体的互助共享能够有效挖掘客户的内在需求,改变或完善产品功能,持续提升产品竞争力和客户满意度,并表示将对农业龙头企业保持关注,从产业标准化角度给予一定的规模定制建议[14]。因此,区域有机农产品定制主要分为两种类型:一是区域产销条件下区域有机农产品定制,表现为直销直供、现场租种与采摘体验等,定制关系联结主体为"农户+会员""农户+合作社+顾客"等;二是区域特色有机农产品定制,表现为农业订单、私人定制及产品种类或功能定制等,定制关系联结主体为"农户+配送+会员""农业基地+物流公司+顾客"等,两者在时空转变造成的流通成本方面存在较大差异。

区域有机农产品定制依据消费主体个性化需求,生产制造对应产品。这对消费主体而言是基础产品上的需求特殊性;对供给主体而言是基础产品上的功能特殊性;对流通主体而言是基础产品上的条件特殊性,即为符合商品质量标准的多样化体现,能满足消费主体个性化需求。其中,多样化既体现在消费产品类型方面,又体现在参与生产、设计等过程,如可现场采摘符合自己需求的农产品,外观选择自由度高;可租赁土地自己耕作的农产品,品种选择自由度高;可托管共享作业的农产品,方式选择自由度高。个性化则体现在品质、功能、效率、包装等方面,如功能个性化是选择自己所需要的营养、口味和颜色;效率个性化是即买即送;包装个性化是专有铭牌、特殊包装(外观专利)。

2.1.3.1 体现品质高、体验佳的定制质量

与工业品规模定制不同,区域有机农产品定制由于受产品属性和消费感知等因素的影响,主要聚焦高品质、高安全等核心特征农产品的培育。如前所述,高品质是区域有机农产品定制意愿的影响因素之一,同时受信用保障因子的保障。因此,持续提高区域有机农产品品质成为诱导消费主体持续扩大定制需求的关键要素。它需要供给主体严格按照有机认证标准选种、育种、栽培和种养,推动沼气、太阳能等清洁能源的利用,控制水、电、气的利用量,提升资源综合利用效率,并通过平台系统连接其他主体,增强供

应链的全过程风险防范能力,从而不断提高供应链品质系数。另外,购物体验也是区域有机农产品影响因素之一,受供应柔性因子的保障,将定制服务、定制行为和定制生产融为一体,能够给予消费主体直观的感知体验,对增强消费忠诚度,提升交易信用具有积极意义。因此,参与式设计、精准式服务、柔性化供应等成为提升消费主体购物体验的重要方式。此外,舒适的产品展示、启发式生活演示及互动式产品交流对扩展农业产业链、增强产业信心、提升定制模式的质量产生积极影响,可促进"区域有机农产品定制+"的综合业态发展。

2.1.3.2 承载区块链资源利用的深度

区块链资源是在数据透明、开放、共享等基础上的需求信息、投入农资、流通设施设备和其他定制体系参与物质的总称。随着经济结构化调整和升级,资源利用从量的增加转为质的提升、从单一结构转为复合结构、从模糊转为透明、从孤立转为共享,更加关注物质转化和合作的精准性,避免资源利用的简单粗放导致有效供给效应的丧失。因此,精准的区块链资源利用能力是区域有机农产品定制模式必备的基础,主要包括精准营销中获取消费主体信息能力、精准物流中保障物资安全流通能力和精准农业中提升农资投入效率能力等。另一方面,定制模式促使区域有机农产品实现从"以产促销"到"以需定产"的转变,以消费主体满意度为中心,通过定制信息系统获取消费主体相关数据,精准分析并处理所需资源结构和数量,并开放给对应部门或组织,实现营销、物流和农业系统之间关于资源的精准分解,从而重构参与主体协同设计的模式、流程和体系,满足消费主体定制需求。

2.1.3.3 表征产业链的优秀组织效应

如前所述,区域有机农产品定制是在现有产品自然属性不变的情况下,针对社会属性进行开发设计,如外观、包装、品牌等,并依据消费主体定制需求搭配产品种类或营养,形成丰富的组合或套装,实现内在标准化和外在多样化;同时,为提升定制感知响应速度,区域有机农产品定制模式应在有效供给、交易契约与费用及规模定制等理论基础上,构建灵活多变、分裂和聚合的产业链,以家庭农场、小规模种植基地为基础单元,推进"一户一品"工程,聚焦"品质为先、技术为王",实施区域有机农产品品种标准化供应;同时通过基础单位聚合成供应模块,联合区域有机农产品初级加工、餐饮和旅游业等主体,扩展产业链脉络,减少产品供应周期,丰富产品供应种类,实现区域有机农产品定制多样化。因此,区域有机农产品定制模式主要不是针对单一产品或种类进行协同设计和开发,而是对产品组合或供应模块进行组织设计,提升产业链的敏捷性,具体包括模块设计、并行工程设计、功能配置设计和产品配置设计等。

2.1.3.4 发挥供应链的柔性能力

柔性的供应链以提高区域有机农产品供应弹性为目标,有效整合供给主体构成的网络组织资源,推动柔性化组织模式实施,提升定制需求的信息分解速度和产品聚合速度,缩短产品开发或准备时间,从而满足消费主体个性化需求,具体包括数据预测系统、计算机控制系统、企业联盟网络系统、组织结构和工作方式优化系统等。另一方面,柔性的供应链围绕多品种、少批量的区域有机农产品供应,整合农户管理、产品采购、品质管理、种植培育、直销及信息化系统等方法,以控制成本和强化风险防范为主,获取更多的供应链收益。此外,通过大数据分析消费主体的定制需求,实现网络化、碎片化的定制供应,不断提升供应链的柔性化,从而快速地提高内外协调能力,迅速占领区域有机农产品细分市场。

借鉴国内外规模定制、产品定制的概念,本书认为区域有机农产品定制是指改变传统农业供给流通,依据客户的多样化、个性化需求,以精准营销、精准物流与精准农业为基础,整合线上线下资源,创新土地、资金、劳动力与技术等要素的融合形式,借助产业联合、技术推动及机制创新等动力,形成的产供销环节一体化、保障区域有机农产品供给持续稳定的一种态势。

2.2 理论基础

区域有机农产品定制是指在区域有机农产品产销体系中,根据客户需求量身打造产品的现象。因此,为了更好地理解农产品定制的相关概念和发展脉络,有必要对相关理论进行梳理。农产品定制的理论基础主要有四个部分:有效供给理论、契约与交易费用理论、农产品供应链理论与规模定制理论。

2.2.1　有效供给理论

有效供给理论分为有效供给的经济学内涵和经济学基础。

2.2.1.1　有效供给的经济学内涵

（1）有效供给概念

有效供给是指与消费需求相匹配的供给能力。产品市场交易量和交易价格由需求曲线和供给曲线的交叉点决定,同时,当两条曲线与双方边际效用(成本)曲线相一致时,实现帕累托最优,即在该种理论模型下,有效供给市场最稳定,资源利用率最高,避免了无效供给。值得关注的是,市场交易产品有效供给的关键是价格机制,通过价格调节产品的最终供给量和需求量。

（2）有效供给能力影响因素

有效供给能力与产品品质、产品价格等因素直接相关,表现在产品价格不变,提升产品品质会稳定有效供给能力,产品品质不变,降低价格能够激发有效供给能力。因此,有效供给是建立在"物美"或"价廉"的基础上,通过改变供给能力来满足需求,即消费需求假设不变,通过提升供给主体的有效供给能力,改变"以产定销"模式,及时调整产品供给结构,实现优质低价满足消费主体需求的目的。

（3）无效供给表现

与有效供给对应的是无效供给,其主要表现有以下几点:

一是产品供给与产品价格不匹配。消费主体在自身所处的环境中难以寻求到与其购买力相适应的产品,如购买力强的消费主体需求品质高的产品和价格高的产品,但在能够搜索到的产品目录中较少存在满意的产品,从而产生了持币待购或"国外代购""出境购物"等消费状况;购买力弱的消费主体由于受到收入预算曲线的约束,大多需求价格低的产品,分配有限购买力聚焦产品数量需求,趋向于"淘宝"和"拼多多"等平台。

二是产品供给与消费主体购买的结构不平衡。购买力强的消费主体占比较低,未发现满足其超前需求的商品,边际消费欲望呈现下降趋势,出现购买停滞的现象,转而购买其他保值增值的固定资产;购买力较弱的消费主体的需求产品数量占据市场产品总需求的绝大多数,该群体的货币沉淀,存储于银行进而导致货币不可避免地贬值。因此,消费主体购买力结构出现失衡,且产品供给结构调整不及时,会出现"消费降温",最终导致无效供给。

三是产品供给的品牌效应与消费心理期望的层次不对等。市场产品的知名品牌建设速度较慢,大多数产品仍是普通品牌,且市场充斥着大量"三无"产品,导致低端产品不断积压、高端产品依赖进口,无法满足消费主体个性化、情感化的需求。此外,消费升级是不可避免的趋势。

四是产品供给与消费需求的环境不匹配。由于我国城乡二元化体系的长期存在,导致消费环境存在较大差异,使得众多乡村消费潜力难以得到释放,如产品网络平台的建设中必备的网络通信设施、电脑终端等,对于农村消费主体"上线"来说是难以逾越的"鸿沟"。

五是产品供给与消费需求的质量不对称。长期以来,依据上级部门的行政指令和自身传统经验组织生产成为供给单位的普遍做法。脱离市场需求开发产品,缺乏系统营销和品牌建设意识,仍停留在卖方市场的保守格局,难以突破技术创新壁垒,成为产品供给质量的"短板"。

综上所述,提升优质产品有效供给能力的途径是深化市场改革,转变政府职能,明晰企业运行机制,建立以市场为中心的资源配置体制,同时,进一步完善二次、三次收入分配机制,控制收入差距扩大幅度,不断缩小市场需求鸿沟。

2.2.1.2 有效供给的经济学基础

有效供给的经济学基础是供求关系理论,简而言之,在外界其他条件不变的情况下,需求量与价格成反比。有效供给理论强调有效供给能够促进或激发消费欲望,主要原因有两个:一是有效供给的价格仍是影响供需交易量的重要因素。价格下降带来需求增加,则产生有效供给,但价格下降不能促进需求,则为无效供给。因此,有效供给创造需求的前提条件是它能够产生或扩大需求。二是有效供给的环境可通过资源要素再整合促使无效供给转化为有效供给,如边远山区的农产品销售可通过基础设施的建设与完善而降低流通成本,从而进入城市居民家庭。具体分析如下:

（1）凯恩斯主义理论

凯恩斯主义认为促进需求可通过增加固定资产投资、增发货币和提高工资等手段实现经济参与主体购买力增强，同时也可通过激发"有效供给"来实现。针对社会需求疲软、产能过剩的问题，凯恩斯主义提倡宽松的货币政策与财政政策，通过政府提高公共设施投资比重，消耗过剩产能，稀释产品积压。但有效供给理论则在政府干预的基础上聚焦投资的效率与效益，强调提供有效产品逐步降低无效产品拥有的资源分配，解决市场需求疲软的现状。总之，经济学始终围绕在"市场-政府"两个点形成的线上左右移动。凯恩斯主义主张政府应在市场调节失灵无效时，积极干预经济，降低社会损耗，是政府干预和市场调节的结合体。有效供给理论是凯恩斯主义的升级版，主张政府干预时仍应以市场为中心，恢复市场自我调节的水平，扩大其调节的空间，实现资源投入的精准性。

（2）技术创新理论

第二次世界大战虽然导致了一场世界灾难，但客观上也将世界经济从1929 年的危机中拉了出来，激发了经济发展潜力。同时，许多创新思想和理念、创新技术涌现出来，战后被应用到国民经济生活中，给世界带来了翻天覆地的变化。这种创造力产生的社会效应是催生有效供给的途径之一。凯恩斯主义的财政与货币手段刺激并不是单纯的数量供给，而是注重刺激的质量与效果，产生有效供给，否则会带来产能过剩的进一步恶化与社会需求的进一步疲软，因此需要市场这一"看不见的手"进行协调，提升政府和市场的协同性，融入古典经济理论的供给要素，构建供给的"有效性"。另一方面，系统性无效供给虽无法从根本上清除，但可通过应用现代先进技术、创新产品供给流程等策略进行阶段性预防和消灭，并将其控制在微小的波动范围内，避免其对产销体系的剧烈冲击。

（3）结构性改革理论

20 世纪 70 年代后，美国由于总需求的拉动成本太高，外债压力太大，因而将拉动需求转为推动供给，从而提高供给数量。到了 20 世纪 80 年代后期，美国将拉动需求和推动供给结合起来，注重两者结构性平衡。总之，需求的拉动是有上限的，且易造成通货膨胀，导致购买力下降；而供给的推动也是有压力的,需要持续地进行科研创新与人才支撑。增强有效供给能力、调整供给结构仍是增强市场活力的有力举措。

2.2.1.3 小结

有效供给理论指出了区域有机农产品定制内涵的核心是聚焦供给能力增强,即提升供给柔性,持续投入科研与人才储备,不断提高产品品质,结构性地精准匹配消费主体需求。同时,它也指明了区域有机农产品定制体系保障应从政府和市场两方面出发,关注激活市场资源配置动力的举措,避免供给主体的积极性受挫。

2.2.2 契约与交易费用理论

本部分内容主要从契约和交易费用理论角度探讨交易双方合作的必要性和可行性,具体阐述如下:

2.2.2.1 契约理论

（1）概念

契约是交易双方为完成特定交易的约定,主要有口头承诺、纸质合同及电子协议等。契约理论是指在特定交易环境下,分析交易双方之间的经济行为和结果,通过假设条件简化交易的复杂性,建立理论模型分析案例并得出最后结果。

（2）类别

契约理论按分类依据可划分为激励理论、不完全契约理论和新制度交易成本理论或公共选择理论、产权理论、代理理论与交易成本理论等类别。其中,激励理论又称为完全契约理论;公共选择理论则是用契约理论研究公共财政、分析公共秩序的公共选择方法。因此,契约理论主要包括完全契约理论、不完全契约理论和交易费用理论,三者互为补充。

（3）内容

为了更好地理解完全契约理论、不完全契约理论和交易费用理论三者之间的关系,本书从契约理论研究相关论著中的重要观点加以阐述:

一是信息不对称易导致产品交易与契约无关。完全契约理论无法解释交易过程中的道德风险和逆向选择行为,交易双方签订契约并不能起到真正的约束力,反而成为次优手段。因此,在交易成本巨大且交易环境易变的条件下,完全契约理论不能真正的发挥作用。

二是契约易变化导致交易双方职责权利无法界定。完全契约理论无法将所有的契约成本转换为可测量成本,从而无法明确规定交易双方各自的责任、权利和义务。因此,完全契约理论无法适用于实际交易过程,且使得交易双方都会遭受一定程度的损失。

三是不完全契约理论也存在研究局限。其主要表现为市场交易费用与不完全契约无关,而是来自于短期契约费用,如议价费用等;不完全契约理论并非来自定量化的交易成本理论,而是来源于仲裁人的特定有限理性和个人有限理性等;不完全契约理论与交易成本理论仍在支付共享知识和讨价还价方面存在较大差异。

尽管完全契约、不完全契约及交易费用理论存在一定的研究局限性,但仍对研究企业产权、交易行为成本及个人交易理性方面具有突出的贡献。总之,契约理论的三个分支不是相互排斥的关系,它们能够解释不同领域的经济问题,存在相辅相成的关系,可以作为研究的理论基础。

2.2.2.2　交易费用理论

由前文所述可知,交易费用理论是契约理论中的一个分支,也是现代产权理论的基础。交易费用理论提出资源配置机制主要分为企业和市场两种类型,并认为企业替代市场配置的主要原因是市场交易存在理性局限、机会主义、交易存在不确定性和小批量交易等弊端。

（1）概述

由于上述弊端造成企业代替市场成为新的交易形式,且促进企业成立替代市场相关功能的组织结构,从而降低交易费用。其中,交易费用是指市场交易双方完成交易过程所支付的一系列费用,包括产品搜索成本、项目谈判成本、合同签约成本及交易行为监督成本等。

（2）类别

交易费用的影响因素包括交易因素和人为因素。前者是指市场的不确定性、潜在交易方的数量及交易技术结构;后者则是个人有限理性和机会主义。交易费用依据交易阶段划分为事前交易费用和事后交易费用。前者是由于市场变化的不确定性,事先支付费用,明确交易各方的权利、责任和义务;后者则是交易各方事后支付费用,用于保持长期交易关系、变更契约条款及取消交易协议等。

(3)内容

归纳而言,交易费用理论主要有:

一是企业兼并和企业破产证明,市场和企业虽然分属不同的交易机制,但在一定条件下可以互相转化,企业取代市场虽然可降低交易费用,但会新增管理费用,且存在转换边界。

二是企业结构演变的唯一因素是交易费用和企业管理费用间的博弈,其中交易费用产生的根源在于交易的"稀缺性",即产品或服务的稀缺;企业管理费用产生的根源在于管理组织的成本维持。

三是企业替代市场的程度取决于劳动力交易效率与中间品交易效率的比较,原因在于企业是以劳动力代替中间品,而非以组织结构代替市场组织关系。

总之,交易费用理论进一步阐述了企业取代市场的边际效益来源于市场交易费用与内部管理费用的比较或劳动力交易与中间品交易效率的比较。因此,随着现代信息技术的发展,区域有机农产品企业取代市场将成为趋势,它将采用 ERP 等管理系统降低交易费用,精简交易流程与管理组织。

2.2.2.3 小结

契约和交易费用理论指出交易主体的有限理性和机会主义等因素造成交易费用上升,市场交易的内部化和有效性驱使交易环节压缩和精简,使其形成模块化和电子化,并随着现代信息技术的快速推动,市场交易将在保证一定竞争效益的情况下逐步降低交易费用。这为区域有机农产品定制研究指明了道路,即供给主体的并购、连锁加盟或合作是研究供给主体交易组织结构的主要形式,因为它能够控制细分产品市场收益基础上的规模定制成本。

2.2.3 农产品供应链理论

农产品流通是满足民众农产品消费的必要前提,也是农业供给侧结构性改革的重要组成部分。提升农产品流通效率和安全,能够降低农产品流通成本、影响农产品售卖价格且保障农产品流通品质,因此农产品流通具有重要的研究价值。下面主要从农产品供应链的概念、主要内容等方面进行阐述。

2.2.3.1　概念

农产品供应链是指农产品的生产、加工、包装、运输及配送的全过程,与农产品物流具有本质的一致性。前者是从流程的完整性来阐述农产品流通,不仅包括实物的流通,还有信息流、资金流,后者则主要关注物的流通,因此,农产品供应链涵盖农产品物流。同时,农产品相比较工业品而言,由于易受各类环境与条件影响的自然属性,易造成产前顾虑、产中损失及产后损耗,加上农产品交易时间及距离较长,因此,农产品供应链的安全性和稳定性研究的关注度越来越高。

2.2.3.2　主要内容

围绕研究内容,农产品供应链的理论主要从组织模式、质量保障、信息管理、风险规避和收益管理等方面进行阐述。

(1) 组织模式

一是诞生原因。由于农产品组织结构具有天然的纵向协调功能,可通过交易契约理论、有效供给理论,实现农产品供应组织的纵向一体化创新。同时将交易成本理论和完全契约理论合理嵌入到农产品供应链的组织模式中,用协议或合同等契约方式取代传统市场交易模式,进而提升农产品供应链的总体效益。

二是影响因素。农产品供应链的理论经英国、匈牙利和加拿大农产品市场实践论证,在参考交易成本理论、完全契约理论和信息经济学理论的基础上,发现其影响因素既有规模化运作、企业战略联盟、质量控制,还有交易成本、柔性生产、现代信息技术等。同时,该理论认为农产品供应链的运作效率根源于纵向协调能力,进一步提出"农产品供应链的纵向协调能力增强普遍对生产者有利,而不一定有利于经销商"的观点。

三是国内主流组织模式。国内组织模式主要表现为以农产品加工企业为中心和以农产品物流为中心两种类型。前者从监管成本视角衍生出以超市为中心的农产品供应链的组织模式,形成"超市+龙头企业+农户"的纵向协调结构,以提升农产品供给品质;后者则从核心企业视角衍生出批发市场、配送中心和产供销一体的组织模式,并进一步提出今后农产品供应组织模式的最佳选择是聚焦第三方农产品物流建设,构建先进的信息共享平台,完善现有的利益分配机制,形成以培育配送为中心的联动结构。

（2）质量保障

农产品质量是供应链必不可少的基石。一方面,通过推行产品信息运行质量可追溯机制,可降低农产品供应链的总体运行成本,尤其是因农产品退回造成的损失;同时通过研究欧盟国家的农产品市场,发现推行零售商质量保证计划等措施可有效降低消费主体的感知风险,增强消费主体的自我信心。另一方面,农产品供应链质量保障的可利用手段当前局限于质量可追溯系统,且由于农药、化肥及其他工业污染的长期存在,需要针对人体有害的残留物影响持续探索更迅速、更便宜和更精准的检测技术和方法。

（3）信息管理

由于农产品自身属性易造成市场交易的不确定,因而农产品供应链的信息管理亟需采用新的信息技术和信息处理流程,以降低供应链的总体成本,改进反馈服务,如利用"互联网+"技术、签订电子化合同等,同时培训农产品供给主体、提升信息化水平乃当务之急。另一方面,尽管我国5G网络技术发展和网络普及程度已领先于世界其他国家,但生鲜农产品互联网技术应用程度仍落后于其他行业,且其在信息推广、通信技术等方面落后于世界。因此,农产品供应链的信息管理应注重信息畅通,保证信息共享性和透明度,保障供应链中各信息平台间的衔接和同步更新,以达到农产品流通全过程的系统价值最优。

（4）风险规避

既可通过新技术、新设备的研发和应用增强供给安全性,降低产品流通风险,还可采用先进的技术工具优化供应流程,精准预估交货提前期,降低供需关系的不确定性来规避库存风险。同时,制订有效的农产品供给计划,并实现信息完全共享以降低农户的生产风险、流通运营风险及需求突变风险,从而规避供应链风险。

（5）收益管理

农产品供应链的收益主要体现在保障农产品的生鲜度不变和降低农产

品流通损耗的情况下获取最大效益。从农产品正常损耗下能够最大化地满足农产品需求水平和基于修正 Shapley 值法的农产品供应链联盟利益分配策略等角度,构建农产品供应链最大化收益及分配模型。同时,围绕生鲜农产品集中式决策与分散式决策的优缺点,农产品供应链的理论提出系统损耗最少、供应链最优的协调方案,如数量折扣、调整订货周期等。

2.2.3.3　小结

通过上文分析可知,农产品供应链理论围绕生鲜度衰减和流通损耗等问题,通过采用组织模式变革、信息技术研发和应用等举措来提升信息共享水平和规避风险能力,实现供给过程的安全保障和质量可追溯的目标,且对研究定制体系组织设计、供给技术因子及风险防范等具有较强的借鉴意义,奠定了区域有机农产品定制体系建设的理论基础。

2.2.4　规模定制理论

规模定制方式的设想来自于美国一位未来学家发表在 *Future Shock* 上的设想。依据客户需求提供标准化和规模化生产基础上的产品或服务,即在不超过标准化和规模化生产的时间和成本的情况下,提供满足客户特定需求的更优质的产品或服务,称为大规模定制(MC)。本书从规模定制的概念、特点、类型和实施条件等方面进行阐述。

2.2.4.1　规模定制的概念

规模定制是建立在个性化定制产品和服务的基础上,采用整体优化的系统思想,将企业、客户、供应商、员工及运营环境集为一体,充分利用企业现有资源,包括标准技术、现代设计方式及信息技术,促使客户与企业协同设计,能适应产品品种多样性和定制程度的变化,并依据客户的个性化需求,大批量生产并提供成本低、质量高的创造新的战略和经济价值的定制产品或服务。其中,产品或服务的个性化体现在通过产品结构和过程重构丰富客户可感知的外部多样性;控制成本体现在通过构建产品零部件和产品通用性的标准化模块降低内部多样性;定制产品或服务体现在内部的标准化或通用化和外部的个性化或专属性的融合。因此,定制概念的本质根源于时间竞争管理、精益生产和销售模式创新等思想,以现代信息技术、柔性生产组织管理和电子商务营销平台为基础,创新供给模式,更符合供给侧结构性改革的内在要求。

2.2.4.2 规模定制的特点

如前所述,规模定制的基本思想是重构产品内在结构和制造前后流程,采用新信息、新材料及新柔性制造等技术,将供应链的全部或部分转变为多样化协同生产,以规模生产的成本与效率,为客户提供个性化产品或服务。规模定制具有以下特点:

(1)低成本、高效率的核心能力

规模定制发展的核心是在低成本、高效率的条件下为客户提供更加多样化的产品或服务,以满足客户的个性化需求。规模定制既具有大批量生产的优点,如成本低、生产周期短、质量稳定;又具备满足客户日益多样化的心理诉求及个性独特等特点。此外,与传统定制相比,规模定制能够避免后者产品种类有限、成本高及准备时间长等不利因素。

(2)精准地获取信息能力

卖方市场向买方市场转变的必然趋势是社会化生产力的不断提升与生产关系的持续优化的结果。这是造成客户满意度评价成为企业发展的关键因素,即企业生产围绕的核心是客户需求。因此,需通过电子商务平台、客户管理系统及会员服务体系,精准获取客户需求信息,实现产品营销、产品配置面板和协同设计系统间的传递和共享,并据此重构设计、生产与营销,以满足客户的个性化需求。

(3)敏捷的开发设计能力

敏捷的开发设计能力是指企业将快速响应作为首要目标,运用现代管理思想与先进产品设计理念,对产品结构设计推行模块化与通用化,减少重复设计时间,加速新产品上市的能力。因此,规模定制企业的产品设计与生产不是针对单品,而是对产品族(群)进行模块化、并行工程、系统配置等能力有效整合,提升开发设计的敏捷程度。其中,模块设计是根据客户的个性化需求,充分考虑规模经济与范围经济效应,选择已有一系列通用模块进行不同组合,从而设计出具有不同功能或规格的产品,其本质是将零部件内部标准化与产品外部多样化有效结合起来;并行工程设计则是指产品开发设计人员综合考虑产品生命周期所包括的所有因素,如系统考虑产品的可制造性、可装配性等,集成、并行设计产品;功能配置设计则是运用矩阵图解法将客户需求分解到产品开发设计的相关职能部门,通过协同这些部门与客户间的支持工作以实现产品定制要求;产品配置设计利用产品结构组合和物料清单快速配置出客户所需的定制产品,实现敏捷性开发设计的快速响应。

（4）柔性的生产制造能力

柔性的生产制造能力是在有效整合企业柔性制造与网络化制造等系统的基础上,构建柔性组织模式,提升生产制造弹性的能力。其中,柔性制造系统借助数控加工设备、物料运储装置和计算机控制等系统,能够依据客户订单或生产环境的变化及时调整生产进程,以满足小批量、多品种的生产制造需求。网络化制造系统则是基于互联网的企业联盟,通过优化合作企业的组织结构和协同方式,以达到提高供应链工作效率、缩短产品开发周期及提升企业柔性制造能力的目标。此外,柔性的生产制造能力还需要柔性管理技术的支撑,即在动荡变化的环境下具备适应复杂多变的市场并能针对个性化需求的消费主体实施富有弹性的动态管理能力。

2.2.4.3　规模定制的分类

规模定制可分为按订单销售、按订单装配、按订单制造和按订单设计四种类型。

① 按订单销售是指供应链中仅销售环节按客户需求进行。它是将客户订单位置前移到成品库存环节,以减少现有产品库存的一种批量生产方式,又称为按库存生产。

② 按订单装配是指企业依据客户订单,在模块化的基础上重新组合零部件,向客户提供产品定制的生产方式。供应链中装配及下游环节由于受客户订单的影响,能减少现有零部件和模块库存。

③ 按订单制造是指企业依据客户订单,在已有零部件的基础上重构生产和装配,向客户提供产品的定制生产方式。供应链中生产及下游环节由于受客户订单影响,从而能减少零部件和中间半成品库存。

④ 按订单设计是指企业根据客户订单,重新设计能满足其个性化的新零件或新产品。整个供应链围绕客户订单运行,基本不存在库存。

2.2.4.4 规模定制的实施条件

尽管规模定制利于企业吸引大量个性化需求客户,开辟新的细分市场,但仍需要现代技术的坚实支撑与充分应用。具体有以下几个实施条件:

(1)模块化的制造系统

模块化的制造系统是指生产单元具有标准的接口,可以互相替换,能满足客户的动态需求,使得生产制造系统具有良好的柔性,从而具备敏捷的反应能力,有效完成规模定制任务。其优点是提高了生产系统的重构性与扩展性,并能在客户需求发生变化时,及时调整和更换生产单元,满足订单要求。

(2)动态的组合方式

动态的组合方式是能够依据模块化生产制造流程重新安排生产布局和制造单元布局,加快产品流动速度,减少物流时间,从而有力支持生产制造系统的柔性与敏捷程度。

(3)柔性的物流系统

柔性的物流系统是指运输能力不受物品体积、重量与形状限制,不受固定路线约束,具备智能化导向和自我更正能力。此外,模块化传送带的不同组合能够改变物料的传送方向和范围,能够快速调整分拣路线,并可构建二维或三维组合完成空间位移。

(4)敏捷的控制结构

敏捷的控制结构主要是指制造系统三种类型(集中控制结构、递阶控制结构和异构控制结构)中的异构控制结构。它将生产制造系统分解为相互独立的组成部分,通过可通信的接口进行合作,形成高度自治的控制系统,从而快速响应订单需求。

综上所述,现有条件下的规模定制仍需建立在流水式生产的基础上,通过标准化的批量生产分摊成本,以降低单位售价,提高产品市场竞争力。因此,结合区域有机农产品的产销现状,规模定制不得不针对定购批量为1件的极端情况,通过供应组织结构和合作模式的创新,化大为小,变多为精,减少生产准备时间,减少产品个体自身变化和品种转换期,并结合互联网技术不断提升组织网络化制造柔性,形成"蚂蚁型"的虚拟供给主体群,从而为界定区域有机农产品定制概念提供坚实的理论和实践基础。

2.3　定制机理

当前,学术界对于区域有机农产品定制的机理还处于探索中,但依据历年中央一号文件对订单农业、农业新业态的阐述及学术文献中的部分实践成果,已形成以下共识。

2.3.1　以"互联网+农业"发展为基础

在互联网技术出现以前,农业产销体系被划分为许多环节,包括一级收购者、二级收购商、一级批发商、二级经销商至零售商,这易导致供需信息不透明,即"客户不知农户"和"农户不晓客户"的供需脱节问题。随着信息化技术与平台的快速发展,农户网络应用水平的不断提高,加上"农村淘"等中介服务商的强力介入,农业与互联网的结合程度越来越紧密,大量农产品涌入天猫、淘宝、京东及其他网络销售平台,并推动网络"直播带货"行业的兴起。农产品定制的基础是供需信息的透明性、产销数据的真实性及参与主体的协同性等。农产品定制是在"互联网+农业"体系上的组织结构、产销模式与供需技术等各方面的全面升级,能进一步深化以互联网为代表的信息技术应用程度,加快构建直销直供、订单农业及农业综合业态的建设进程,从而有效释放"互联网+农业"的技术红利。与此相应,中央一号文件也多次提及"互联网+农业"发展的重要性与必要性,并相继出台了相关政策扶持"淘宝村"、特色小镇、旅游乡村建设,极力破除信息堵塞、区域信息壁垒等瓶颈,塑造透明、真实、诚信的农产品交易体系。

2.3.2　以家庭农场为主体

由区域有机农产品定制内涵可知,柔性、精准度与透明度是供给主体的重要属性。与规模化农业企业相比,家庭农场具有与生俱来的禀赋,能够灵活运行、精细耕作、透明交易,是定制体系供给主体的主要组成部分。同时,家庭农场由于投入少、运营风险低等特点,易吸引返乡创业人员参与其中并进行尝试与探索,在结合区域有机农产品定制的经济高附加值优势、控制一定成本的基础上,获得较高的单位收益。此外,区域有机农产品定制的区域性限制可促使更多的市郊从业农户转型为家庭农场,转变传统耕种方式,协同专业合作社,做精做细某类区域有机农产品。

2.3.3 以体制机制研究为重点

查阅资料可知,区域有机农产品定制的研究重点应为创新体制机制,以体制保障稳定、以机制驱动运行,将定制体系制度完善与定制机制驱动机理作为挖掘对象,深入研究定制机理,充分融合消费主体、供给主体与流通主体,通过产业链拓展、供应链压缩与区块链嵌入等途径,完善定制技术,提升定制能力,持续放大区域有机农产品定制的经济价值与社会价值。其中,区域有机农产品定制体系运行的驱动机制尤为关键,这不仅影响到定制体系参与主体的积极性,更对区域有机农产品市场的良性发展具有积极意义。因此,区域有机农产品定制体系运行稳健主要依赖于体系运行驱动机制的有效建构,即积极完善以市场诱导、风险防范与生态保障为驱动力的驱动方案,激发各参与主体的自身优势,协同分享体系资源。

2.3.4 以政府政策与决策为保障

区域有机农产品定制因强调高端品质,突出个性化与多样化需求,聚焦高收入人群,市场相对小众,因此需要政府制订相关政策加以合理引导。既可通过增强有机标准认证的执行力吸引消费者由国外需求转为国内消费,又可完善扶持政策进一步增强区域有机农产品的定制能力,从而保障定制体系的稳定运行。同时,市场诱导、风险防范与生态保障等机制所形成的驱动方案离不开政府指导,更离不开主管部门的监管与评估。再加上市场资金流向农业偏弱的现状,致使区域有机农产品定制体系建设亟需相关政府决策进一步完善定制实践方案,巩固定制市场发展成果,从而推动定制农业的纵深发展。

第 3 章 国内外区域有机农产品定制的主要类型

区域有机农产品定制不仅能满足城市高收入人群的个性化需求,更能带动城郊或落后区域农户的供给积极性,有效改变农业农村的产业面貌。因此,不同区域有机农产品定制类型的探讨对区域有机农产品定制研究具有重要的理论和实践作用。

3.1 "投石问路"型

3.1.1 "投石问路"型定义

"投石问路"型区域有机农产品定制是指依据自然条件和环境生产区域有机农产品品种,依据农场面积规划设定每个时段区域有机农产品的数量,采用现代生态循环技术提供农产品,先生产再推送宣传,仅在销售环节上采用"订单送货"的定制方式,同时,产品宣传推广以朋友圈为主,通过口碑相传和朋友推荐逐步扩大市场,且配送组织方式处于传统简单状态。"投石问路"是小规模区域有机农产品供给主体通常采用的供给模式,以农产品科研基地为依托,以特定客户为服务对象,边尝试边发展,不断总结经验,探索市场运作方式,从而不断提升产品竞争力,又称为"摸着石头过河"。

3.1.2 "投石问路"型分析

该定制类型的特点主要体现:一是规模小。区域有机农产品的供应量少,主要以家庭消费为主。二是供应环节少。产品供给基本采用自身配送的方式,流通在供需双方之间。三是运营灵活。运营既可以区域有机农产品供给为主,又可以现场采摘为主,还可依据季节或节假日开展不同的运营模式。四是交易渠道多样。交易方式包括电话、邮件、微信、短信及公众号等(见图3-1)。

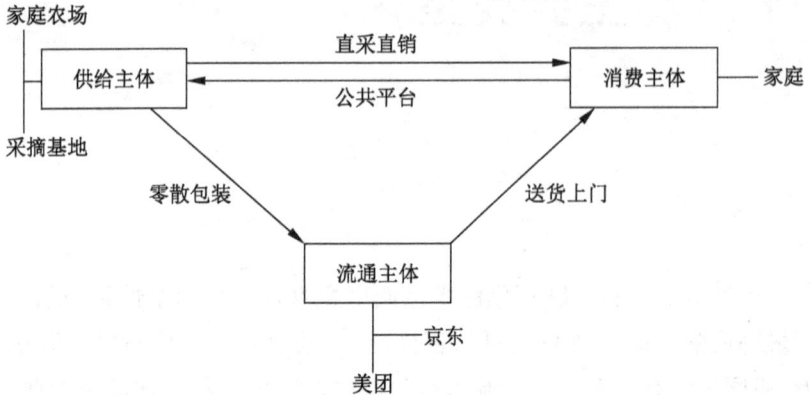

图3-1 "投石问路"型区域有机农产品定制体系

3.1.3 "投石问路"型定制案例

3.1.3.1 农场简介

扬州金花科技农场位于扬州市与镇江市之间的世业洲,环境优美,土壤质量好,具备区域有机农产品生产的天然条件,且距离两市都很近,能够为城市居民提供优质安全的农产品。该生态农场是扬州大学农学院教授团队总结多年培育经验而建设的实验型科技农场,是利用生态循环、动植物融合等先进理念打造的一座无污染、绿色、有机的小规模农产品供给基地。

3.1.3.2 区域有机农产品定制现状

该农场将区域有机农产品定制、周末农家乐及学校实验实训内容结合在一起,多角度、全方位提供农业新业态服务,同时为区域有机农产品定制主体提供了新的培育途径。其主要供给黄瓜、西红柿、豆角、青菜等蔬菜,散养家禽及种植一些水果(如葡萄、猕猴桃等)。农场承诺提供的所有产品均为区域有机农产品,无任何污染,没有施用化肥与农药。另一方面,该农场将家禽、水产与水果蔬菜生产综合起来,形成了绿色生态循环体系,探索出了一套水陆衔接、动植物融合的种养系统。此外,该农场还提供现场品尝、现摘现卖及现摘餐饮等服务。扬州金花科技生态农场消费群主要为扬州市、镇江市的院校教师和企业管理者,农场主采用微信群、公众号与朋友圈进行产品推广和宣传,简单包装后以固定时间(一般为9:00)、固定配送团队送货到指定地点。总的来说,扬州金花科技农场的规模偏小,由扬州大学农学院教授组成的科研团队运营,承担农业科技发展基地的功能,科研技术较强,通过科研资金投入与产业收入共同维持,主要专注于区域有机农产品,雇佣当地农民实施农场种植要求,包括大米、畜产品及蔬菜、瓜果等,农产品相对单一,专注于产出纯天然、无公害的区域有机农产品,并以自身科研实力为基础,通过大量实验与实践,探索区域有机农产品的发展之路,以期打造润扬地带的"定制餐",从而形成一套完整的区域有机农产品定制体系。

3.2　"抛砖引玉"型

3.2.1　"抛砖引玉"型定义

"抛砖引玉"型区域有机农产品定制是"投石问路"型的进一步发展,与后者相比,具有规模大、品种多、以大客户为主的特征。虽然它仍基本依赖自然条件与环境生产区域有机农产品,但在现代科学管理技术与方法的指导下,大部分实现以需定产,将订单由销售环节前移至生产环节,以客户订单规划每个季节或时段的产品数量和品种,通过企事业单位合作交流扩大单位客户群,并针对大客户积极提升流通质量与效率,采用第三方物流体系完成产品配送服务。"抛砖引玉"型主要通过创新社会资本入股的办法拓宽融资渠道,利用区域自身的旅游、历史及教育优势探索服务新业态,初步形成了"区域有机农产品+"的建设规划。因此,"抛砖引玉"型是具有一定规模的区域有机农产品供给主体普遍采用的一种供给类型,即以自身特色有机产品和质量保障为要务,吸引更多社会资金参与其中,不断拓展运营范围,丰富产业内涵,构建"区域有机农产品+"的多业态运行体系。

3.2.2　"抛砖引玉"型分析

该定制类型的特点主要体现:一是复合行业。参与主体已从区域有机农产品供给主体延伸到关联行业,如文化教育、餐饮休闲、旅游观光等。二是复合竞争。竞争领域已从区域有机农产品市场扩展到其他行业领域。三是复合客户。客户消费已从单纯的区域有机农产品消费跨越到"区域有机农产品+"等融合性产品,如体验性产品、租种产品等(见图 3-2)。

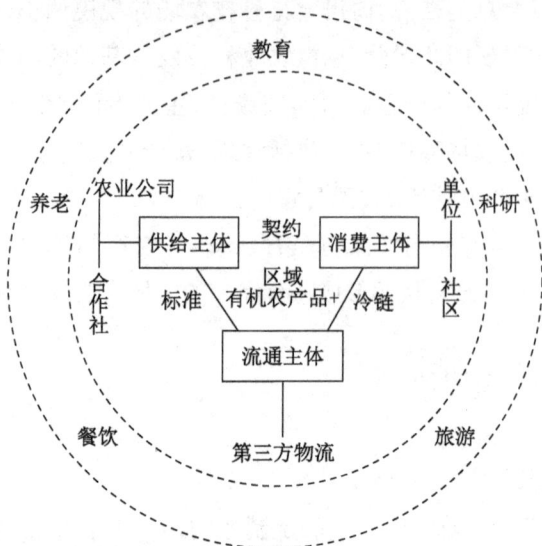

图 3-2 "抛砖引玉"型区域有机农产品定制体系

3.2.3 "抛砖引玉"型定制案例

3.2.3.1 农业园简介

苏州金满庭农业园位于金庭镇,紧邻太湖大堤,占地 3600 余亩,并占太湖水域 500 亩,内部环境雅致,果树林立,种养门类齐全,并建有 21 栋木屋别墅与 72 间标准客房、会议室及娱乐设施。该农业园依托江苏省农科院的技术支持,凭借西山区域肥沃的土壤环境,为客户提供优质的区域有机农产品,包括西红柿、青菜、枇杷、葡萄等。该农业园可以接待千人规模的团队采摘,能够供应上百人的食宿,并将垂钓、农业教育、娱乐休闲结合在一起,给客户提供所需的定制服务。

3.2.3.2 区域有机农产品定制现状

苏州金满庭农业园主要供给青菜、西葫芦、西兰花等蔬菜和樱桃、栗子、梨子、水蜜桃等水果。该农业园已逐步将客户订单作为区域有机农产品生产的主要依据,初步建成网络平台信息系统,以需定产,降低了资源浪费,提升了供给精准度。另一方面,该农业园已探索区域有机农产品生产租赁模式,即将土地租赁给客户,并依据客户需求聘用专职人员完成系列作业,最后提供给客户所需的区域有机农产品。苏州金满庭农业园的消费主体主要为苏州市及周边城市的企事业单位和其他团体,园主采用网络平台、技术合作、宣传手册等方式进行产品推介,分门别类进行一定程度的包装后,以自派或自提的方式,在规定时间内将区域有机农产品送到客户指定的地点。总的来说,苏州金满庭农业园规模较大,地理位置优越,属于地方集体性质的企业集团,具有较强的资金背景和行政资源,收益来源于地方财政扶持与产业收入,主营区域有机农产品,拥有多元化业务,逐渐由普通农产品订单销售转变为区域有机农产品种植,并拓展饮食、住宿、垂钓等相关"农业+"业务,从而专注于有机农业发展的多元化和立体化。近年来,该园引入社会资本,扩大农业产业规模与类型,突出强调农业产业结构的高端化和多样化,旨在打造苏州太湖地带的"农业生态历史博物馆",构建一套多元化的生态产业链。

3.3 "攻城略地"型

3.3.1 "攻城略地"型定义

"攻城略地"型区域有机农产品定制是指具备研发技术强、规模定制效益明显、战略思路清晰等特点,能够将最新的科学技术整合到定制体系中,实现以需定产,基本摆脱了单纯依赖自然环境生产的不利因素,采用温室孵育、生态种植等先进技术,将定制由生产环节进一步前移至设计环节,提前组织安排客户所需的区域有机农产品生产活动,以自身构建的冷链物流体系为支撑完成配送任务的供给类型。同时,"攻城略地"型区域有机农产品定制整合大城市周边闲散土地资源,雇佣当地农户,充分发挥产业信息化优势,引导社会资金流向,逐步实现区域有机农产品区域供给一体化,即"从田间到餐桌"。

3.3.2 "攻城略地"型分析

该定制类型的特点主要体现为:一是参与主体综合化。参与主体由各个城市群的小体系组成,基本模块仍是供给主体、流通主体和消费主体,且通过供给主体内部组织结构相联系。二是交易平台综合化。交易主要通过内外供应链、农产品 App 和企业信息系统等信息平台完成。三是风险防范综合化。品质风险主要通过供给的精益管理、流通的技术升级及营销的精准定位等手段来降低。四是体系信用维系综合化。交易的稳定性主要依靠交易双方的战略同盟来维持。五是客户开发与维护手段综合化,通常以公众号订阅、杂志宣传和新闻推送挖掘潜在消费群,信息化解决客户诉求等(见图 3-3)。

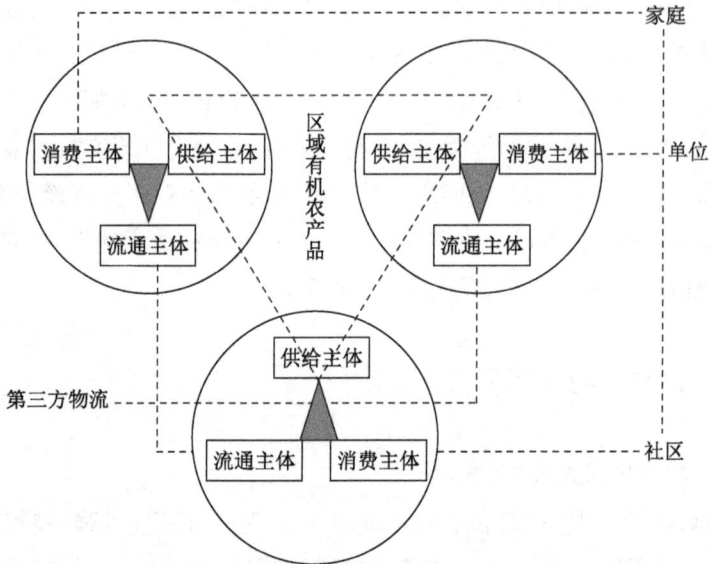

图 3-3 "攻城略地"型区域有机农产品定制体系

3.3.3 "攻城略地"型定制案例

3.3.3.1 农庄简介

上海多利农庄为上海规模化区域有机农产品生产基地,已成立 15 年,并拥有全国各地 10 多处分基地,2012 年获得国家权威有机产品认证及其他相关质量和环境认证,曾于上海世博会期间作为唯一的区域有机农产品展示企业给多家世博会国家餐厅供应产品。

3.3.3.2 区域有机农产品定制现状

近年来,上海多利农庄与北京大兴留民营生态农场合作,大力推动生态农业的发展,利用后者深耕十几年的有机认证基地和丰富的生产培育经验,融入自身现代管理科学与信息化技术,构建了先进的区域有机农产品生产、加工、包装与物流配送系统,并结合物联网建设及互联网的深层次应用,提供品质愈加优良的区域有机农产品。该农庄的客户群体不仅辐射上海市及周边城市,还包括北京地区的数百家企业及十几万户家庭。近年来,该农庄从生态环境保护理念出发,改良土壤、研发有机肥料、创新无污染包装材料,保证区域有机农产品定制体系的绿色生态化,并与中国移动等通信信息企业合作,共同架构物联网和云平台,为实现区域有机农产品定制质量追溯的"智慧农庄"建设任务而努力。

3.4 市场主导型

3.4.1 市场主导型定义

市场主导型区域有机农产品定制(见图 3-4)是指以市场为资源配置基础,在政府政策的引导下,使各经营主体依据实际情况发挥自身优势,采取差异化竞争策略,从而有效降低成本,提升供给质量,满足客户多样化、个性化定制需求的供给类型。

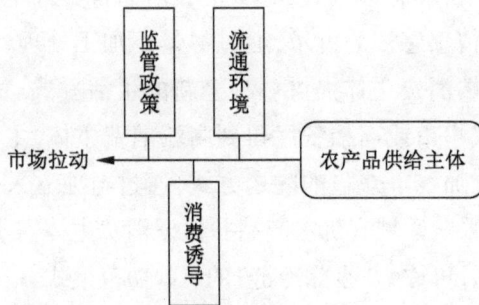

图 3-4 市场主导型区域有机农产品定制体系

3.4.2 市场主导型分析

受惠于美国发达的公路交通网络和相对廉价的流通成本,美国的区域有机农产品从乡村生产基地运输到城市仓储中转站或农产品集散中心,拥有良好的物流环境,这有利于生产区域和销售区域的专业化发展和持续性的改进。因此,美国区域有机农产品供给方可以充分利用产品直销模式的优点,提前搜集消费主体的需求信息,依据消费主体对产品的价格、数量和规格尺寸等要求,通过电话预约、网上预定等方式,及时将定制农产品发送给消费主体。一方面,美国政府充分发挥市场监管职能,严格监督区域有机农产品的直销过程,保障产品有机认证,并对区域有机农产品产销体系设置了较高的市场准入门槛。另一方面,考虑到区域有机农产品投入大、产出不稳定等弊端,美国政府相应出台了一系列激励供给主体积极性的扶持政策,包括区域有机农产品生产补贴、产品推广费减免及区域有机农产品保险费率下调等。此外,美国政府积极推动主流媒体采用多种方式和途径宣讲区域有机农产品对身体健康的重要作用和积极意义,积极协助民众树立食品安全及健康饮食的消费观念,一定程度上扩大和促进了区域有机农产品市场的健康发展。

3.4.3 市场主导型定制案例

3.4.3.1 美国相关企业简介

(1) Whole Foods 公司

Whole Foods 公司成立于 1980 年,业务已拓展到加拿大和英国等国家,具有自身独到的经营理念,即从区域有机农产品售卖升华到健康绿色生活层次,以满足客户情感感知为诉求,通过尽量不加工处理、不含转基因和人工添加剂等,为高端消费主体提供一种全新的生活方式。其定制流程为从本地直采到体验式超市或高档餐厅再到高端消费主体,主要采用区域有机农产品的线上预定加线下众包的配送方式,通过与独立采购员或配送员签订合作协议,就近采购区域有机农产品并依据消费主体需求配送到位,避免自身建设冷链体系,可称为"剔除冷链"的风险防范模式。

(2) Fresh Direct 公司

与 Whole Foods 公司截然不同的是,Fresh Direct 公司通过建设冷链仓库配送中心实现区域有机农产品供给体系的扩张,即在扩张进入其他地区市场前,精耕细作可复制成熟市场经验的销售和开拓模式,不断提升配送效率,保障业务地区的消费主体能够在网站上下单 2 小时内收到区域有机农产品。其定制流程是消费主体通过 Fresh Direct 公司网站选择产品品类(包括区域有机农产品、普通农产品、菜谱及相关食材等),并完成订单,然后公司将订单送达对应的冷链仓配中心,经过一系列自动化配送作业和安全控制,保障产品流通过程的品质,最后采用先进的实时监控和显示设备实现配送全过程监控。此外,Fresh Direct 公司可以通过电子邮件或网页流量分析确定消费主体数量,为公司营销决策提供数据支持,可称为"冷链仓配居中"的供给扩张模式。

(3) Relay Food 公司

与上述区域有机农产品供给主体不同,Relay Food 公司并没有聚焦大都市,而是专注小城市和城乡结合部等区域,以农场俱乐部为基础,推行"农村包围城市"的生态保障模式。其定制流程为消费主体在线确定区域有机农产品,公司通过网站通知合作供给主体及时采摘并将货品送至指定提货地点,最后发送信息给消费主体并由消费主体自行提货。该模式值得借鉴的是:一是供给产品具有一定的品牌知名度;二是产品配送最大化地利用区域能力以降低流通成本;三是产品供给网络不仅包括百余家农场和零售商店,还有数量庞大、设点合理的配送站,从而利于解决"最后一公里"的配送问题。

3.4.3.2　美国区域有机农产品供给现状

美国区域有机农产品定制主要以市场需求为出发点,改善区域有机农产品运营管理环境与条件,采取积极措施引导区域有机农产品供给主体,使其采用多种供给模式规避定制风险,提升定制质量、规模与客户忠诚度,从而不断丰富农业产业形态。

(1) 规模化的连锁超市运营

美国共有 2 万多家区域有机农产品专卖店,并在四分之三的美国普通超市也能购买到区域有机农产品,包括大米、青椒、土豆、苹果、香蕉、西瓜等。其中,规模最大的美国全食超市经营多达上千种。美国普通超市会划出专门区域或设立专门柜台摆放区域有机农产品,采用独特的展示方式与推广途径以区别于普通农产品,从而提高消费主体对区域有机农产品的认同感和认可度。

（2）零散化的农夫市场

农夫市场在美国区域有机农产品营销体系中较为常见,能够凸显消费主体的归属感与自主性,它可将喜欢农产品种植、采摘、加工等作业的消费主体聚集在一起,可以互相分享工作乐趣和生活体验,从而逐步构建体验经济模式。查阅相关资料发现,以美国纽约市为例,农夫市场已从最初的 12 家摆摊设点的小农集市发展为覆盖全市的巨大销售网络。其中,纽约市联合广场则成为市区周边 200 英里以内农夫集中的区域,占有约 16000 英亩耕地。据统计,当前纽约市共有 50 多个农夫市场,囊括了 230 多家区域有机农产品供给主体。

3.5 市政双元型

3.5.1 市政双元型定义

市政双元型(见图 3-5)是指政府与市场共同推动区域有机农产品定制市场发展的供给类型。政府依据国家宏观经济环境与民众需求界定供需数量框架与制度,市场则在框架与制度体系下灵活实施不同方案来提升产品品质,以满足消费主体的定制需求,通过构建宏观体系与微观结构的统一体,避免供需不平衡的混乱状态。

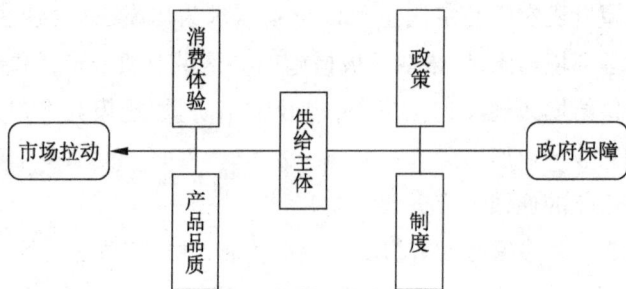

图 3-5 市政双元型区域有机农产品定制体系

3.5.2 市政双元型分析

3.5.2.1 农业政策

德国政府依据欧盟总体设定的有关农业发展环保法律法规要求,积极推动普通农产品供给主体向区域有机农产品供给主体转换,并结合耕地面积、区域有机农产品风险系数等提供为期 3 年的财政补贴,以用于补偿转换过程中的未知风险,金额一般为每年每公顷 450 马克。同时,对区域有机农产品流通主体,政府同样给予财政补贴,其费用占据管理咨询支出的一半,促进了区域有机农产品供应链的不断完善。此外,政府也积极引导其他热衷于区域有机农产品消费和生态环境保护的个人和社会团体采用捐赠、志愿服务、免费租赁等方式给予区域有机农产品供给的各类参与者各种类型的支持和帮助。

3.5.2.2　农业管理制度

政府设置了一整套完善的区域有机农产品供给监管体系,各司其职,相互协调。其中,政府制定各类农业法律、法规和标准,对申请的各类区域有机农产品机构进行严格认证;区域有机农产品认证机构负责全国范围内有机农产品供给过程的督查与检测;有机农业协会则负责全国区域有机农产品供给主体的种植生产、技术管理和流通销售等咨询服务,并协调区域有机农产品供给主体存在的冲突和矛盾。

3.5.2.3　市场主体培育

德国区域有机农产品供给主体具有较高的职业素养和专业水平,能够严格按照政府颁布的区域有机农产品供给标准进行种植生产,对生产环境实施有效手段,杜绝使用一切化肥和农药,保证转变期和生产期的农产品均符合区域有机农产品的供给标准,并严格控制种植生产的全过程,做到一切生产活动皆有记录可查,有迹可循,能够经受有机认证机构的审查并得到认可,如有违规,轻者罚款,重者直接取消区域有机农产品的供给资格,并终生不得从事农业生产活动。

3.5.3　市政双元型定制案例

3.5.3.1　德国相关企业简介

（1）Hello Fresh 公司

Hello Fresh 公司通过与快餐连锁企业建立合作关系,提供免费的食物成品来刺激消费主体食欲,旨在以做饭创作过程中升华生活层次,让消费主体体验全新的生活方式。其供给模式是,消费主体首先从 Hello Fresh 公司网站上可供选择的各类特色菜谱和成品图片中采购一周消耗量的区域有机农产品,然后 Hello Fresh 公司把订单发送到与公司合作的供给主体并由其进行备货,最后分周次快递给消费主体。其中,按周集中配送降低了流通成本,同时也降低了区域有机农产品的价格,可称为"成品诱导"的厨房体验模式。

(2) Blue Apron 公司

与 Hello Fresh 公司形成鲜明对比的是 Blue Apron 公司,它通过自身提供区域有机农产品代替从其他供给主体采购产品的形式,满足消费主体的定制需求。其供给模式是首先每周提供可更换的食谱及所含的区域有机农产品给消费主体选择,然后依据网站订阅用户的喜好提前按需定量配制好净菜包,包括半成品、调味品和对应食谱,最后将成品快递给消费主体。其中,定制体验主要体现在区域有机农产品、厨具及菜谱的独特性和丰富性,可称为"净菜采购"的定制体验模式。

3.5.3.2 德国区域有机农产品供给现状

德国区域有机农产品供给经历了坎坷的过程。由于早期的工业大国战略使环境受到巨大破坏,加上农业经营的粗放模式,使得有机农业发展面临的挑战非常严峻,但在长期的农业政策扶持与不断完善的管理制度的影响下,德国已成为欧洲规模最大的区域有机农产品供给主体与消费主体的国家。

经过多年发展,德国已具备相对成熟的销售渠道和稳定的产销体系。德国区域有机农产品供给模式主要有以下四种:一是直销。区域有机农产品供给主体往往围绕种植基地或农场,以周边农产品流通市场或集贸市场进行销售,这不仅利于节约流通阶段的大量费用,更利于消费主体及时购买到性价比高的产品。二是天然食品店。德国天然食品店以销售有机瓜果蔬菜为主,具有权威机构的有机认证,有较强的消费便利性,深受老年消费主体的青睐。三是农产品专营超市。德国大型农产品专营超市大多经营区域有机农产品,种类齐全,其中绝大多数由德国区域有机农产品批发商提供,均通过了权威的有机认证,区域有机农产品的供给质量安全有保证。四是展览会。德国农产品展览会定期在各大城市举办,办会期间会设置专门的区域有机农产品展位,提供各种交流机会给区域有机农产品供需方,并同时提供各种丰富的产品宣传册和生产食品种植资料,便于消费主体了解区域有机农产品。从上述内容来看,德国区域有机农产品供给的直销体系已形成一定的规模,成为消费主体日常选择渠道之一。一方面,它能够降低产品价格,利于形成家庭农场的结对或会员形式。另一方面,直销模式能够提供其他销售渠道所没有的实际体验,以现场采摘、农业活动及亲子教育等方式形成消费立体面,构建区域有机农产品消费文化链。

因此,德国区域有机农产品定制市场的良性发展是政府与市场双元并重与交叉融合的结果,两者互为依托,双线前行,有效利用了市场拉动力与政府保障力,构建了"小农户"与"大政府"间的桥梁,且不断开拓欧洲区域有机农产品的产销"大市场"。

3.6　政府主导型

3.6.1　政府主导型定义

政府主导型(见图 3-6)是指政府直接介入区域有机农产品定制市场发展过程,以主管部门、农业协会与相关社会团队为基础,直接干预市场资源配置,制定并实施推动区域有机农产品供给规模扩大的重大政策与决议,构建符合政府宏观经济规划的区域有机农产品产销体系,从而强制性地加速农业结构型调整进程。

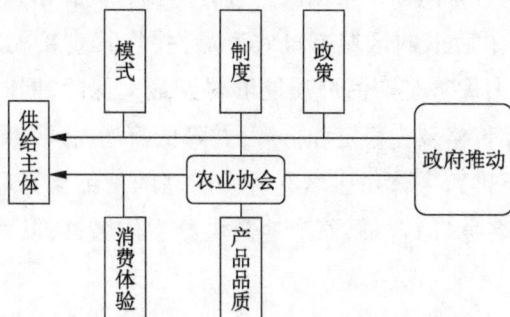

图 3-6　政府主导型区域有机农产品定制体系

3.6.2 政府主导型分析

与美国、德国相比,日本区域有机农产品供给紧缺,市场对区域有机农产品的需求强劲,供不应求的状况长期存在,这导致有机农产品交易价格居高不下。针对此种情况,日本政府相继出台了刺激区域有机农产品供给的政策,鼓励更多普通农产品的农用土地转变为有机农产品供给土地。尽管日本的农林水产省提出力争 2019 年区域有机农产品耕地面积提高到 1% 的目标,但受限于日本总体农业土地面积少,目标完成的实际情况并不令人满意。同时,政府与各大农业供给主体合作制定扶持有机农产品供给制度,且将其纳入年度预算项目,如有机环保农产品的稳定供给体制建设,以进一步提高有机农产品的生产规模和生产品种。日本政府积极采取措施,通过完善区域有机农产品供给体系和流通配送体系,提升产品送达效率,促进区域有机农产品区域覆盖面增大和产业竞争力增强。此外,政府制定并实施统一的区域有机农产品市场准入标准,鼓励供给主体推动品牌建设,投入资金打造定制消费的高端地位,实现产品供给的高标准和高要求。总之,为激发区域有机农产品供给主体的体积极性,政府通过构建多种销售渠道给予了供给主体有效参与区域有机农产品定价体系的权利,充分保证了供给主体获取市场利润的稳定性和持续性。

3.6.3 政府主导型定制案例

3.6.3.1 日本 Oisix 公司简介

Oisix 公司成立于 2000 年 6 月,以 O2O 供给模式实施区域有机农产品的精细管理,通过与日本国内千余家农户签订产销合同或协议的农产地合作,接受消费主体订单后采购区域有机农产品,并将其直接配送到指定地点。其供给模式的最大优势是产品品质能够得到最大保障,同时因为剔除了中间流通环节,产品价格较为稳定和低廉,并降低流通时间和成本。值得关注的是,政府主导下供给主体对区域有机农产品的精细化管理体现在每一件供给产品都标注名称、净含量、原产地及供给主体名称,以确保质量全过程追溯落到实处。

3.6.3.2 日本区域有机农产品供给现状

政府主导下的日本区域有机农产品供给以多级销售、"龙头企业+农户"

及农户直销为主,具体模式包括以下几种:一是"供给主体+消费主体"的产地直销模式;二是物流宅配模式;三是"协会+农户"模式;四是"超市+农场(基地)"模式;五是"连锁店+农场(基地)"模式;六是"国内企业+国外有机农场合作(订单)"模式。通过研究上述六种模式的异同点,本书将其归纳为三种模式:直销模式、超市模式、农场模式,其中最值得探讨的是直销模式。它在日本区域有机农产品供给中占据主要地位,具体流程:首先消费主体通过 O2O 方式发送订单给区域有机农产品供给主体,然后由物流公司依据消费主体订单数量和时间、消费主体所处位置等信息制订不同的配送方案并完成配送。值得借鉴的是,日本区域有机农产品供给的利润分配是供给主体占 70%,物流公司占 20%,最后一公里的社区占 10%。据考证,日本区域有机农产品的物流宅配模式已成为亚洲农产品供给的一大特色,成为促进日本区域有机农产品市场需求增长强劲的重要因素,其原因主要归结为:发达、完善、安全的配送网络和便利、标准和放心的社区配送点。

第4章　区域有机农产品定制体系研究

区域有机农产品定制体系研究首先以已有的研究结论和相关文献观点为基础,初步假设定制模式开发的影响因素为柔性、风险和信用,其次通过社会调研数据定量分析得出区域有机农产品定制意愿的影响因素为区域有机农产品的购买体验、供给安全及产品品质,佐证了上述研究假设,从而明确定制体系构建的关键要素为供给柔性、风险防范和信用保障,为定制体系实施效果研究作铺垫;然后以定制理论、供给案例和关键要素为基础,结合区域有机农产品的自身属性,开发出三类区域有机农产品定制模式,即市场诱导型、风险防范型和信用保障型,为挖掘定制体系运行的驱动因子提供理论基础;最后在定制模式开发的基础上,融入方法设计、技术设计、流程设计等内容,最终构建区域有机农产品定制体系。

4.1　定制要素分析

区域有机农产品定制体系设计是定制体系运行的基础;提炼关键要素利于挖掘定制体系运行的驱动因子和实证分析定制体系实施过程中的关键问题。

4.1.1　要素提炼

由区域有机农产品定制概念可知,定制模式开发是依据客户定制需求,以产业链、供应链和区块链的重构为基础,围绕关键要素设置定制核心模块,包括产品检索、产品柔性供应、模块重组和并行设计等,获取产品信息、合作沟通及客户感知数据,不断提升降本增效的能力。依据相关规模定制理论,定制模式开发的关键要素经整理列于表 4-1 中。

表 4-1　定制模式开发的关键要素

关键要素	支撑观点	文献来源
柔性	敏捷生产	顾燕[15]
	模块重组	车帅等[16]
	并行设计	姚建明等[17]
	定制体验	Jafari 等[75]
风险	安全风险	Chen[69]
	感知风险	Lee 等[62]
	信息风险	李静芳[82]
	文化风险	Emanuel 等[72]
信用	品牌忠诚度	Nguyen 等[73]、Yoo 等[81]
	即时服务	徐贤浩等[83]
	感知参与和响应	Yao 等[63]
	个人隐私保护程度	Puzakova 等[77]

由表 4-1 可知,区域有机农产品定制模式开发的关键要素由规模定制理论和区域有机农产品供应链理论等观点得出,分别为柔性、风险与信用。

4.1.1.1　柔性

区域有机农产品定制体系设计的前提是具备供应柔性,与工业制造品相比,其生产过程、种植方式与存储要求等都面临更多问题。工业制造品的定制如个性、独特、非标产品的制作可以借助现代化的订单跟踪、可调性的制造工艺与流程及可控性的生产管理等完成。尽管区域有机农产品目前无法达到同样高度,但仍可在定制领域内大有可为,原因剖析如下:一是区域有机农产品种植技术的快速发展,以生态农业、精益农业与现代化农业为基础,已出现温湿度可控、区域可控、成熟时间可控的种植方式,逐步达到了"随时供给""应需供应"的目标,能够实现生产柔性化;二是农业物联网的急速发展,将区域有机农产品种植信息连接互联网,实现对土壤成分、供给原料、生产状况及农产品外观和颜色的调控,并结合信息化农业诊断系统与精确化数据采集装置,提升区域有机农产品满足需求的精准度,能够实现即时生产。三是区域有机农产品供应链的创新变革,将被动产销波动调整为主动供需匹配,以现代化仓储、运输与配送设施与设备为基础,保障区域有机农产品的供给质量能够实现供应链柔性化。总之,供给柔性并不是指需要什么就能生产什么,而是在现有品种的情况下,通过现代化信息技术与设施设备,以满足客户定制需求为目标,通过产业链的多方合作,实现小批量、多品种的供需匹配。供给柔性度则是在区域有机农产品现有供给种类的基础上,改变传统固定的供给时间、地点、渠道及其他方式,以消费主体需求为中心,提升区域有机农产品供给精准度的可变程度。因此,供应柔性度可采用供给主体提供的定制产品数量除以区域有机农产品总供给量来表示。

4.1.1.2　风险

针对表 4-1 中的相关风险,区域有机农产品风险保障能力可通过增加定制体系技术投入,推广先进技术应用,从而控制风险的发生条件,降低风险的发生概率。具体阐述如下:

一是信息技术。随着互联网技术的快速发展,信息化手段层出不穷,与之对应的硬件终端集成化、高效性与大容量性成为技术创新的趋势之一。结合"中国制造 2025""农业 3.0"及人工智能等产业发展目标,区域有机农产品的定制将愈发依赖先进技术在农业中的推广与应用,同时社会相继产生了精益农业、物联网农业、智能农业等新业态。通过对上述区域有机农产品的定制内涵阐述,其技术创新主要体现在:① 终端信息接收器的便携性、轻型化,主要载体为手机、iPad 等。② 平台信息交互性、衔接性,主要表现为个体、合作社、企业与农业公共大平台的数据衔接,信用平台信息获取的及时性与有效性。③ 信息模块的继承性、发展性,主要媒介为农业 App、微信公众号、QQ 号、小程序等。

二是流通技术。区域有机农产品定制满足的消费主体需求主要为小众型、个性化的产品,处于订单农业面向大众需求的间隙,属于"拾漏补缺"范畴,因此降低流通成本、精简流通环节成为定制影响因素之一。大众化的需求通常是依据传统消费经验,规模收取农产品,通过中间层层环节,最后批量送到超市、农贸市场与农产品专柜,覆盖大多数消费主体的需求,存在"增产不增收"问题。究其原因,主要有两个部分:一是大众需求量是相对稳定的,不会产生较大的需求波动;二是流通成本随着能源价格、人工分拣成本及农产品竞争相关联的"卖相"反而逐年上升。因此,搜索未开发的小众定制需求将成为区域有机农产品竞争的"蓝海"。采用直达的配送方式,创新区域有机农产品供应装置,可达到精简流通环节的目标。因此,技术投入强度可采用流通主体技术投入除以营业收入来表示。

4.1.1.3 信用

信用是区域有机农产品定制"质"的产生与"量"的发展的首要条件,建立在供需双方互信互利的基础上,以亲戚、朋友、同事等类型为基础,通过透明、公开的合作方式,逐步提高交易双方的信任度。正如交易经验值一样,信任度的增加有以下几个方面:一是每次交易成功会带来信任值的增加或积累;二是每次交易中共同防御风险、保障利益会带来信任值的提高;三是持续的情感交流与互助行为会带来信任值的攀升等,反之亦会导致信任值的降低。目前,交易信用的提升措施归纳起来有以下几点:一是免费食用,用品质吸引人,不断扩充客户群体,扩大产品影响力;二是全程化透明监控管理,采用物联网技术,24 小时不间断地可视化,可随时提供给消费主体动态视频,保证产品质量;三是获得权威第三方区域有机农产品认证标志,结合区域有机农产品全程溯源系统,有效跟踪产销全过程,提升农产品质量影响的可控性,扩大交易规模。因此,供给信用度可用消费主体采用定制体系购买区域有机农产品次数除以区域有机农产品购买总次数来表示。

4.1.2 数据分析

为佐证上述定制体系设计的影响因素,本书通过问卷调查、变量选取、模型构建和数据分析等方式,从定制满意度和定制意愿方面挖掘区域有机农产品定制行为的影响因素,从而明确区域有机农产品定制体系构建的关键内容。

4.1.2.1 数据来源与统计描述

研究数据主要来自国家自然科学基金课题"基于市场诱导和风险防范

的生鲜农产品有效供给双重驱动机制研究"的调研报告,具有较强的可信度。它分为两个部分:一是 2018 年 8 月课题组成员相继到上海、苏州、无锡、常州等地采用社会调查法得到调研数据,并将整理后的数据与政府门户网站公开的对应数据比较后,剔除掉无效问卷,剩余有效问卷 156 份;二是 2019 年 10 月课题组成员相继在润扬地区的连锁超市、有机食品专卖店、农贸超市及美团、饿了么、顺丰、中通等机构进行调研,同时对区域内 30 余个中高端小区等发送调研问卷,并通过网络、电话和面对面等方式,获取随机数据。最终,课题组共发送问卷 250 份,回收 242 份,回收率为 96.80%,其中有效问卷 226 份,有效回收率 90.40%,调研问卷的有效性统计数据见表 4-2。

表 4-2　消费主体抽样调研统计数据

序号	调研项目	类别	频数	比例/%
1	年龄	30 岁及以下	33	14.64
		31~50 岁	110	48.84
		50 岁以上	83	36.52
2	学历层次	中学及以下	74	32.64
		大学	114	50.61
		研究生及以上	38	16.75
3	家庭月收入	10000 元以下	39	17.23
		10000~30000 元	154	68.21
		30000 元以上	33	14.56
4	家庭成员是否有海归	否	170	75.12
		是	56	24.88
5	网络消费比重	没有	28	12.50
		较低	82	36.29
		较高	92	40.66
		非常高	24	10.55

序号	调研项目	类别	频数	比例/%
6	网络配送效率	不太关注	65	28.76
		一般	148	65.41
		很关注	13	5.83
7	对区域有机农产品品质的认同度	不认同	7	3.16
		认同度较低	56	24.87
		认同度较高	104	46.12
		非常认同	59	25.85
8	区域有机农产品购买体验	被动购买	23	10.44
		主动订购	90	39.81
		体验购买	84	37.01
		参与设计	29	12.74
9	对区域有机农产品流通渠道的信任度	完全不信任	16	7.16
		不太信任	31	13.59
		较信任	120	53.28
		完全信任	59	25.97

　　由表4-2可知,有关消费主体抽样数据反映的现实状况与润扬区域的有机农产品消费主体特征相符,说明调研范围较广,抽样数据具有一定的代表性,可以用于实证分析一定区域内的有机农产品定制意愿的影响因素。

4.1.2.2　区域有机农产品定制满意度调查

　　区域有机农产品定制满意度是衡量消费主体通过定制体系获取区域有机农产品的满意程度,相比农贸市场、连锁超市和区域有机农产品专卖店,定制体系更具竞争力,具有其他渠道难以体现的购物优势[84]。本章在相关理论和概念的基础上将产品种类、产品品质、流通效率、流通安全、采购体验、采购价格这六种评价指标作为对象(见表4-3),研究不同消费主体采用不同渠道的采购满意度。

表 4-3 采购渠道影响因素

类别	影响因素	文献来源
供给主体	产品种类	徐静[4]
	产品品质	姚冠新等[3]
流通主体	流通效率	袁媛等[11]
	流通安全	孟菲[12]、石朝光[7]
消费主体	采购体验	张祥[85]、王晶等[84]
	采购价格	邵晓峰等[49]

满意度评价采用 5 级评分法,最不满意为 1 分,最满意为 5 分。若指标大于等于 3 分,则认为定制渠道采购具有一定的比较优势;若小于 3 分,则不具有优势。依据调研问卷统计结果(见表 4-4),定制渠道在采购品质、采购体验和采购安全等方面的得分皆超过 3 分,说明定制意愿的重要影响因素依次为采购体验、采购安全和采购品质。同时,采购价格、采购效率与采购种类小于 3 分,说明它们对采购渠道选择的影响较小。

表 4-4 消费主体对定制体系满意度调研结果

指标	采购安全	采购效率	采购体验	采购品质	采购种类	采购价格
均值	3.0106	2.9268	3.4325	3.2524	2.3583	2.8700
标准差	1.2438	1.2887	1.2656	1.2230	1.2579	1.3083

4.1.2.3 区域有机农产品定制意愿分析

区域有机农产品定制意愿是消费主体采用定制模式并在定制体系采购中对符合定制需求的区域有机农产品所愿意付出的采购成本,表明了消费主体对区域有机农产品定制体系运行价值的认可度。例如,区域有机农产品定制支付意愿的数值为 1.15,则表示消费主体定制意愿可接受范围是其他采购渠道采购成本的 1.15 倍。根据调研问卷的结果可知(见表 4-4):

一是润扬地区的消费主体定制意愿可支付成本为超市购买的 1.25 倍,超过定制产品价格与其他渠道采购价格的价格比例。查阅相关政府网站显示,定制价格与超市采购价格的比例为 1.2~2.0,低于国内一线城市对应指标,但仍具有较大潜力。因此可知,区域有机农产品定制意愿支付成本比例与城市规模、消费主体收入水平等因素呈正比,即发达区域或收入水平高的消费主体更愿意定制区域有机农产品。

二是以扬州金花科技农场为例,消费主体定制不同种类区域有机农产品时存在支付意愿的差异,其中,消费主体对禽蛋、果蔬类的支付意愿较高,而对水产品、稻米及肉类的支付意愿较低,主要因为购买体验、采购品质及供给安全在前两类区域有机农产品消费上表现得较为明显(见表 4-5)。

表 4-5　六类区域有机农产品定制支付意愿结果分析

指标	禽蛋	水产品	果蔬	稻米	肉类	其他食品
定制支付意愿	1.1673	1.1522	1.1606	1.1582	1.1565	1.1533
标准差	0.0838	0.0892	0.0809	0.0817	0.0813	0.0793

4.1.3　建模分析

4.1.3.1　模型的变量设定及统计描述

Logit 回归模型的原理是:依据研究目标,将区域有机农产品定制行为设为被解释变量 Y,解释变量依次为年龄 X_1、学历层次 X_2、家庭月收入 X_3、家庭成员有无海归经历 X_4 等基本情况,网络消费比重 X_5、网络配送比重 X_6 等网络交易习惯,及对区域有机农产品品质的认同度 X_7、区域有机农产品购买体验 X_8、对定制区域有机农产品流通渠道的信任度 X_9 等因素,共计 9 个自变量(见表 4-6)。同时,变量统计描述如下:

① 年龄。区域有机农产品定制行为与年龄相关,一般表现为随着年龄的增长使得消费主体对区域有机农产品定制的次数先增后减。

② 学历层次。学历层次越高,区域有机农产品定制相对越多,这与个性化、独特性的消费体验息息相关。

③ 家庭月收入。由于区域有机农产品的价格高于普通农产品,且定制价格平均高于传统渠道,因而家庭月收入影响定制行为。

④ 家庭中有无海归人员。受国外消费习惯的影响,海归人员更加关注产品品质,对定制消费较为青睐,因此,有海归人员的家庭定制意愿较强烈。

⑤ 网络消费比重。定制体系与网络购物联系紧密,深受网络消费习惯的影响。通常而言,喜爱网络消费的群体更乐意网络定制产品,也乐于参与定制体系。

⑥ 网络配送比重。由于区域有机农产品消费与普通商品的网络消费存在差异,尤其是在生鲜度保障方面,因而具有网络配送经历的消费主体更易于接受通过定制体系购买区域有机农产品。

⑦ 对区域有机农产品品质的认同度。定制体系中,消费主体由信任传统渠道供给中介商转变为信任区域有机农产品供给主体,所以,消费主体对区域有机农产品供给主体的信任度越高,定制产品的意愿越强烈。

⑧ 区域有机农产品购买体验。本书将农贸市场、超市、有机专卖店和定制体系作为区域有机农产品的购买渠道进行实证分析。

⑨ 对区域有机农产品流通渠道的认同度。本书将对定制区域有机农产品的认同度界定为消费主体相信定制体系提供的产品品质符合消费需求。

表 4-6 Logit 回归模型中各变量的描述性统计

类别	变量名称	符号	变量解释	均值	标准差	预期影响
因变量	区域有机农产品定制行为	Y	不发生,$Y=0$;发生,$Y=1$	0.763	1.0892	
消费者	年龄	X_1	30 岁及以下,$X=1$;31~50 岁,$X_1=2$;51 岁以上,$X=3$	2.473	0.3185	+
	学历层次	X_2	中学及以下,$X_2=1$;大学,$X_2=2$;研究生及以上,$X_2=3$	1.913	0.1647	+
	家庭月收入	X_3	10000 元以下,$X_3=1$;10000~30000 元,$X_3=2$;30000 元及以上,$X_3=3$	2.597	0.1382	+
	家庭中有无海归人员	X_4	无,$X_4=1$;有,$X_4=2$	1.364	0.3064	+

续表

类别	变量名称	符号	变量解释	均值	标准差	预期影响
消费习惯	网络消费比重	X_5	没有,$X_5=1$;较低,$X_5=2$;较高,$X_5=3$;非常高,$X_5=4$	2.74	0.1286	+
	网络配送比重	X_6	低,$X_6=1$;一般,$X_6=2$;高,$X_6=3$	1.659	0.2613	+
消费情况	对区域有机农产品品质的认同度	X_7	不认同,$X_7=1$;较低,$X_7=2$;较高,$X_7=3$;非常认同,$X_7=4$	2.603	0.2658	+
	区域有机农产品购买体验	X_8	被动购买,$X_8=1$;主动购买,$X_8=2$;体验购买,$X_8=3$;参与设计,$X_8=4$	1.874	0.2047	+
	对区域有机农产品流通渠道的信任度	X_9	完全不信任,$X_9=1$;不太信任,$X_9=2$;较信任,$X_9=3$;完全信任 $X_9=4$	2.26	0.2259	+

4.1.3.2　模型设定

假设消费主体定制行为与消费主体的基本情况、消费习惯和消费信用等因素有关,则研究模型的因变量为定制行为发生与否,自变量为其他相关变量 $X_1 \sim X_9$,可得出 $\ln(P/1-P)=B_0+\sum B_n X_n (n=1,2,3,\cdots,9)$。其中,$P$ 为消费主体愿意定制区域有机农产品的概率;X_n 为各解释变量;B_0 和 B_n 为待估参数。

4.1.3.3　模型运行结果

运用 SPSS22.0 统计分析软件对上述有效问卷的消费主体界面数据进行 Logit 模型回归处理,运行结果见表 4-7。

表 4-7　Logit 模型回归处理结果

变量	回归系数	标准差	卡方值	自由度	显著性检验	优势比 Exp(B)
X_1	-0.0868	0.3185	0.0742	1	0.7853	0.9169
X_2	-0.1760	0.1647	1.1422	1	0.2852	0.8386

变量	回归系数	标准差	卡方值	自由度	显著性检验	优势比 Exp(B)
X_3	0.6716	0.1382	23.6171	1	0.0000	1.9574
X_4	0.6183	0.3064	4.0716	1	0.0436	1.8557
X_5	0.0568	0.1286	0.1948	1	0.6590	1.0584
X_6	0.2350	0.2613	0.8088	1	0.3685	1.2649
X_7	0.7024	0.2658	6.9824	1	0.0082	2.0185
X_8	0.5700	0.2047	7.7528	1	0.0054	1.7682
X_9	0.6330	0.2259	7.8512	1	0.0051	1.8832
常数值	−3.6652	1.0892	11.3233	1	0.0001	0.0256
准确度	84.82%					
HL 指标值	6.7846					
卡方检验值	71.2835					
对数似然函数值	326.1640					
显著性						

为了论证回归模型分析的有效性,应对该模型的适用性进行检测,包括模型的拟合优度、预测准确率和统计显著性等。其中,HL 指标值显示为 6.7846,自由度为 8,概率值为 0.5472,表明模型拟合效果较好;因变量 Y 的预测准确率为 84.82%,表明模型预测符合大多数消费主体情况;卡方检验值为 71.2835,表明模式的回归统计显著性较强。因此,该模型的适用性较强,可用于挖掘区域有机农产品定制意愿的影响因素。

4.1.4　结论分析

4.1.4.1　研究结论

由实证研究可知,模型中 Exp(B)大于 1 表示消费主体愿意定制区域有机农产品的概率较高,即自变量能够明显促进因变量的正向变化;Exp(B)小于 1 则表示消费主体愿意定制区域有机农产品的概率较低,即自变量反向促进因变量发生明显变化。由表 4-7 可知,家庭月收入变量的发生比率为 1.9574,区域有机农产品购买体验、对定制区域有机农产品品质的认同度及对区域有机农产品流通渠道的信任度等变量的发生比率都大于 1,且在 1% 水平上显著;家庭中有海归人员的发生比率大于 1,显著水平为 5%;其他变量不显著。具体结论如下:

① 年龄(X_1)。结果显示,消费主体定制支付行为与年龄的关系不显著,体现在年龄偏大的消费主体并不一定喜好网络支付手段。

② 学历层次(X_2)。结果显示,学历层次影响定制区域有机农产品的程度不显著,因为学历层次与家庭收入正相关关系不明显,且不能代表群体的消费观念。

③ 家庭月收入(X_3)。结果显示,家庭月收入越高,定制区域有机农产品的比例越大。此外,对生活质量不断提升的追求会推动更高品质的农产品需求,因此符合有效供给和区域有机农产品定制概念。

④ 家庭中有无海归人员(X_4)。结果显示,家庭中有海归人员能够影响定制行为,原因主要是海归人员大多认为定制渠道采购的区域有机农产品品质相对较高。

⑤ 网络消费比重(X_5)。结果显示,网络消费比重对定制区域有机农产品影响显著,即家庭网络消费比重越大的群体更易于接受定制农产品。

⑥ 网络配送效率(X_6)。结果显示,配送效率对定制农产品影响不显著,即消费主体不太关注配送时间长短,而是聚焦产品品质与配送安全性。

⑦ 对区域有机农产品品质的认同度(X_7)。结果显示,对区域有机农产品品质的认同度极大地影响定制行为,即产品品质会影响定制体系的诚信度,是推动定制体系发展的重要因素之一。

⑧ 区域有机农产品购买体验(X_8)。结果显示,区域有机农产品购买体验与定制区域有机农产品的关系显著,多样化的购买体验是定制渠道区别于其他渠道的重要优势。

⑨ 对区域有机农产品流通渠道的信任度(X_9)。结果显示,消费主体对区域有机农产品流通渠道的信任能够极大地影响定制支付的意愿,且具有较高的显著性。

4.1.4.2　因素分析

由上述实证分析结果可知,消费主体意愿通过定制体系购买区域有机农产品的影响因素是采购体验、流通安全和产品品质,结合上面的研究结果,本书认为影响采购体验的因素是供给柔性;影响流通安全的因素是流通风险;影响产品品质的因素是信用保障。具体阐述如下:

(1)供给柔性是影响采购体验的因素

结合定制理论,个性化、多样化的体验是定制需求的特点,定制与区域有机农产品供给的结合更聚焦于消费主体定制过程的主观感受,即以消费主体需求为中心,积极跟进,全程服务,将产品供给、知识宣传、食品烹饪等集成在一起,提升消费体验,赢得消费主体的信任。因此,相对于传统僵硬的供给体系,区域有机农产品定制能协助消费主体找到自身需要的产品种类和品质,能够培育出消费主体所需的产品质量和功能,能够满足消费主体提出的时间、地点、数量等方面的定制要求。这些必然给区域有机农产品供给主体带来更大的压力。供给柔性化表现在供给品种的外延、供给品质的内提、供应链的弹性及流通组织的众包,它能进一步推动供给数据预测的现代化,加快区域有机农产品供应链精益化变革的进程。

(2)流通风险是影响流通安全的因素

如前所述,精准指导区域有机农产品定制体系的设计与运行,除了保障产销体系供需信息的精准对接,还需保障定制体系的精准运行,避免失误、错误和风险,极力保证区域有机农产品从“开始一公里”到“最后一公里”质量品质的一致性,因此,数据搜集、处理与反馈的现代化及流通技术的机械、智能和智慧化成为保障区域有机农产品供给安全的因子。技术研发、推广和升级能够推动产品供给设施、设备和装置的不断发展,果蔬专用箱、水产品专用箱及螃蟹专用箱等可回收使用的包装不断升级,通过企业仓储、流通和家庭报关设备标准尺寸的持续优化,能够提升保障供给安全设备和装置的利用效率,所以,技术的软硬同步发展是亟需关注的研究内容,信息系统的有效应用离不开硬件设备的支撑,同时硬件设备的应用效率只能借助信息系统的开发和推广来体现,两者相辅相成。

(3)信用保障是影响产品品质的因素

由上面的分析结果可知,区域有机农产品定制的关键影响因素之一是供给品质,这也是生态胁迫下区域有机农产品消费主体所特别关注的方面。

供给品质既来源于供需诚信的保障力度,又离不开社会诚信体系的加速建设。对消费主体信任是对其交易支付的信心,要避免无效订单导致的供给资源浪费,损害供给主体利益,从而打击供给主体的积极性;对供给主体信任是对其产品供给品质的信心,鼓励供给主体专注于产品品质安全保障与提升等方面,提升我国区域有机农产品供给主体积极性,从而增强产品的国际竞争力。此外,社会整体诚信体系的加速建设强力影响着区域有机农产品定制体系的实施效果,能够促使更多的消费主体放心定制采购产品,持续推进产品价格下降,带来有机农产品消费受惠群体的不断扩大。

4.2　定制模式设计

区域有机农产品定制研究应聚焦供给柔性提升、防范能力增强和信用保障完善等方面,围绕不同属性的产品类型,并结合定制概念和理论,设计市场诱导型、风险防范型和信用保障型等模式,具体阐述如下:

4.2.1　设计原则

依据区域有机农产品的定制概念和国内外区域有机农产品的定制类型分析,定制模式设计原则有柔性、众包性、便利性。

4.2.1.1　柔性

定制供给与传统供给的区别之一就是供给柔性化,定制供给能够依据消费主体个性化要求调整或改变产品设计、工艺流程、销售渠道及物流方式,又可称为个性化供给。但与工业品定制供给相比,区域农产品定制供给应着重考虑以下几点:

①区域农产品供给周期相对恒定,且难以变更或更改。区域有机农产品定制柔性需要考虑定制提前期,对供给主体提出非常高的要求,能够精准掌握消费主体的个性需求量或会员的定期需求量,将未知不可控的变化转变为已知可控的状态,以尽可能迅速地找到突破点。

②区域农产品是在已有基础上的定制,并不是随意柔性化。据统计,当前农产品供给主要为主动供给、习惯供给,即根据自身经验规模化供给相对固定的稻米、蔬菜与瓜果,然后通过熟悉的或已固定的渠道出售,获得一定

的收入,供给者基本较少去了解或理解消费主体的心理,也就是通常所说的"有什么卖什么"。笔者提出的区域有机农产品定制则是"需要什么种什么",且尽可能做到精准到每一位消费主体,而不是总量需求上的"有效供给"。但这里的"需要什么"应有所依据、有所范围,更多地聚焦在个性化、多样化或特供特制等。因此,柔性的基础是在已有区域有机农产品产销体系上的弹性,是可变可控的数量,应具备可监测、可追溯的质量体系。

③ 柔性更为关注服务过程。如在不改变产品品种、营养等内在属性的基础上,满足消费者对产品集合、产品包装及产品大小等外在特征的定制需求,即通过线上线下参与、联合设计与角色转换等方式模糊供给主体与消费主体的边界,构建消费主体所需的柔性程度。

4.2.1.2 众包性

随着消费主体对区域有机农产品需求的与日俱增,市场上难以匹配到真正满足所有需求的供给主体,则容易延伸出区域有机农产品定制主体由消费主体群体共同创建,笔者称之为"共享田园"。众包性是区域农产品定制流程的又一原则,较容易满足消费主体群体的定制需求,并能够在一定程度上容忍定制误差,稳定双方的情绪。与之对应的方式是全员参与、人人股东,利于定制市场发展的稳定性,且可降低区域有机农产品质量监督体系的支出成本与压缩假冒伪劣产品的生存空间,也易理清定制流程中人人相异、次次不同的线索。

定制的众包流程包括以下几个方面:

① 供给阶段。即消费主体共同参与农产品设计等环节,乃至联合创建区域有机农产品供给基地。

② 流通阶段。即将规模化、集成化的物流与单位或家庭的生活、生产资料的流通相结合,把个人身份信息与货物流程阶段捆绑在一起,加强流通周转与质量追溯。

③ 消费阶段。即将集中仓储、统一放置的场所分解为家庭式的商贸形式,充分发挥家庭和个体创业的积极性,利用闲置空间,采用就近原则,切实解决社区或乡村"最后一公里"的难题。总之,众包是角色统一,而不是对抗;要素自由,而不是固化;方式灵活,而不是僵化的体系,它对区域农产品

定制的深化提供了更为有利的条件。

4.2.1.3　便利性

由国外区域有机农产品供给类型研究结论可知,直销模式的便利性是区域有机农产品供给市场不断扩大的重要因素之一。它促使更多的消费主体先通过网络订购区域有机农产品,再到居住地附近的便利店接收产品,因此,定制流程设计的原则之一是降低消费主体定制程序的复杂性,以方便消费主体为出发点,激发更多的定制意愿。具体来说,便利性应着重考虑以下几点:

① 消费主体采购定制产品的方式便利。传统区域有机农产品的采购途径是通过连锁超市、区域有机农产品专卖店等实地购买所需的产品,采用自提自取的方式,将符合消费需求的产品带回居住地。相应的,企事业单位则采用电话、实地购买等方式,通过自取、送货上门等方式,接收所需的区域有机农产品。因此,降低消费主体采购定制的复杂程度成为流程设计便利性原则体现的重要内容。针对于普通消费主体,尤其是精通网络的青年人,流程设计的定制端口应关注网络层面,如推动手机 App 的使用,将日常产品消费与区域有机农产品整合起来,提升定制需求满足的便利性;针对老年消费主体,尤其是不会使用智能手机的老年消费群体,流程设计的定制端口应关注电话联络层面,利用报纸、广播进行推广,并结合社区兼职推广人员及超市会员搜集到的消费信息,采用定期电话提醒方式,保障老年消费群体对区域有机农产品的消费需求;针对企事业单位的大宗区域有机农产品定制需求,尤其是季节性强的产品,流程设计的定制端口应关注信息系统的衔接性,可及时查看消费单位的日常耗用量,保证均衡的供给量,并可依据消费需求的临时变化,调整定制流程,及时满足消费主体的个性化需求。

② 消费主体接受定制产品的方式便利。当前,消费主体接受定制产品的方式包括:超市购买后自取;丰巢、配送点接受自取;便利店接受自取及转运点自取;对于企事业单位而言,定制产品大多数是送货上门,很少采用自取方式。因此,本书主要研究个体消费主体接受定制产品的地点距离居住地的远近程度,综合考虑距离、安全系数和生活方便度。其中,距离居住地1000 米内为宜;安全系数是产品不会丢失、错拿或包装毁损;生活方便度是

下班必经路线、散步或购物的正常路线等。因此,本书提出将区域有机农产品的接受地点设置为小区便利店或小区住户较佳,通过住户与配送员的结合,能够最大化提高消费主体收取货物的便利程度,且易于产品供给安全质量的追溯。

③ 消费主体反馈定制服务的方式便利。影响区域有机农产品定制市场持续发展的又一因素为服务反馈的简便性。可将服务反馈与产品供给信息结合在一起,通过同一渠道反馈服务质量和投诉要求,推动潜在消费主体的定制欲望,增强现有消费主体持续购买的信心。将定制服务反馈渠道与供给信息整合在一起不仅利于服务反馈程序简化,也能保证反馈信息不遗漏,从而及时答复每位消费主体的定制疑问、消费投诉等问题,利于培育消费主体与供给主体间的情感,提升品牌的忠诚度。

4.2.2 设计类型

依据定制要素分析结论,结合相关理论与案例研究内容,本书提出了三种区域有机农产品定制模式设计类型:市场诱导型、风险防范型和信用保障型。

4.2.2.1 市场诱导型

市场诱导型定制模式如图 4-1 所示。市场诱导是定制模式运行的拉力,将消费主体作为受力点,通过有机食品健康讲座、生态环境保护宣传及相关引导举措促进消费主体扩大区域有机农产品的需求量,同时结合政府政策扶持、风险防范技术优势,诱导区域有机农产品供给主体增加产品供给量,满足日益增长的消费需求。因此,市场诱导型的流程设计应围绕挖掘消费主体定制需求,增强供给主体供给信心,精准满足消费主体定制品种、品质及其他个性化要求,并将网络线上营销方式下沉到目标群体手机短信、邮件、微信,实现线下营销方式下沉到目标群体社区、街道和单位等生活和工作所在地,结合政府政策引导和鼓励,提高市场诱导型模式运行的顺畅程度。相应地,定制体系应重点关注消费主体群体变化,精准分析消费主体的年龄和收入、定制产品种类、定制产品价格等信息,并构建便利性的沟通界面,诱发消费主体产生定制欲望。

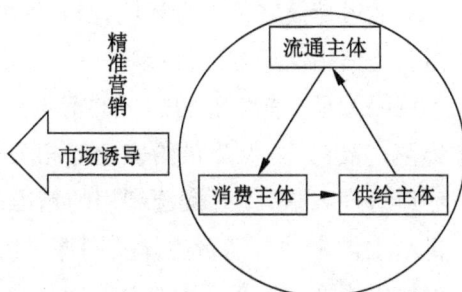

图 4-1　市场诱导型定制模式

4.2.2.2　风险防范型

风险防范型定制模式如图 4-2 所示。风险防范是定制模式运行的推力,主要受力点在流通主体,通过区域有机农产品存储、分拣、配送等环节的防范机制和举措,降低产品在流程运行中的质量风险和品质风险,同时结合现代化流通技术,精准实施配送作业,避免配送失误,将产品风险扼杀在萌芽阶段,实现产品的定位、定量和定时配送目标。同时,风险防范应借助社会力量,利用内部流程风险管控制度和外部社会风险防御体系,共同抵御影响满足产品定制需求的各类风险,保障定制流程的顺利运行。此外,风险防范型体系设计的重点在于稳定,稳中求进,稳中求新,一切以稳定为主。风险防范型定制模式通常适用于易发生流通风险的区域有机农产品,如鲜活动物类。

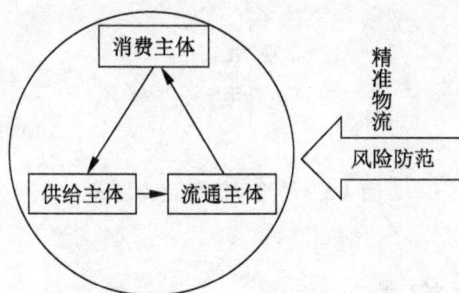

图 4-2　风险防范型定制模式

4.2.2.3　信用保障型

信用保障型定制模式如图 4-3 所示。信用保障是定制模式运行的定力,主要受力点为供给主体,通过持续完善生态环境,激励区域有机农产品供给主体增加供给量,通过实施信用保障方案,持续提升消费者对区域有机农产品的信任度。同时,信用保障是当前生态胁迫下的衍生机制,通过构建低碳生态循环模型、实施提高产品品质、保障供给安全等相关举措,切实保护生态环境,以实现产业健康有序发展,提升资源利用的精准度,避免定制模式的无效运行。此外,供给主体主动与消费主体共同探讨区域有机农产品定制流程创新,共同扩大信用保障对生态环境改善的影响力,保证定制系统可持续发展的长效动力。总之,信用保障体系需要关注的是消费主体与供给主体两者共享、共担、共赢机理的分析,即应聚焦于两者情感提升、自律行为或素养培育方面,并定位于重点消费群、VIP 客户的地位,及时反馈定制服务进程,保证两者定制信用沟通的同步性。信用保障型定制模式通常适用于高端区域有机农产品,如高端茶叶等。

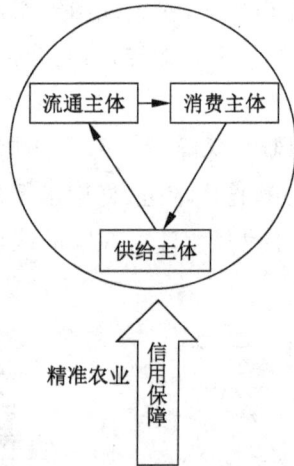

图 4-3　信用保障型定制模式

4.3　定制体系构建

区域有机农产品定制体系构建以定制模式为核心,涵盖定制模型、定制方法、定制技术,以设计合理、运行顺畅和保障有力为目标,能够综合反映区域有机农产品定制内在机理,从而为研究定制体系运行驱动机制明确对象,包括构建目标、构建步骤、构建内容与构建体系。

4.3.1　构建目标

定制是达到精准的手段之一,采用"一对一"的订单处理方法满足消费主体的个性化需求,以区别于规模化同质供给,借助迅捷的数据处理与高效的订单分解,能够从纷繁复杂的各种订单名录中分析出定制脉络,首尾衔接,有始有终,并能有效地打通城乡物流的"最初一公里"与"最后一公里"。两个"一公里"是流程设计中的关键,也是成本检测中的难点,既需要依靠先进信息技术与物流技术的普遍推广,更依赖从业人员的专业素养与工作态度。另一方面,精准性又是体系设计合理与否的重要指标,能够对区域有机农产品定制化供给产生切实有效的推动作用,既要明确消费主体的精准需求,又要明确供给主体的精准供给,并对流通主体的精准保障提出同步的要求。因此,定制体系建设目标主要体现为设计合理、运行顺畅及保障有力。

4.3.1.1　设计合理

依据定制体系参与主体、定制模式等内容,区域有机农产品定制体系应重点关注管理,以高效满足消费主体定制需求为目标,借鉴精益生产的"看板管理",层层传递需求信息,避免无效供给和资源浪费,做到精准供给。同时,注重控制定制体系风险点,制定多种举措防范风险,并结合数据分析和管理经验,提升风险防范的预判性和有效性。此外,周期性的、完善机制的构建能够及时纠正体系运行路线。因此,定制体系设计应将定制模型、定制模式、定制技术、定制方法及参与主体融入整体框架,赋予区域有机农产品定制新特点,结合具体案例,得出切实可行的设计方案。

4.3.1.2　运行顺畅

依据定制流程参与主体与区域有机农产品供给环节的联系,一方面,定制体系应关注信息传递的准确性,避免信息干扰导致的供给失误。同时,应积极应用先进信息系统,采用智能化设备,避免关键风险点的人工作业,降低人工错误,提升运行精度。此外,应主动构建体系运行纠正体系,及时测量运行偏差并有效纠正偏离轨迹,结合监控设备、数据警报等办法,保证体系运行的精准性。另一方面,定制体系应在市场诱导型、风险防范型和信用保障型定制模式的基础上,进一步剖析动力放大或削弱的内在原因,并挖掘体系运行的驱动机理,为实证分析体系实施中的关键问题提供研究基础。

4.3.1.3 保障有力

依据参与主体诉求权益的不同,体系保障应能体现尊重感和人性化,融入共享、共担和共赢等关键词,充分保障参与主体的个人或群体的获得感,并充分考虑参与主体不同阶段的发展需求,采用扶持、协同和共生等举措,增强政策与建议的保障力度,从而保证体系实施的稳定性。

4.3.2 构建步骤

在借鉴规模定制研究理论与文献的基础上,本书将区域有机农产品定制体系建设分为以下几个步骤:

4.3.2.1 明确定制体系设计准备工作

区域有机农产品的设计原则与普通农产品存在差异,因此,首先应以定制模式设计为出发点,然后依据体系建设原则,探讨定制体系建设规划,制定符合定制体系建设的方案。

(1) 模式设计类型

本书依据区域有机农产品的类型主要提出三种模式的设计类型:市场诱导型(对应日常消耗量大的稻米、禽蛋和果蔬类)、风险防范型(供给风险大的水产类)和信用保障型(高品质、高要求的奶制品和茶叶类)。本书以日常消耗量大的果蔬类为例,研究体系设计规划和设计方案,代表性阐述区域有机农产品定制体系设计的准备工作,为定制体系实施提供理论基础。

(2) 体系设计规划

体系设计规划是依据设计目标和设计原则,突出体系设计模式,涵盖项目调研、定制概念设计、定制项目流程设计、定制需求条件分析、体系设计方案及修正举措等,指导体系设计机构和人员实施设计项目的总称。以果蔬类为例,区域有机农产品定制体系规划主要包括以下内容:

① 区域有机果蔬供需调研。以润扬地区的有机消费主体为调研对象,了解区域消费量、消费渠道及消费建议,掌握区域有机果蔬的有效供给量、供给渠道及供给建议,通过调研问卷统计分析有机果蔬的供需特点、发展趋势,为定制体系设计明确的参与主体范围和运行特点。

② 有机果蔬定制需求条件分析。通过比较有机果蔬不同供给渠道的优劣势,研究实现产品定制的前提条件,关注产品品质、产品安全和产品购买体验等方面,聚焦满足高端收入群体高品质定制需求的各项要素,如个性化服务、管家服务等贴心沟通。

③ 有机果蔬定制方案制定与推广。围绕上述定制体系设计的调研基础,制定有机果蔬定制方案,包括种植、采摘、包装、配送、取货等环节;指导消费主体健康食用的正确方法,及时分享健康饮食的小贴士,并定期与社区、学校、科研院所等单位合作举办健康讲座、科学论坛等活动,引导消费主体对有机果蔬产生需求;积极鼓励各类具有健康证的社会人员兼职定制产品的收发员和配送员,提升定制体系的覆盖面和参与度;促进区域有机农产品定制体系参与人员的普及化,从而降低定制产品的价格,提升供给效率。此外,针对不同市场消费人群类型,提供多种有机果蔬定制方案,以供相关主体选择,也利于不同阶段找到可供实施的具体方案。

④ 有机果蔬定制体系修正。有机果蔬定制体系运行状况要求供给主体能够依据供给产品品类的变化和实施情况,及时修正原有运行路径,持续提升定制能力,满足消费主体定制需求。同时,定制体系应保持一定的开放性,能够包容、接纳参与主体的创新建议,具备吸纳并改进的科学决策能力,并将合理建议推广实施,从而推动有机果蔬定制市场的不断发展。

4.3.2.2　体系设计方案

受限于不同类型的区域有机农产品自身属性、供给来源、供给渠道及保障机制等方面的差异,定制体系设计的具体方案必然存在诸多不同。因此有必要制订不同的实施方案,并重点关注价值高、风险大的产品种类,保障其供给安全质量水平。体系设计方案的具体阐述如下:

① 日常消耗量大的区域有机农产品。日常消耗量大的区域有机农产品大多数价格相对不高,具有一定的消费稳定性和持续性,需要周期性地批量生产和供给,可通过第三方物流配送定制产品,以合同或协议方式实施定制需求单位的库存管理,需要及时关注定制供给量的变化。该产品流程设计方案虽然相对简单,但应做好产品供给质量、数量的保障举措,以避免稳定性的定制需求与波动性的定制供给间的冲突与矛盾。

② 流通风险大的区域有机农产品。流通距离远的区域有机农产品流通风险大,面临供给环节中的巨大风险,如产品丢失、产品受损等。供给主体尤其需要关注发生在装卸与配送环节的风险,可以单次交易协议或订单执行产品交易,并及时了解定制产品的供给条件,满足消费主体的定制需求。因此,该产品流程设计方案相对复杂,应制订详尽的风险防范措施以杜绝供给风险,加强关键风险点的监测与预警功能,提前掌握供给不力的原因,及时应对消费主体定制需求波动。

③ 生态责任大的区域有机农产品。高端区域有机农产品由于供给量稀少、供给条件严格及难以复制等属性,具有价值高、仓储保管难度大的特点,拥有很强的地理标志保护功能,典型代表是茶叶等。结合区域有机农产品供应链理论,本书认为高端区域有机农产品流程设计方案的难度最大、复杂程度最高。因此,为了构建高效供给体系,保障地理标识保护区域有机农产品供给到千里之外,实现高端区域有机农产品的远程定制,保证产品的生鲜度,流通主体所具有的硬件条件和信息技术是流程设计方案能够顺畅运行的关键要素,应聚焦于产品定制的供给效率和供给安全保障。

4.3.2.3 成立定制体系构建机构

体系构建机构是组织并实施区域有机农产品定制体系规划、设计及修正等工作任务,并保障实施过程的规范性、制度性和有效性的组织。具体包括:

① 组织设置。结合国外区域有机农产品的供给管理经验,本书建议体系设计机构由地方政府农业发展部门牵头,由农业行业协会主导,将办公地点设置在协会办公室,组织实施区域有机农产品定制体系建设的各项任务,包括制订章程、制度、办法及实施方案等。

② 人员配置。由上述内容可知,人员配置应依据定制体系的参与主体配置相关人员,主要有供给主体或专业合作社代表、消费主体代表、流通主体代表等,可采用信息系统沟通的线上虚拟形式,积极沟通流程运行中的相关问题,及时磋商应对办法和举措,共同推动定制体系的健康发展。

③ 资金配套。根据组织机构、人员配置等条件,资金主要来源于政府补贴、供给主体、流通主体和消费主体的会员费用及其他社会资本,应积极创

新吸纳社会闲散资金的途径,探索全员股份的融资方案,增强定制体系的影响力和覆盖面,提升定制体系全员监督的诚信度和可靠度。

4.3.2.4 试点与推广定制体系

定制体系设计任务完成后,先选择典型的研究对象,探索并架构新型流通渠道,再进行试点与推广,并实时跟踪体系运行状况,及时分析解决定制体系运行中遇到的问题,保障其顺利实施。

① 筛选典型农场。从调研对象中选取符合区域有机农产品订单特征的基地或农场。

② 重组流通渠道。参考饿了么、美团兼职中转员等配送渠道,选择符合区域有机农产品的流通渠道,深入交流定制体系的设计思路与内容,尝试采取新型配送模式提升配送效率,保障供给主体与消费主体之间的产品安全质量。

③ 推广定制体系。从定制体系参与主体着手推动定制系统的部署和实施,以市场诱导、风险防范和信用保障等机制驱动相关主体参与定制流程推广,积极将业务信息融入定制系统并使其由无序、散乱的自由状态逐步转变为规范、标准的有序状态,完成订单到定制的升级与创新。

4.3.2.5 监测实施情况

保障定制体系精准实施,需要实时监测区域有机农产品的定制过程,搜集并处理大量交易数据,分析数据波动的异常情况,剖析原因,提出切实可行的对策和建议。

① 数据搜集。通过定制信息系统搜集区域有机农产品定制供给过程中的各类数据,关注交易异常状况,如现金支付不及时、配送时间不准确等,需及时处理大量数据并传递最终分析结果。同时关注定制体系的线下数据搜集,及时掌握各参与主体的相关设想,结合线上数据分析结果,形成综合性的数据报告,为剖析异常做好准备。

② 剖析异常。通过分析完成的综合性数据报告,探查报告中异常情况发生的原因,进一步研究发生的深层次因素,关注供给安全、供给品质和供给效率等方面易出现的问题,整合相关参与主体力量,共同探讨影响因素发生机制。

③ 提出对策。通过异常情况分析和研究原因发生机制,以定制体系设计机构为主,召集相关参与主体共同磋商并确定最终对策,保障定制体系的精准运行。

总之,区域有机农产品体系设计以定制影响因素研究为主,关注定制系统中的三大参与主体(供给主体、流通主体、消费主体),首先构建"铁三角"间的骨骼框架,其次研究信息、资金、区域有机农产品等,将其作为脉络嫁接骨骼框架,形成区域有机农产品定制模式,同时融入相关支撑模型、方法及技术,结合定制体系运行的驱动机制,以"固定骨骼、强化经脉、丰富血液、充足动力"的渐进式顺序,最终完成健康稳健运行的定制体系建设。

4.3.3　构建内容

市场诱导型、风险防范型和信用保障型是本书提出的三种定制模式,分别注重日常果蔬类、生鲜水产类及高端品质类区域有机农产品。以此为核心,下面将从定制模型、方法、技术等方面进一步分析定制体系的其他组成内容,从而构建一套完整的区域有机农产品定制体系,供第 6 章进行实证研究。

4.3.3.1　已建模型的供给柔性分析

区域有机农产品定制模型的核心是构建柔性供应能力,并以此优化产品供应流程,在控制系统总成本的前提下,提升区域有机农产品的供给柔性和收益获取水平。

（1）定制总成本模型构建

下面以日常果蔬类区域有机农产品为例构建柔性的定制总成本模型,并确定最优成本下市场诱导型定制模式的柔性程度。

$$Z = \sum_{rvj} (a_{rvj} + \lambda_{rv}) A_{rvj} + \sum_{i} f_{2j} q_{2j} + \sum_{j} U_{2ij} X_{2ij} + \sum_{k} f_{3k} q_{3k} +$$

$$\sum_{ikm} U_{3km} D_{im} y_{km} + \sum_{ijm} c_{ijm} C_{ijm} + \sum_{ikm} d_{ikm} D_{im} y_{km} \tag{4-1}$$

式(4-1)中,i 为区域有机农产品类型($i = 1, \cdots, I$);v 为农资供应商($v = 1, \cdots, V$);j 为供给主体($j = 1, \cdots, J$);k 为流通主体($k = 1, \cdots, K$);m 为消费主体($m = 1, \cdots, M$);r 为农业资料($r = 1, \cdots, R$)。

a_{rvj} 为农资供应商 v 将农业资料运输到供给主体 j 处的单位成本;λ_{rv} 为

农资供应商 v 提供农资 r 的单位成本；f_{2j} 为供给主体 j 的固定支出成本；f_{3k} 为流通主体 k 的固定支出成本；U_{2ij} 为供给主体 j 提供区域有机农产品 i 的单位成本；U_{3km} 为从供给主体 k 运输区域有机农产品到消费主体 m 的单位成本；c_{ijm} 为从供给主体 j 到消费主体 m 运输区域有机农产品 i 的单位成本；D_{im} 为消费主体 m 消费区域有机农产品 i 的平均数量；C_{ijm} 为从供给主体 j 配送区域有机农产品 i 到消费主体 m 处的数量；A_{rvj} 为从农资供应商 v 将农业资料运输到供给主体 j 处的数量；X_{2ij} 为供给主体 j 所能供应的区域有机农产品 i 的数量；q_{2j} 为供给主体供给行为设置，取值为 1 或 0；q_{3k} 为消费主体消费行为设置，取值 1 或 0；y_{km} 为流通主体 k 对消费主体 m 的服务，取值 1 或 0。因此，供应链总成本主要包括：一是供给主体获取农业资料的采购成本与流通成本；二是供给主体提供区域有机农产品的生产成本；三是流通主体配送区域有机农产品的流通成本。

（2）定制柔性模型构建

区域有机农产品定制柔性主要包括农产品供给弹性与消费柔性，供给弹性来源于实际供给能力和有效供给能力的差额，消费柔性则来源于实际销售量与消费主体需求的差额[86]。定制柔性模型为

$$W = \Big[\sum_j (q_{2j} \Phi_j - \sum_i \delta_{2ij} X_{ij}) \Big] W_{2/\sum_j q_{2j}\Phi_j} + \Big[\sum_k (q_{3k} \beta_k - \sum_{im} \delta_{3ik} D_{im} y_{km}) \Big] \cdot$$
$$W_{3/\sum_k q_{3k}\beta_k} \tag{4-2}$$

式（4-2）中，Φ_j 为供给主体 j 单位产品 i 相当的实际产量；β_k 为流通主体 k 单位产品 i 相当的实际配送量；δ_{2ij} 为供给主体 j 的区域有机农产品有效供给量；δ_{3ik} 为流通中心 k 的最大配送量；W_2 和 W_3 为能力利用的权重，取值范围为 $[0,1]$。

（3）模型约束条件

$$\sum_j A_{rvj} \leqslant \Psi_{rv}, \forall r, v \tag{4-3}$$

$$\sum_i \tau_{ri} X_{ij} \leqslant \sum_v A_{rvj}, \forall r, j \tag{4-4}$$

$$\sum_i \delta_{2ij} X_{ij} \leqslant q_{2j} \Phi_j, \forall j \tag{4-5}$$

$$\xi_{ij} q_{2j} \leqslant X_{ij} \leqslant \zeta_{ij} q_{2j}, \forall i, j \tag{4-6}$$

$$\alpha_k q_{3k} \leqslant \sum_{im} \delta_{3ik} D_{im} y_{km} \leqslant \beta_k q_{3k}, \forall k \tag{4-7}$$

$$\sum_k y_{km} = 1, \forall m \tag{4-8}$$

$$X_{ij} = \sum_k C_{ijm}, \forall i,j \tag{4-9}$$

$$\sum_{jk} C_{ijm} = \sum_m D_{im}, \forall i \tag{4-10}$$

$$\sum_j C_{ijm} = \sum_m y_{km} D_{im}, \forall i,k \tag{4-11}$$

$$X_{ij}, C_{ijm}, A_{rvj} \geqslant 0, \forall i,v,j,k \tag{4-12}$$

$$q_{2j}, q_{3k}, y_{km} = 0 \text{ 或 } 1, \forall j,k,m \tag{4-13}$$

式(4-3)是农业资料采购限制条件,其中Ψ_{rv}为农资供应商v提供农业资料r的最大数量;式(4-4)是区域有机农产品供给能力限制条件,其中τ_{ri}为每种农业资料r生产出区域有机农产品i的数量;式(4-5)是区域有机农产品生产约束条件;式(4-6)是供给主体数量限制条件,其中ξ_{ij}和ζ_{ij}分别为供给主体j对区域有机农产品i的最小和最大供给量;式(4-7)使得区域有机农产品的运输数量限制在合理的规模内,其中α_k和β_k分别为流通主体k的配送量的取值范围;式(4-8)保证每个消费主体都能配对一个流通主体;式(4-9)保证供给主体提供区域有机农产品的数量与流通数量一致;式(4-10)保证区域有机农产品供需平衡;式(4-11)保证每个消费主体的需求得到满足。

由于定制柔性可作为约束条件,即在$[0,1]$范围选择适当的柔性期望值ε,然后令:

$$W \geqslant \varepsilon \tag{4-14}$$

因此,区域有机农产品定制模型的优化问题可以表述为,在约束条件式(4-3)~式(4-14)条件下求取目标函数(4-1)的最小值,即求解c_{ijm}、A_{rvj}、X_{2ij}、q_{3k}和y_{km}的优化问题。

(4) 研究结论

研究结果表明,当稻米果蔬类区域有机农产品柔性供给指数逐渐上升为0.16时,则柔性数值相应地发生变化,由0.08变为0.24。由此说明,该模型供应链的总成本逐渐增加,但增长幅度平缓,这种情况说明供应链柔性的增加导致定制成本较小幅度增长。为进一步分析定制柔性对总成本的影响,笔者在此基础上绘制了不同种类的区域有机农产品定制总成本变动曲线(见图 4-4)。曲线变化趋势表明,定制总成本对柔性水平的敏感程度逐渐增强。因此,定制柔性指数是有一定极限的。例如,果蔬类区域有机农产品的柔性指数极限 ε 为 0.17。

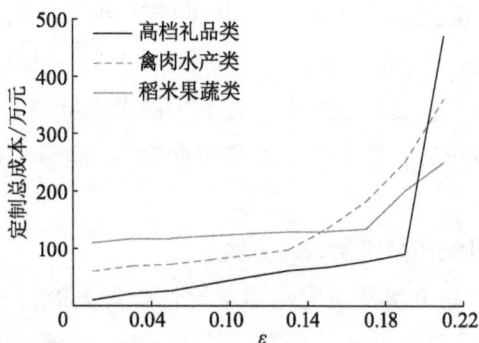

图 4-4　不同柔性条件下供应链的总成本

区域有机农产品定制柔性度是有限的,与定制总成本密切相关。禽肉水产类、稻米果蔬类及高档礼品类的柔性指数随着定制总成本的增加依次增强,说明定制柔性度与产品自身的属性非常紧密。因此本书认为定制模型的柔性应将消费主体个性化需求与供给主体能力结合起来,明确定制模型的最佳柔性平衡点[87],从而控制定制总成本,即定制服务与定制成本的均衡,同时这也符合市场经济发展的内在要求。

4.3.3.2　方法构建

区域有机农产品定制不同于工业品定制设计,无法将产品分解为基础模块和配套零部件,进而满足客户多样化、个性化的定制需求,是围绕区域有机农产品自身属性的个性化与社会属性的多样化而展开的,如功能性产品开发、个性化外观与包装设计及农业多业态的组合等。

(1) 批量定制设计方法

区域有机农产品批量定制是在定制体系设计中充分采用现有的产品品种和已成熟的流通渠道,保障产品定制的效率,同时采用 BOM 或 MRP 计划系统进行订单处理和产销匹配,提高运营过程的柔性化。另一方面,消费主体应尽可能参与到供应过程中,从而对区域有机农产品的供给体系有一定程度的了解与熟悉,并通过线上信息支持系统及时更新相关产品数据以供查询。批量定制的优势是在现有产品标准化的支持下,能够将消费主体、供给主体间的交易内容实时配置到相应订单中,包括产品价格、交易数量和交易日期等,并快速反馈流通主体。定制信息系统是批量定制设计方法的关键,其产销匹配能够将客户需求与供给产品信息列明在系统数据库中,并进行快速比对,有效促进交易成功率,从而进一步降低产品价格[88]。此外,区域有机农产品批量定制设计技术中的关键问题是构建全国区域有机农产品种类数据库,满足客户的批量定制需求,逐渐实现"一键搜全国"的目标。

(2)区域有机农产品定制设计方法

区域有机农产品定制是在定制体系设计中加入客户专属元素,采用改变现有产品外观、颜色与尺寸等外在属性的举措,凸显个性化与私有性,以满足相关客户的需求,其设计基础仍为现有产品,称为典型区域有机农产品。典型区域有机农产品是供给主体销量居优的品种,往往是地理标识保护产品或特色农产品,具有成熟且有序的供给流程,但可通过加入客户个人定制要素来修改部分参数[89],得到新的区域有机农产品。因此,在供给技术、条件与环境不变的情况下,仅仅通过外观设计达到定制要求的称为区域有机农产品定制设计。值得注意的是,区域有机农产品定制设计应能够精准把握目标客户群的消费心理,预判消费数量,或直接以需定产,依据客户定制需求改变现有产品结构,研发出新型外观,确保订单交易成功。与规模定制设计方法相比,区域有机农产品定制设计应明确目标客户需求,该交易封闭性强,即交易失败后产品无法出售给其他客户。同时更应把握目标客户特色,提高交易黏合度,培养客户较高的忠诚度,进而创建品牌,提升产品市场附加值。此外,高效的营销技术与贴心的公关管理策略可作为区域有机农产品定制设计的辅助工具,有助于提升品牌形象,搜集客户最新的需求。区域有机农产品定制设计过程如图4-5所示。

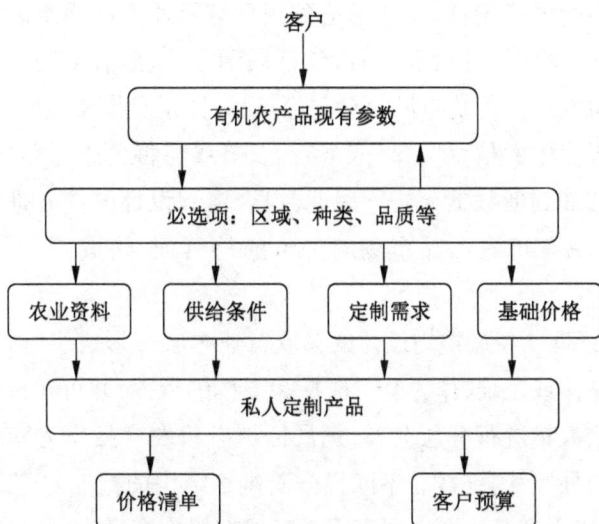

图 4-5　区域有机农产品定制设计过程

（3）组合定制设计方法

区域有机农产品组合定制设计是将有机农产品与其他类别产品或行业结合起来组合成新品类，如不同农产品自身组合、"农产品+个性包装"组合、"农产品+直销"组合、"农产品+观赏"组合、"农产品+劳动实践"等，深入挖掘区域有机农产品的外联嵌入点，探寻其他行业的可焊接点，突出多元化，从而拓展农产品的外延价值，提升区域有机农产品的品牌内涵。

① 组合定制设计的准备工作。一是依据消费群体和农业技术的发展现状与趋势，及时调整或重新规划区域有机农产品的发展战略；二是利用大数据掌握周边城市客户的消费倾向，从产品品质、消费体验与空闲时间等方面，确定可以组合的内容或行业；三是组合定制设计，主要是设计基础组合内容并进行合理配置；四是通过定制平台列明产品清单，让消费群体自由组合；五是应用定制评价方案对组合定制的实践效果进行定性或定量评价，持续优化定制体系。

② 内容组合和设计重构。组合定制设计的关键问题是合理组合，它既要考虑到产品间的功能搭配，其可表现为结构链接，也可表述为内容兼容，需要关注组合后新品类的动态变化过程，通过多样化设计、实践与品质监测

等步骤保障组合的稳定性;又要考虑到当现有行业不能满足区域有机农产品组合要求时,重构设计行业内容,包括展示方式、融合空间、区域规划等,改变区域有机农产品传统布局、两种行业现有体系及衔接风格。同时,应及时更新定制平台中的信息资料,依据行业、等级与特色进行划分,并将重新设计的内容添加到新数据库中。因此,组合定制设计的核心是找出特色与亮点,形成区域有机农产品市场附加值的外延面,构成"一品多面"的新模式。

③ 组合管理。经过重构设计的关联行业内容可形成组合式的模块,形成固定式的整体或系统,作为客户选择和下单的依据,并可在价格、规模、供给质量与供给数量进行分层分类,拓展区域有机农产品作为固定模块的内在自然功能与外在社会属性,不断提升其供给结构的标准化[90]。值得关注的是,区域有机农产品组合定制不同于区域有机农产品定制,它是将行业相关内容作为模块进行优化组合和管理,变多样化体验为模块管理,经精准营销预测客户定制需求,从而扩大市场规模。

④ 功能定制设计过程。区域有机农产品功能定制需要深厚的农作物栽培技术与遗传育种的技术支持,其中遗传育种技术是创新功能的关键,它能够从内在属性上改变区域有机农产品的口感、营养成分及对应含量,满足特殊客户的功能性需求;农作物栽培技术则是改变现有传统作业方式,采用现代生态型作业技术,加大农业科学技术的应用范围,建设全方位信息监测系统,精准栽培,降低资源消耗,提升作业效益与效率,同时改变区域有机农产品的传统培育时间,实现全年多时段供给的目标。与工业产品功能定制不同,区域有机农产品无法完成一系列的创新产品集群,如平台型技术与变形技术间的无缝嵌合,只能寄托农业科学技术的更新升级,由外而内地逐步推进区域有机农产品的功能性变化,如研发不含糖分的香蕉。

图 4-6 为功能定制设计过程。由图可知,区域有机农产品既可代表客户定制需求的基础产品,如香蕉、苹果等具体产品,也可指实现区域有机农产品定制的基础技术,包括定制原理、定制设计方法、定制生产关键技术及对应作业设施设备等。定制技术由一系列技术组成,其中定制核心技术则

是供给主体运营定制体系过程中的成果积累,更是体现相关主体对定制平台投资的效果,因此,定制核心技术是定制体系赖以实现稳定运行的基础,能够支持内生性创新与外延性创新,从而形成形式各异的最终产品[91]。其中,内生性创新是通过改变区域有机农产品基因来达到转变其内在属性的目的,即将基因片段进行分组、切割和组合,构建新型种群,从而形成新一代的农产品序列;外延性创新则在不改变产品基因的条件下,通过嫁接粘合农作物组织层,综合两者的优点,改变局部功能,形成满足不同客户定制需求的产品。因此,儿童类、运动类、病患类与老年类的区域有机农产品依据不同人群的消费特点与功能等需求,通过上述路径创新在区域有机农产品现有生理形状的基础上进行添加、改进或转换,形成区域有机农产品核心群和衍生群,从而满足不同类型群体的个性化定制需求。

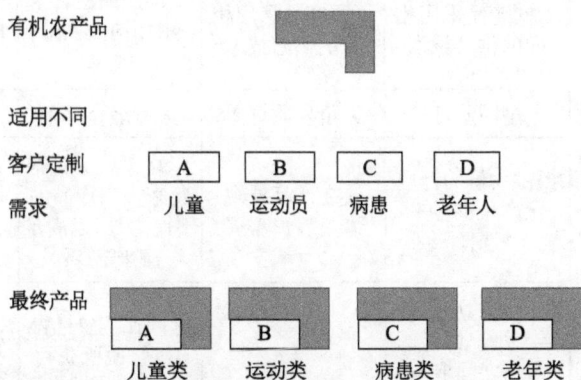

图 4-6　功能定制设计过程

（5）不同设计方法的比较

通过对 4 种不同层次设计方法的讨论,可以得到表 4-8 所示的比较结果。

表4-8 4种不同层次设计方法的比较

设计方法	批量定制	区域有机农产品定制	组合定制	功能定制
内在属性	不变	不变	不变	改变
供给要求	在已有的产品种类中确定数量	改变产品外观或尺寸,确定某一类产品品质和数量	改变产品组合或整合不同产品,形成新品类	改变产品内在属性,确定具体产品
定制周期	短	较短	中等	较长
定制成本	低	较低	中等	较高
供给变化	产品种类与外在属性无变化	产品种类无变化,产品外在属性有变化	产品种类有变化,产品外在属性无变化	产品内在属性有变化
供给技术	不同产品采用相同的供给技术	不同产品采用相似的供给技术	不同产品组合采用相同的供给技术	不同产品采用不同的供给技术
需求特点	大量同质订单	大量异质订单	大量组合订单	一对一订单
对客户定制要求的响应	提供大量的标准化产品供客户选择	改变产品外观满足客户需要	丰富产品定制体验来突出产品的不同之处,以满足客户需要	按照客户需求定制产品
需注意的问题	在变化的产品种类与用户可能的需求之间取得平衡		异同比例要选得合适,使所获利益累计最大化	尽可能采用现有的供给条件
案例	特色农产品	方形西瓜	生态旅游农庄	不含糖分的香蕉

（6）总结

区域有机农产品定制设计的主要优势体现为：一是在产品开发设计阶段能够聚焦客户需求,确定产品成本与供给周期,从而避免市场产销脱节或错位[92]；二是在现有区域有机农产品基础上,采用标准化流程构建产品组合,促使设计柔性化,降低定制设计压力；三是定制服务能够显著保障产品质量,囿于已确定对象,降低反馈与服务成本。

4.3.3.3 技术构建

（1）定制技术体系

① 内部多样化与外部多样化。由于产品自身属性存在外部多样化,区域有机农产品定制具有工业产品无法比拟的定制优势,但应通过科学技术提高外部多样化的可控性与稳定性,拓展内部个性化。内部个性化主要表现为:一是客户认知到的农产品内部功能个性化;二是农产品在设计、生产与销售过程中,客户感受到的产品体验个性化。外部多样化的稳定性是指同类产品外观物理属性的一致性;外部多样化的可控性则是能够依据客户需求采用科学技术与管理手段改变外观或相关组合类型。因此,区域有机农产品定制将成为重点,其内部个性化与外部多样化能够提供更多定制方案,满足更多的定制需求。

② 定制体系构成部分。区域有机农产品定制将专一性原理、共生性原理及系统性原理应用于协同组织构建过程中,以丰富产品内部个性化和外部多样化,并能够有效控制产品的创新成本,从时间、空间与资源等方面提升产品群的核心竞争力,从而在保障区域有机农产品定制品质的前提下满足客户多样化与个性化需求。因此,区域有机农产品定制的技术体系由四个部分构成,分别为区域有机农产品定制的基本原理、区域有机农产品定制的设计技术、区域有机农产品定制的销售技术及区域有机农产品定制的生产技术(见图 4-7)。

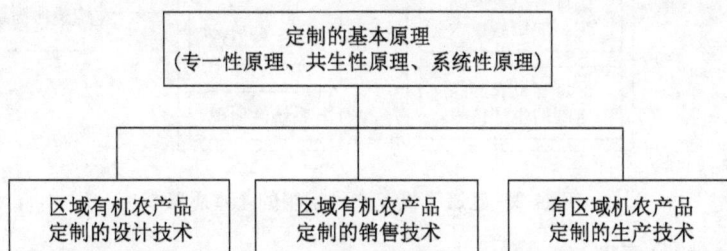

图 4-7 区域有机农产品定制的技术体系

③ 区域有机农产品定制思路。随着社会科学技术与经济社会的发展,民众对品质生活的追求日趋个性化和多样化,期望区域有机农产品供给主体能够提供满足其自身定制需求的优质产品。产品内部多样化与功能密切

相关,符合今后农产品的发展方向,也是国家产业政策明确扶持发展的重要领域,需要较多的学术关注和技术创新,适合于采用专一开发、单品设计的方案;产品外部多样化既与产品产业链相关,又与关联产业共生发展有关,已衍生出多种新形态,具备较好的示范带动效应。同时,由上面的研究结论可知,定制柔性依据不同区域有机农产品种类具有最优值,因此,区域有机农产品定制应充分采用专一性、共生性与系统性原理,构建区域有机农产品供给主体的协同系统,应用面向区域有机农产品定制的设计、生产与销售技术,精准供给产品(见图4-8)。

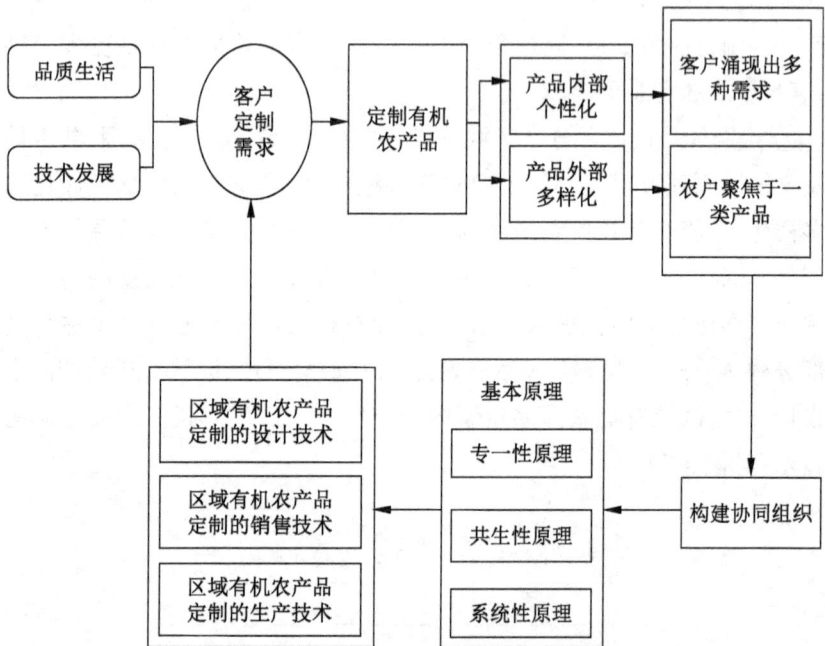

图 4-8　区域有机农产品定制的基本思路

(2)技术原理

如前所述,区域有机农产品定制的基本原理为专一性原理、共生性原理、系统性原理,促使供给主体提升彼此的协同性,使供给风险最小化,能够持续保证产品内部多样化,并保证产品外部的多样性和稳定性,从而为家庭农场提供解决检索与生产成本居高不下的思路和方法,及时满足客户个性化与多样化的定制需求。

① 专一性原理。区域有机农产品内部多样化的设计、生产与销售需要更多的技术投入与更长的培育周期,因此,对于规模较小的供给主体而言难以覆盖多种品类,应集中力量,聚焦一类产品加大开发力度,提升品质等级,完成由区域有机农产品到功能农产品的转变。同时,关注单品类区域有机农产品供给,能够简化工艺流程,降低农资投入成本,同时能稳定提升产业利润,更利于供给主体定制能力的持续增强。

② 共生性原理。区域有机农产品外部多样化依赖于产业共生原理,借助产业链延展、供给链整合和区块链嵌合,通过外观改变、包装设计、产业联合等途径,持续提升创新力度和范围,并在农业与加工制造业、农业与会展业、农业与物流业等多业态共生的基础上,保证外部多样化的有序性与稳定性,形成以区域有机农产品定制体系为核心,带动其他产业的同步协同发展的一体化格局。

③ 系统性原理。区域有机农产品定制与规模化市场产品的关键差距在于单元化分解与系统性组合,即将单品、小批量区域有机农产品整合为多品种、大批量的定制规模,积极采用 CRM 系统、MRP 系统及 ERP 系统,提升信息管理的有效性[93],同时深入整合专业合作社,创新协同组织与流程,提高系统性综合效益。此外,系统性原理还体现为现代管理思想与定制实践的融合,包括定制点由销售到设计的后移、柔性供应链的总成本及区域有机农产品生命周期管理技术等。

（3）关键技术

如前所述,区域有机农产品定制的关键技术主要为区域有机农产品定制的设计思路与技术、区域有机农产品定制的生产技术与区域有机农产品定制的销售技术。

① 区域有机农产品定制的设计思路与技术。区域有机农产品定制的设计思路是区域有机农产品定制技术体系的源头,分为多样化设计思路与个性化设计思路。前者主要为区域有机农产品外部外观或组合多样化;后者指产品内部功能或内在属性个性化[94]。面向定制的设计技术是区域有机农产品技术体系的核心,包括前期工作与农产品创新。前者主要为农产品体

系建立、农资类别分析及创新产品分析;后者包括功能与属性分析、主功能改变及主基因分析等内容。因此,区域有机农产品定制设计技术是在设计思路的基础上,融入农业产业科学技术,构建起整体的设计技术体系,完成结构与功能的创新(见图4-9)。此外,区域有机农产品定制产品与模式仍依赖于客户定制需求预测及客户订单所汇集的产品信息,并在定制平台的支持下完成产品设计创新过程(见图4-10)。

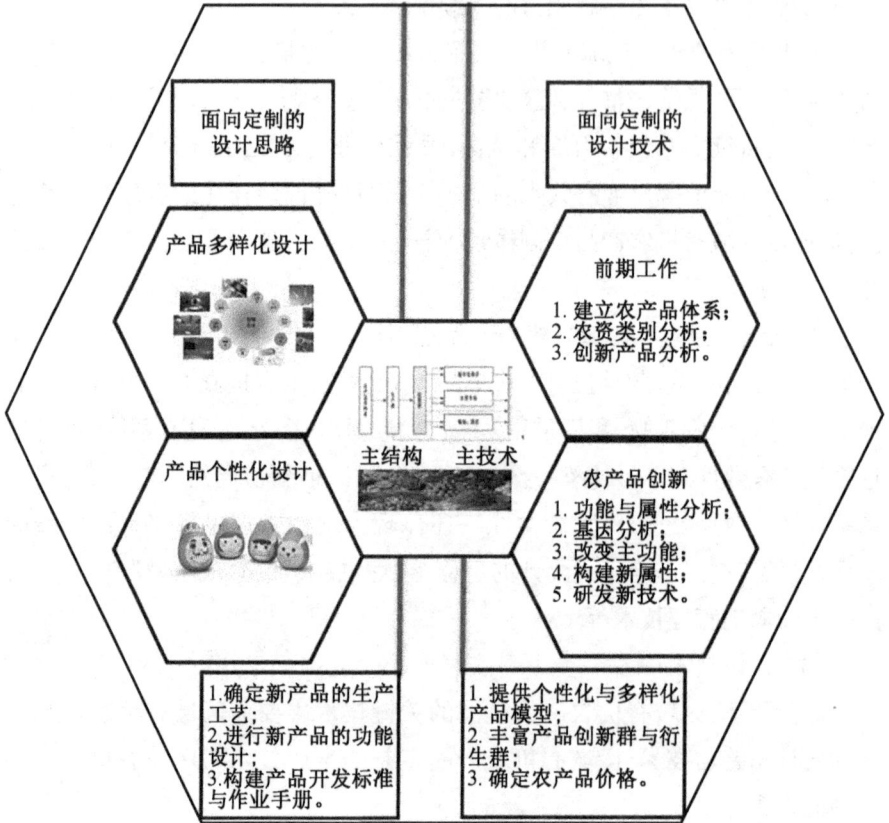

图4-9　区域有机农产品定制的设计原理

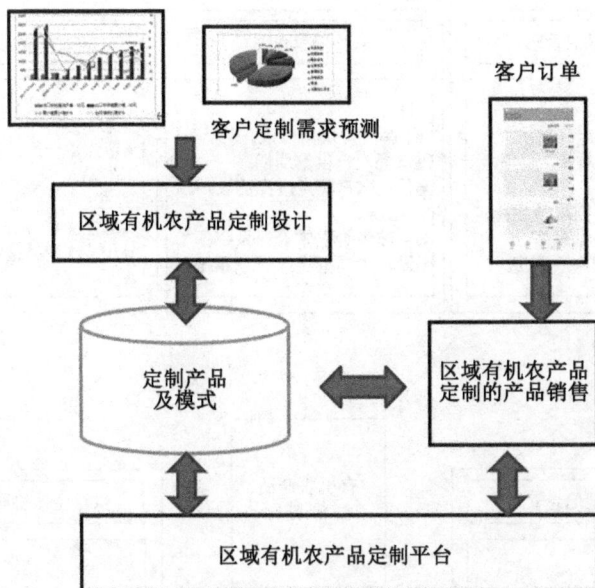

图 4-10　区域有机农产品定制的设计过程

　② 区域有机农产品定制的生产技术。为实现区域有机农产品定制目标,区域有机农产品的生产技术应遵循上述定制原理,采用合适的生产技术,如作物栽培与管理技术、遗传基因与育种改良技术、农产品风险防御与保护技术、区域有机农产品定制信息与管理技术等,在定制平台基础上,完成不同阶段、不同主体与不同层次的技术整合与创新[95]。其中,区域有机农产品定制的信息系统主要有客户信息管理、农户信息管理、区域有机农产品定制信息管理、区域有机农产品定制信息管理及供给主体协同系统(见图 4-11)。

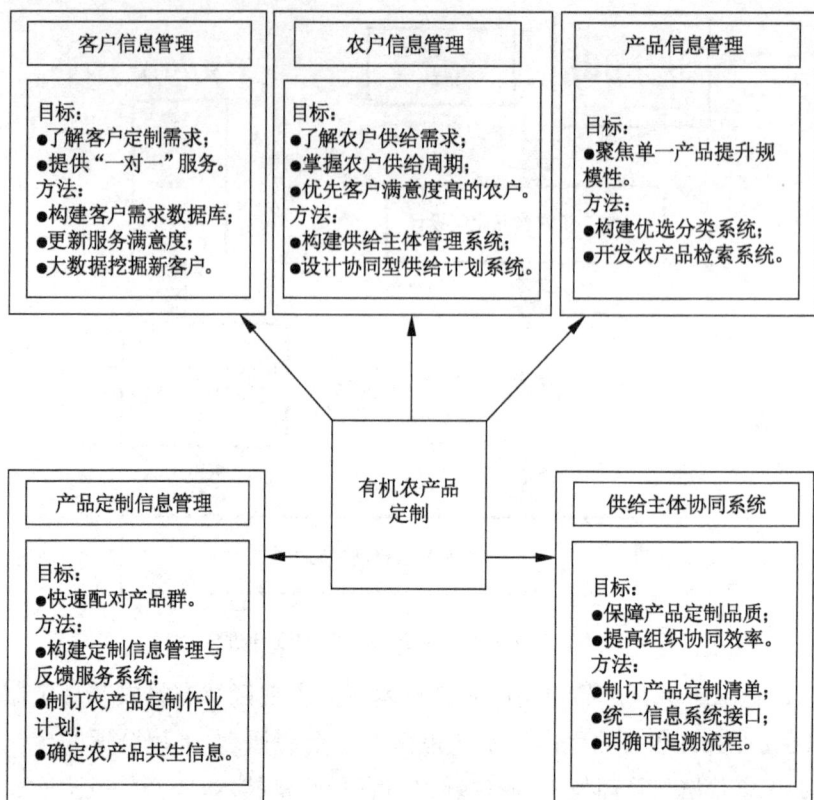

图 4-11　区域有机农产品定制的信息系统

此外,区域有机农产品定制相对标准化工业品而言更加复杂,加上生产条件的不确定性较高,编制精准的生产计划存在相当大的难度,导致依据客户定制需求的生产过程难以普遍采用 BOM 物料清单或 MRP 等常用方法来完成定制任务,所以,协同计划、生产计划与作业计划成为区域有机农产品定制生产技术的重要组成部分[96]。协同计划主要为构建供给主体协同系统,将客户定制农产品清单进行快速分解,发送给对应农户;生产计划则是农户接到单品需求后,快速提供产品;作业计划则是生产计划的细化,具体到农产品的设计、生产与销售过程(见图 4-12)。

③ 区域有机农产品定制的销售技术。区域有机农产品定制的销售技术是产销匹配的关键环节,包括正向销售与逆向反馈两个阶段。正向销售指借

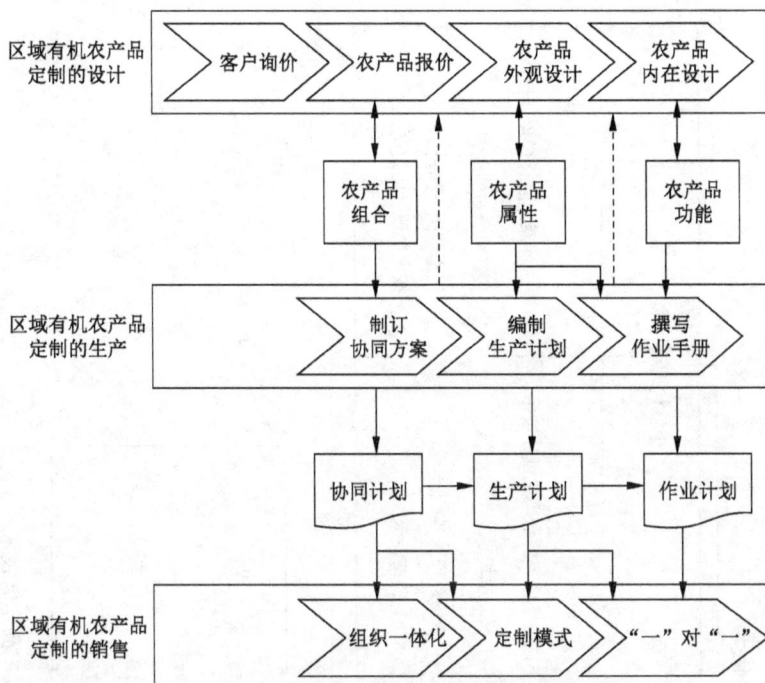

图 4-12　区域有机农产品定制的计划系统

助大数据分析工具精准预测目标市场的客户需求,采用多种方式推广、宣传并出售区域有机农产品,是结构性产销匹配;逆向反馈则是依据客户消费评价并给予确定性需求后,供给主体搜集客户订单,明确供给计划,制订生产计划,从而为客户精准配送定制的区域有机农产品,是精准性产销匹配[97]。两者的区别在于前者是群体性需求满足,后者是个体性需求满足,前者可采用专业合作社对接社区、企业或相关团体,后者则可由家庭农场对接家庭类消费主体,呈现出越来越个性化与越来越精准化的趋势。因此,区域有机农产品定制的销售不同于工业品的规模化定制,将逐步聚焦于家庭类消费主体,以会员制或 VIP 客户为重点,定位设计区域有机农产品属性,定量供给符合客户需求的区域有机农产品,定时配送相应的区域有机农产品,逐步形成三方联动的定制体系。

　　总之,区域有机农产品的区域有机农产品定制技术系统由个性化设计技术、品质化生产技术与多样化营销技术组成(见图 4-13)。个性化设计可分

区域有机农产品定制技术

品质化生产技术
- 精益化技术
  - 精确生产技术
  - 风险防范技术
  - 智能调控系统
- 生态控制技术
  - 生态监测与评估技术
  - 资源循环利用系统
  - 可视化监控平台

个性化设计技术
- 基于共生性原理的合理化设计技术
  - 农业栽培技术
  - 遗传育种技术
  - 信息管理技术
- 基于专一性原理的合理化设计技术
  - 按订单销售的定制
  - 按定制生产的定制
  - 按定制设计的定制

多样化营销技术
- 数字营销
- 广告营销
- 体验营销

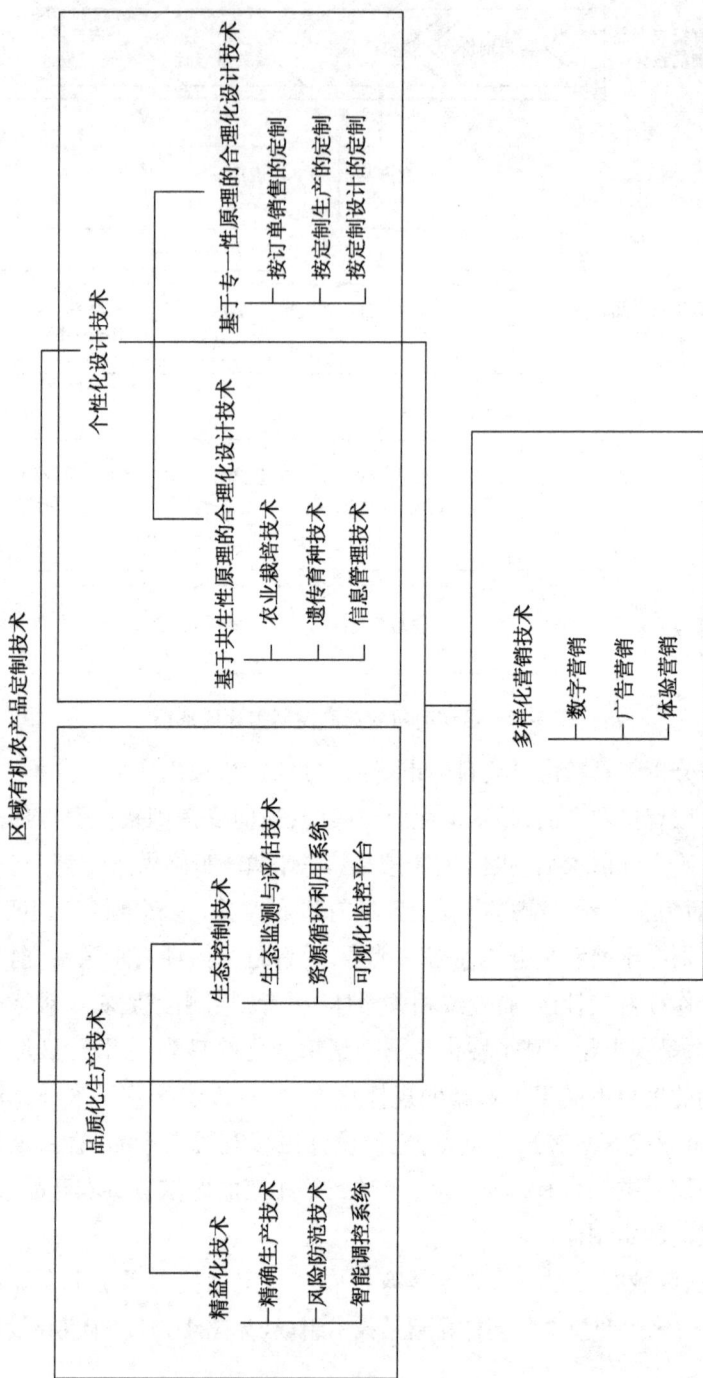

图 4-13　区域有机农产品定制技术

为基于共生性原理设计的农业栽培技术、遗传育种技术及信息管理技术，基于专一性原理的按订单销售、按订制生产及按定制设计的区域有机农产品定制技术，关注产品的功能性创新，体现为实验环境下的科研方案。品质化生产技术分为精益化技术和生态控制技术，前者包括精确生产技术、风险防范技术和智能调控系统，后者包括生态监测与评估技术、资源循环利用系统和可视化监控平台。多样化营销技术则有数字营销、广告营销与体验营销等，其中数字营销关注营销数据所反映的客户定制需求变化，借助数据搜集、分析与处理功能，精准掌握区域有机农产品定制市场的变动脉搏；广告营销则由传统性的电视、广播与报纸等转变为邮件推送、软件捆绑及社区活动等更为精准的宣导方式；体验营销则关注客户参与区域有机农产品设计、生产与营销过程，强调客户自身感官所带来的感受，提升客户的主观能动性。

4.4　定制体系分析

区域有机农产品定制体系框架是本章节研究的结果部分，也是挖掘定制体系运行驱动机制和实证定制体系运行效果的基础。下面主要从定制体系构建目标、构建原则、构建步骤及构建内容等方面进行具体阐述。以区域有机农产品售前、售中和售后为主线，围绕消费主体、供给主体和流通主体进行架构，融入相关定制内容，改变传统产销体系（见图 4-14），形成一条外环套内环的区域有机农产品定制链。

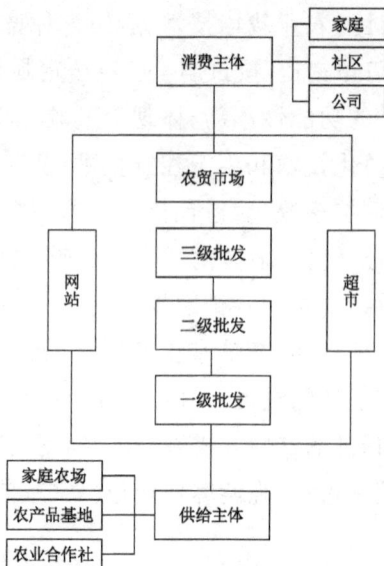

图 4-14　传统产销体系

4.4.1　定制体系的理论框架

由定制体系构建内容可设计出如图 4-15 所示的理论框架。

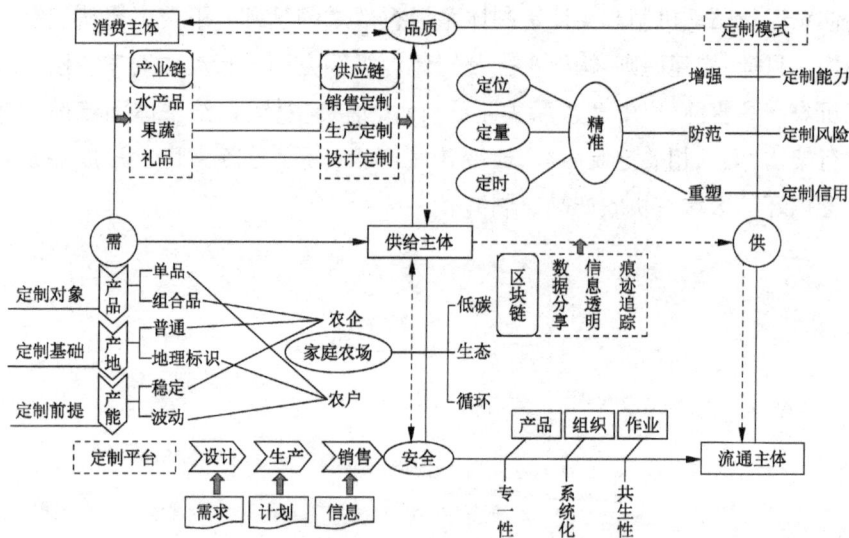

图 4-15　区域有机农产品定制体系的理论框架

由图 4-15 可知,区域有机农产品定制体系框架可描述为"一点两线三链四区",具体阐述如下:

(1) 一点

一点是精准,可表征为定位、定量和定时,与消费主体、供给主体与流通主体相结合,延伸至精准营销、精准农业与精准物流,支撑定制平台与定制模式的建设。如前所述,精准营销聚焦于消费主体定制需求研究,包括定位推送以诱导需求、定量计算以确认需求及定时沟通以稳定需求等;精准农业聚焦供给主体定制产品研究,包括定位生产以提升效益、定量供应以控制成本及定时检测以保障品质等;精准物流聚焦于流通主体定制运营研究,包括定位仓储以防范风险、定量流转以提高效率及定时配送以提升满意度等。另一方面,精准一词与定制体系设计、运行和反馈相结合,将设计精准、运行精准和反馈精准作为建设目标,依次推进设计影响因子深度解析、运行驱动机制深度挖掘、实施效果深度分析和保障建议研究等步骤,从而以精准为视角构建定制体系的研究脉络。

(2) 两线

两线是区域有机农产品的数量保障线和质量保障线。前者是保障产品供需,后者是保障品质安全,分别对应图 4-18 所示的实线与虚线。同时,需求品质与供给安全相结合,形成互为因果、互为保障的逻辑关系。具体分析如下:

① 数量保障线。区域有机农产品数量保障线是从消费主体出发到消费主体结束形成的封闭环路,主要有订单发送、订单接收、产品准备和产品发送,也时常包括装卸搬运和仓储环节。区域有机农产品定制体系的产品保障线与其他产销体系的不同之处在于"短线",即剔除中间流通层次与环节,如缩短消费主体与供给主体的实际间距;减少产品中转次数;提高共同配送的效率等,从而实现从"田间"到"餐桌"的数量保障。

② 质量保障线。区域有机农产品的质量保障线是围绕产品质量的信息反馈服务,将消费主体作为起止点的回路,主要包括产品信息沟通和质量反馈等,通常以 App 平台或微信、QQ 等渠道进行满意度测评,从而反馈产品质量与品质。相比于传统产销体系,区域有机农产品定制体系的质量保障线尤为重要,主要在于源头保障取代过程与销售终端监测,供给主体的交易信

用取代政府部门的技术督查,呈现为"粗线"。此外,粗线还表示消费主体、供给主体及流通主体之间深度融合的关系,结成以质量为中心、抵御市场风险的命运共同体。

(3)三链

如图4-15所示,三链是指区域有机农产品产业链、供应链与区块链,分别以产品种类、定制程度及相关特征作为主要内容进行描述,具体如下:

① 产业链。区域有机农产品定制产业链是以消费主体定制需求,从饮食开始,将有机食品或菜谱分解为生鲜农产品、初级加工农产品与深度加工农产品等,通过关联组织相互配合与协同合作完成产业过程,并涉及第一、第二和第三产业部门的具体机构。其中生鲜是区域有机农产品定制研究的主体,包括稻米、蔬菜瓜果及水产品、茶叶等,都属于产品类别相对简单的产业链。

② 供应链。区域有机农产品定制供应链是围绕某一区域有机农产品定制,将供给主体作为核心,根据消费主体参与定制体系程度的不同,分为销售定制供应链、生产定制供应链与设计定制供应链等。其中,销售定制供应链是销售模式的变化,将商超、商贸等主流渠道改变为以网络为主的直销模式;生产定制供应链是生产模式的变化,将依据天气、环境等传统经验的周期生产改变为依据订单与数据分析的全天候、可调节的作业方式;设计定制供应链是将消费主体参与点向前移至区域有机农产品设计阶段,促进供给主体创新产品定制技术,供应符合消费主体定制需求的区域有机农产品。因此,定制供应链是集产品设计、生产及销售技术、组织管理技术、流通技术及信息技术于一体的现代农业运营体系。

③ 区块链。区域有机农产品定制区块链采用数据化信息手段采集、记录产品设计、生产及销售全过程,基于数据共享、信用透明及痕迹跟踪等原理,保障产品供给品质与安全。如前所述,消费主体参与定制体系意愿的影响因素之一是区域有机农产品的品质,因此,为了避免"鱼龙混杂"的问题,企业应借助区块链溯源系统重构设计、生产、销售等环节,形成封闭体系,以维护品牌价值。诸如,区域有机农产品供给主体可以将定制农产品信息发布到区块链系统中,并与印刷到产品包装上的条形码保持一致,使得客户购买时通过手机能够辨识产品的真伪。同时,由于区块链具备的不可篡改属性,区域有机农产品

供给主体还可查看产品流通全过程的动态信息,切实保障源头到最终消费的质量安全。此外,通过扫描质量溯源条形码获得积分奖励,能够形成供给主体与消费主体间的互动信用,构筑杜绝伪有机农产品的闭环。

(4) 四区

四区是消费主体、供给主体与流通主体间围绕区域有机农产品定制需求与供给、定制安全与品质所形成的四个区域,具体表现为:

① 消费主体与供给主体区域。由图 4-15 可看出,该区域围绕关键词"需"与"品质",以丰富产业链与增值供应链为中心,在压缩流通环节的基础上,关注区域有机农产品定制体验,形成两位一体的"直销"模式。其中"需"是消费主体的定制需求。消费主体参与定制体系的动因主要为消费感知,包括舒适或安全感知,以及风险感知,具体表现为消费主体定制行为受到定制体验、定制品质与定制安全等关键因素影响,其中定制体验来自于体系柔性水平保障,定制安全来自于体系风险防范水平保障,定制品质来自于体系信用水平保障。同时,由于支付意愿受到消费主体收入、对产品品质、供给体验及流通渠道的认同程度等因素的约束,因而诱导消费主体参与区域有机农产品定制的主要动因归结为:想定制(定制能够带来不一样的购物体验)、可以定制(定制提供的区域有机农产品相比较其他渠道品质更好、安全性更高)和必须定制(定制能够提供其他渠道无法供应的区域有机农产品)。"品质"是指供给产品的品质。供给主体参与定制体系的动因主要来自于供给收益,即预期定制收益与定制成本比率。其中,预期定制收益来自于产品品质保障带来市场容量的不断扩大,伴随着消费个性化和多样化的逐渐兴起所形成的区域有机农产品定制细分领域;预期定制成本则指区域有机农产品在达到一定的供给柔性条件下所形成的定制体系总成本。此外,政府补贴、市场技术推广、公共设施建设等利好政策利于供给主体积极增强定制能力,不断提升产品品质,并通过消费主体需求拉动、风险防范推动及信用系统联动等机制,有效降低定制供应链的总成本,稳步提升区域有机农产品供给主体的收入,最终保障优质绿色农产品市场的供需稳定。

② 供给主体与流通主体区域。由图 4-15 可知,该区域围绕关键词"供"与"安全",以融入区块链为中心,在保障区域有机农产品流通安全的基础

上,聚焦供给过程中产品、组织与作业等部分的可追溯性,构成供销体系的良性闭环。其中"供"是指区域有机农产品的流通属性。供给主体对于消费主体而言是订单的接受者与产品或服务的提供者,而供给主体对于流通主体来说则是定单的发送者、产品的提供者和服务的接受者,两者具有不同的角色定位。其中,面对面的产品或服务的直销不需要流通主体的参与,如前面提到的美国农夫市场、德国博览会和日本小农市场等,以及扬州金花科技生态农场的直采、苏州金满庭的"直租"与上海多利的"直包";非面对面的产品则需要流通主体通过仓储、运输、分拣、包装及配送等作业环节才能到达消费主体。供给主体选择流通主体的因素来自于自提、自送与第三方物流在成本、效率、安全方面的比较。因此,区域有机农产品流通由于剔除了长途运输、中转环节等因素,可以采用自提、自送或城市个体配送等方式降低流通成本,高效完成流通任务。"安全"是指区域有机农产品的流通保障。流通主体是流通订单的接受者和产品流通的执行者,发挥产品从供给主体到消费主体流通的中介作用,承担供应源头到供应终点的产品数量不损耗和品质不变化的重任。相比较供给主体、消费主体,流通主体对产品品质控制和安全保障的力度最强,因此,需构建以冷链中心、冷冻中转站与冷藏箱为基础,以控温控湿为核心的连锁体系,维持供应链上区域有机农产品的生鲜度,即锁住营养、保障安全。此外,流通主体是定制体系中需要承担大量科研投入以提升流通安全和效率的角色,既包括上述冷链技术及设施设备、自动分拣输送机器人、配送信息系统及相关管理优化工具,还包括配送车辆、配送小车及对应的冷藏装置等方面的推广和应用,实现区域有机农产品流通全过程的信息化、数据化和可视化的目标。

③ 供给主体与定制平台区域。由图 4-15 可知,该区域以定制平台为中心,关注定制可行性与供给实践性,实现将定制对象、定制基础与定制前提转变为区域有机农产品设计、生产与销售等环节,同时通过新型职业农民与专业合作社组织,构建低碳、循环的生态供给体系,提升产品品质。其中,定制平台建设是该区域研究的主要内容,是区域有机农产品定制体系运行的实践载体,可表现为虚拟的网络平台、实体的展示平台及"双线"混合的综合平台,同时可设计为 PC 客户端、手机 App 等形式,借助 QQ、微信、抖音等沟

通工具进行链接和推广,具体内容可包括信息搜集、分析与处理模块,实物产品、配送工具配置模块,供需交易和信用评价模块等。如前所述,国内外区域有机农产品供给类型分析案例中,相关供给主体或流通主体借助互联网优势,采用网络虚拟平台交易方式,精准定位目标消费群体,精准定量供给产品及精准定时保障配送效果。同时,注重条形码的升级与完善,可投射出可视化视频与广告短片。此外,供给主体能够积极发挥定制平台功能,采取产品信息推送、创新菜品赠送及服务评价互动等方式,激发消费主体的定制欲望,有效提升消费忠诚度。另一方面,定制体验的实体平台也是保证区域有机农产品定制欲望的载体之一。通过会员定期参与现场交流、新产品试尝与推介、成果展示与宣传等活动,增强供需双方情感,提升消费主体的定制参与度,增强定制信心,进一步激发客户的定制需求。此外,定制平台还可表现为其他类型,如农产品交易平台、大宗农产品期货平台与农产品监管平台。

　　④ 供给主体与定制模式区域。由图 4-15 可知,该区域以定制模式为中心,关注定制能力柔性化、定制风险可控性与定制信用重塑性,将精准的评价指标定位、定量与定时融入定制模式的构建过程,以精准营销、精准农业与精准物流为基础,逐次扫描消费主体、供给主体与流通主体,形成区域有机农产品不同种类的定制模式,即市场诱导性定制模式、风险防范型定制模式与信用保障型定制模式。值得强调的是,相比较其他流通渠道更注重"中间多公里"而言,定制体系的起始和末端显得格外重要,其中起始端是从供给主体的田间地头到流通设施或设备的采摘、装卸搬运及运输等作业;末端则是从配送员或配送站到消费主体场所的配送、存储及搬运等作业。针对"最后一公里",区域有机农产品流通可通过网约配送员,将客户定制的区域有机农产品配送到家;或将社区团队所需产品临时存储于配送站,通知客户自提回家;或将宾馆、饭店等采购的大批量定制产品直接通过冷藏车配送到位。另一方面,消费主体发送产品定单后,可通过定制平台监控产品生产、流通等环节作业,可通过查询产品信息了解产品产地、品质与其他属性,还可通过在线沟通参与产品设计、生产与包装等过程,收获不一样的消费体验。消费主体接受产品后,也可通过定制平台了解产品的烹饪方式、制作工

序,也可通过客户沟通频道互相交流采购心得,更可通过网络设计模块参与定制自身专属的产品、食谱及生产工艺。此外,消费主体可依据自身或网站推送的消费知识选择定制产品,然后依据产品属性在定制选项中添加采购要求,选择消费定制、生产定制或是设计定制,最终组合成定单内容发送给供给主体。

4.4.2　定制体系的实践探索

以有机瓜果为例,定制流程是由家庭客户发起订单,经由定制平台提交给供给主体,或分解到对应农户,再经过采摘、分拣、包装等环节,最后送交给客户的过程;定制模式则以市场消费诱导为主,满足客户定制需求,以高端化、个性化为特征,关注产品功能属性,包括外观、口味与营养,完成客户专属的私人定制;定制方式有现场采摘、直销、网上订购等,将超市或有机专卖店选购现有的有机瓜果品种转变为按订单采购符合自身需求的产品,将以产促销转变为以需定产,降低产品储存风险,提升供给精准度。定制技术则是依据客户定制需求,改变有机瓜果相关属性,创新设计、生产与销售等环节,支撑定制流程、模式、方式等构建的软硬件总称。因此,有机瓜果定制体系由上述内容有机构成,围绕消费主体、供给主体与流通主体,提升供需匹配度,降低资源损耗,提升消费品质或体验,保障农户收入,增强流通安全程度。具体描述如下:

（1）消费主体深度参与

客户进入定制平台检索所需有机瓜果,平台通过联接客户周围200千米内的中小型有机农场,利用高德或百度地图定位供需两地,以预先设计的匹配机制为基础选出最佳供给方案。该方案能够使得客户就近购买到符合需求的有机瓜果,且能保障产品的生鲜度,同时能够实现消费主体与供给主体的角色转换,进一步增强供需交易的透明性和互信程度。

（2）信息管理系统的深度开发

信息管理系统的开发能够极大地提高有机农场的管理水平,促使供给主体脱离反复的日常作业,聚焦有机瓜果的品质提升与品种创新,如开发在线订单系统有利于提升客户订单处理的速度与准确度;开发配送管理系统有利于提升产品配送的安全性与质量;开发财务管理系统有利于提升交易

管理水平与效率;开发会员管理系统有利于增强农户与客户的交易成功率
与产品消费忠诚度。

（3）CBBC 定制流程的深度创新

CBBC 定制流程的构建以控制定制供应链的总成本为前提,将客户个体
定制需求汇聚成虚拟社区,批量定制同一类有机瓜果,实现了成本与功能的
兼容。其中虚拟社区是将地理位置相近的消费主体以相同品种有机瓜果为
主题结合在一起,形成一个消费单元对接附近的有机农场。同时消费单元
发起人作为虚拟社区区长主动定期发布有机瓜果定制需求信息,集中后统
一发送给对应农场,就近配送到消费主体附近位置供大家自取（见图4-16）。

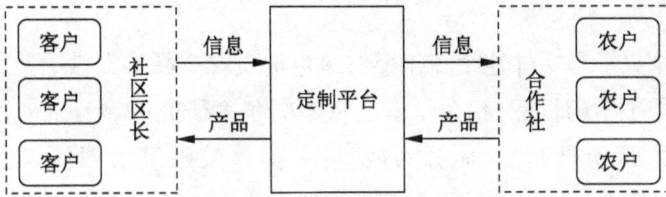

图 4-16　CBBC 定制流程示意

第 5 章　区域有机农产品定制体系运行的驱动机制研究

　　鉴于中央一号文件连续多年聚焦绿色优质农产品扩大供给及力求实现高水平供需平衡的目标,相关学者已从不同角度研究区域有机农产品定制体系运行的驱动机制,大体分为两类:一类是鼓励供给创新以创造新需求[98];另一类则是以需求结构改革推动供给结构改革,按结构改革的推动主体不同分为政府主导论[99]和供给主体主导论,后者又分为增强供给能力[100]和增强供给动力两种观点。本书以增强参与主体定制能力为目标,研究驱动主体、驱动力、驱动机理与驱动方案,共同组成区域有机农产品定制体系运行驱动机制的相关内容。结合国内外相关学者的农产品供给驱动机制研究结论,辩证采用农业经济管理领域专家意见,深入剖析其与区域有机农产品供给、定制影响因素及定制体系运行间的本质联系,提出驱动区域有机农产品定制体系运行的市场诱导、风险防范和信用保障等三类机制,为实证研究定制体系的实施效果提供理论支撑。

5.1　区域有机农产品定制体系运行的驱动主体

　　如前所述,区域有机农产品定制驱动力分为增强供给创新力与增强供给调整力,其中,增强供给调整力根据主体性质不同分为政府主导驱动与主体主导驱动两种。

5.1.1　政府主导驱动

政府主导驱动观点认为针对我国小农户占比大、单体力量薄弱导致农产品市场相比工业市场发育不足的问题,应主要依靠政府进行区域有机农产品供给类型或结构调整,并借助行政手段强力干预小农户产业经营,如李冬艳[101]支持建立新型农产品补贴体系;马亚娟[102]支持政府抑制生猪等重要农产品的价格波动以稳定生产;黄建华[99]支持政府采用保护价收购和价格补贴等行政法规促进区域有机农产品的市场发展。

5.1.2　主体主导驱动

主体主导驱动观点认为市场经济发展中政府只是区域有机农产品供给类型或结构调整的辅助方,市场参与主体才是主导方,应注重培育区域有机农产品参与主体供给能力,而不仅仅限于增强供给动力或激发供给积极性,如张红宇[100]提出要培育新型供给主体以提高主体素质,进而增强供给能力;刘世锦[103]认为农业供给侧结构性改革的重点是推动要素自由流动,促使农产品供给主体通过获取更优质的土地、资金、劳动力等生产要素进而增强供给能力;杨曙辉[104]提出生产方式与技术体系改进是增强区域有机农产品供给能力的重大影响因素。此外,有学者认为供给主体缺乏获取与分析消费主体需求信息的能力是造成区域有机农产品供需不匹配的根源,并提出建设沟通供需双方的区域有机农产品信息平台[105],缩短区域有机农产品流通渠道,拉近供需双方距离[106],加快主体组织化,更好地与大市场对接等[107]。

5.2　区域有机农产品定制体系运行的驱动力

由区域有机农产品定制的影响因素及流程驱动因子可知,市场诱导、风险防范和信用保障是增强定制体系参与主体能力的关键要素,是驱动定制体系运行的动力类型,且与相关文献研究结论一致,具体阐述如下:

5.2.1　市场诱导

尽管区域有机农产品定制的影响因素较多,市场利润或利益的诱惑仍是定制体系运行的原始动力与源泉。因为利润最大化是区域有机农产品定制主体行为选择的基础,即生产成本与销售价格影响区域有机农产品品种选择、要素投入及数量、品质等,如高珊[108]提出江浙沪的区域农业供给结构与对应农产品销售价格与数量呈显著正相关;陈品[109]则认为近几年苏北、淮北农户的"推耕还水"种植水生植物或从事水产养殖与相关产品市场收益逐年增加有关。此外,农产品价格变化也会急剧影响参与主体改变供给模式与增加技术投入等行为[110],种植面积扩大与化肥施用量增加也会影响到农产品盈利水平[111],农产品交易价格与成本过高带来成本结构优化的结果影响农产品供给能力[112]。另一方面,区域有机农产品与普通农产品的区别主要在于价格控制方不同,前者因目标市场是面向品质化产品需求的中高收入群体,价格控制方是市场,由有机供应参与者共同决定,包括政府、供给主体、流通主体、消费主体及其他团体,后者则主要是保证社会民众基础需求,价格控制方是政府依据民众收入的基础收入比例确定的;另一方面,解决的问题导向也存在差异,前者是逐步满足中高端消费人群的个性专属化、品质奢侈化等定制需要,解决"有钱买不到好货"的问题;后者则是稳定维持普通农产品价格、逐步增加供给量,解决"小钱也能生存"的问题。下面从定价权、预期收益及政府补贴等方面研究市场诱导机制。

5.2.1.1　定价权

从区域有机农产品及供给理论可以看出,价格是交易的核心要素,且受到多方面的影响。通常,在自由市场中,区域有机农产品供给量和需求量决定产品价格,但在实际市场中,产品价格则受到政府、舆论、突发事件、跟风炒作等非理论性的影响。因而,厘清区域有机农产品定价机制具有重要的学术意义。区域有机农产品定制体系中供给主体的定价权非常关键,能够促使供给主体专注提升产品质量和品质,改良品种,提供高端定制化服务,满足今后日益增长的定制消费群。同时,定价权能将区域有机农产品供给流程的参与者紧密联系在一起,共担产业风险,共享产业收益,共同发展产业规模,共同保障定制体的顺利运行。

5.2.1.2　预期收益

从有效供给理论可知,预期收益是驱动农产品供给行为的原始要素,主要受到市场消费需求、物流条件、竞争压力等因素影响。理论上来说,市场经济的发展根源于自然人的逐利行为,收益越高,冒险行为越多,两者呈现一定的正相关。但在实际研究中发现,区域有机农产品供给并不都遵循这种规律,甚至出现收益高,而无相应供给主体的局面,究其原因是自然环境或客观条件约束。因此,研究区域有机农产品供给环境和资源是突破市场诱导受限的瓶颈,具有一定的现实意义。此外,驱动区域有机农产品定制体系运行的市场诱导途径既包括预期值的稳定和提升,也包括保障预期值不变的市场环境,一方面能够促进区域有机农产品供给主体的合理成长,而非"拔苗助长",另一方面能够有效保证家庭农场获得合理利润,以维持正常运营,避免出现"三年存活期"的恶局。

5.2.1.3　政府补贴

政府补贴是国家工业反哺农业的重要手段,源于农产品的脆弱性、从业者的弱势性及市场环境的易变性,旨在提高供给主体收益,激发供给主体的积极性,满足民众的基础生活需求。

总之,市场诱导是区域有机农产品定制体系运行的拉力,通过定价权调整、增加政府补贴及保障预期收益等一系列手段拉动增强供给主体能力的关键要素,吸引潜在供给主体定向转型和升级,提升产品目标市场的供给数量和质量,满足民众对区域有机农产品日趋增长的市场需求,同时,通过精准可控计划和严格界定区域有机农产品标准,定量划好产品供给红线,避免产品过度供给带来的市场恶性竞争,从而保障区域有机农产品供给主体总体预期收益。

5.2.2　风险防范

大量文献资料认为流通风险对区域有机农产品定制行为也存在显著影响,尤其是我国农产品冷链物流尚未完善导致产品品质难以得到长时间的保障,因此多方联动构建完善的区域有机农产品流通数据库与信息共享机制成为流通主体关注的重点,并能明显促进区域有机农产品定制体系的稳定运行,如王帅[113]提出农产品的流通风险主要在于规模化运送的及时性,应大力推动基础设施建设和物流方式变革,健全流通应急响应机制;王川[114]则从农产品三级流通供应链的收益角度,认为完善信息共享机制能够防范现实农产品流通风险,实现供应链参与主体多赢局面;冉净斐[115]

同样重视农产品流通信息化建设,提出构建流通企业数据库等方式,提升流通企业风险防范能力,以解决农村流通秩序不规范的症结;陆连华[116]从管理者与经济主体关系监督方面阐述了三方联动构建适应农产品生产与流通的组织形式,加强风险管理,不断完善风险防范措施;蒋和平[117]在分析农产品流通风险与调控机制的基础上,提出降低或减少流通风险的对策与措施。

风险防范是指针对某种行为或活动会导致损失或危害而预先采取的对应措施,以降低结果发生率或损害量,也是对某种行为未来产生多种结果的预测评估,以提前准备好应对方案或举措。同时,风险防范也是组织机构有目的、有意识地通过一系列管理流程实施预案,以避免损失发生或削弱损失影响力,从而获得理想收益。通常风险可分为市场外在风险和企业内部风险,或分为系统风险和非系统风险,采取的防范措施有风险回避、损失控制及风险转移或自留等。与此相应,区域有机农产品定制体系运行的风险防范可通过体系内部交易行为的自我防范、产业政策的制度防范及现代防范技术,从微观、宏观和中间支撑层三个方面聚焦抵御内外风险关键点,提高防范精准度,降低风险损失。

5.2.2.1 自我防范

区域有机农产品定制体系运行驱动的风险防范之一是内部交易行为的自我防范,包括交易自律、交易契约和素养培育等。

（1）交易自律

结合区域有机农产品定制理论,交易自律是产品定制体系稳定运行的重要基础,它建立在交易参与者个人行为控制和思想品质上,即在无人监督与管理的情况下自觉遵守交易规则,尽心尽责完成自身所应承担的义务。因此,自律的本质是自我监视、自我审查和自我监督。通俗来说,交易进行完全依赖彼此的信任,没有其他可供事后追溯的口头约定或纸质协议,极大地降低了交易成本,但也存在较大的交易风险。另一方面,交易自律程度往往取决于交易双方的黏度和力量对比,包括血缘亲情、关联公司、公司实力对比等,这些因素易造成交易双方自律程度的波动和变化。因此,交易自律是社会良好信用关系建设的初衷,实现区域有机农产品定制体系中的互联、互信、互享的目标,保证定制体系中"供给主体—流通主体—消费主体—供给主体"循环的顺畅运行。总之,交易自律是降低交易监督成本、提高交易效率的理论途径,但与实际市场状况存在一定差距,主要是因为交易环境的不确定性及自然人的个体利益衡量,甚至还包括个别扰乱市场交易秩序的奸商。因此,稳定经济大环境、提升个体经济素养、甄别害群之马仍是规范区域有机农产品定制体系运行中交易自律行为需长期面对的课题。

(2) 交易契约

结合交易契约理论,本书提出交易契约可以在一定程度上防范交易风险,降低违约率,使交易双方行为符合契约精神,共同完成交易行为。同时,交易合同成为交易过程中常用的约束载体,是今后作为交易仲裁、交易诉讼的有效凭据。因此,交易契约随着市场经济的不断发展和违约率的逐年上升,成为规范市场交易行为、提高交易效率、促进产品市场有序发展的有利因素。查证相关实践资料,笔者认为交易契约除了约定内容的完整性、书面格式的完善性及交易条件的明确性等之外,还应关注交易契约约束行为的成本和效率,即解决交易纠纷所支出的成本及付出的时间。据区域征信平台对"老赖"信息滚动播出的频率分析,解决交易纠纷的时效性仍是当前构建交易信用体系的突出难题,这严重影响个人社会信用度的权威性和公正性。总之,交易契约是交易自律失效时的有力补充,对稳定市场交易风险、提升区域有机农产品体系的运行效率具有积极作用。同时,交易契约的实施仍具有一定的难度,需要严格的执行流程、有效的执行方案及全员参与的执行意识,进而强化交易契约的社会公正公平性,营造"干净执法"的良好氛围。

(3) 素养培育

素养培育是风险自我防范建设的重要基础,是教育学、社会学、经济学和法律学等知识体系综合作用的结果,反映个人或群体的安全意识和防范水平,能够增强社会抵御风险的持续有效性。结合区域有机农产品供给理论,本书认为素养培育能够增强交易自律和遵守交易契约的意识,从能力培育方面提升上述两点自我防范的能力和水平。同时,结合马斯洛需求理论,自我防范素养与个体收入、社会层次、经济结构等紧密联系,是一项系统性社会工程,体现区域内社会群体对抗系统性风险的凝聚力和分散性风险的反馈力。总之,自我防范是区域有机农产品定制体系运行过程防范风险的举措之一,能够从参与主体自身的行为规范出发,以交易品质、修养及契约精神为出发点,自发自觉地维护产品定制流程的合理化运作,规避区域有机农产品的定制风险,降低内在风险的发生概率,提高交易成功率,为稳定驱动定制体系运行提供良好的环境条件。

5.2.2.2 组织与制度防范

本书从完善内部风险管控体系、强化三方联防体系、探索社会协防体系等方面阐述组织与制度防范内容,具体内容如下:

(1) 完善内部风险管控体系

内部风险管控制度是区域有机农产品定制体系中参与方对自身运营过程中可能发生风险的类型、出现原因、采取的措施等内容的详尽描述,并重点突出风险责任人、承担的职责及关键事项,推动内部流程顺畅运行的管理办法或方案。由区域有机农产品相关理论可知,内部风险管控的难度大于普通农产品,更大于工业品,尽管风险损失度可能较小,但同样可能会导致定制体系的短期崩溃,抑制定制产业发展活力。因此,区域有机农产品供给主体应不断完善产品质量风险管控制度,结合区域有机农产品的质量安全属性,明确相关岗位职责,对人、财、物等方面严格规范,制订针对关键风险点的防控举措,并借鉴先前风险处置经验,提前预判风险概率,做好应对措施。总之,完善内部管控制度是避免区域有机农产品内部风险发生、减少风险损害程度、提高全员风险防范和应对能力的重要途径。但实际情况下,个别供给主体受限于短期收益视野,忽视了质量风险防范的人员、技术和资金投入,并对风险发生后的后置处理措施不及时、不到位,甚至一跑了之,极大地动摇了区域有机农产品定制体系运行的健康性和稳定性,损害了体系其他参与者的积极性,阻滞了市场的良性有序发展。

(2) 强化三方联防体系

三方联防体系是指区域有机农产品定制体系的供给主体、流通主体、消费主体联合起来共同防范体系运行中可能出现的各类风险,尤其是系统性风险,包括市场萎缩、农产品安全危机及其他威胁行业生存和发展的因素,需要三方共同参与风险防范、管理和合作,互通有无,互相借力,共同保障定制体系的平稳运行。通过区域有机农产品供应链及定制理论的阐述,本书认为区域有机农产品定制体系运行的系统风险主要是体系停滞不前甚至倒退。前者主要是定制能力风险造成区域有机农产品需求长期得不到满足,无法进一步扩大供给规模;后者则是定制安全风险导致消费主体信心受损,致使市场发展不进反退,引发市场规模缩减,乃至消失。因此,本书提出三方应积极开展联动合作,强化抗击防御定制风险的能力,提升系统免疫能力,保护定制三角主体的稳定前行。总之,强化三方联防体系是凝聚三方参与者力量,将系统风险逐步分解,极大地降低了个体或某一类群体承担风险的强度,群策群力推动区域有机农产品定制市场的持续发展。此外,三方联防体系的强化也能将定制体系的供给"铁三角"更好地捆绑在一起,形成"一荣俱荣、一损俱损"的局面,构建同步发展、异业共生的良好态势。

(3) 构建社会协防体系

社会协防体系是区域有机农产品定制体系在社会风险大系统中运行,联合政府部门、银行金融机构、红十字会及其他社会团体,协同防御社会系统风险,包括社会疫情、区域自然灾难、行业整体风险等,探索并构建多方协同机制和合作渠道,借助区域有机农产品定制平台,及时沟通风险信息,被动接受或主动出击,共同防御社会风险。此外,社会大风险是定制体系风险的宏观环境,不可避免地引起体系运行的不稳定,带来长期严重的影响。结合 2012—2013 年非典疫情、2019—2020 年新型冠状病毒疫情分析,社会大风险对区域有机农产品市场带来的影响有目共睹,产业开工不足、物流不畅及需求量下降等因素成为供给体系运行的阻碍,此时需要各方共同参与坚守供给底线,逐步扩大产品的线上销售规模,加强配送人员和车辆的消毒检测,维持消费主体日常生活需求。同时,疫情一定程度上促进了区域有机农产品定制市场的发展,拓宽了直销模式的普及范围,极大地改变了民众传统的农产品购买习惯。值得关注的是,农产品线上订单剧增易造成品牌超市网络平台的瘫痪,亟须形成如淘宝、京东等农产品大型综合平台;人员不足易导致物资配送不及时,亟需物资供应配送的机械化和智能化。总之,社会协防体系是预防和治理社会大风险的全员协同参与的防范系统,通过构建区域有机农产品定制体系内外、上下和前后体系,融合政府各部门、金融保险机构、农产品供给链参与者、社会媒体等各方面力量,共同预估评判风险危害度,并妥善处理风险,最终避免或降低区域有机农产品供给损失。

5.2.2.3 技术防范

由上面的研究内容可知,技术防范是降低区域有机农产品定制风险的因素之一,是提升定制效率与精准度、降低无效信息干扰、提高资源整合利用的重要支撑。当前,区域有机农产品定制体系运行中的风险防范不仅亟需组织、流程与制度方面的举措,更需要监控、传感、信息系统等硬件与软件技术的研发与升级迭代,多方面保障产品定制市场运行中的持续驱动能效。因此,定量、定向和定时技术的研发和应用成为区域有机农产品定制体系风险技术防范的主要内容。具体分析如下:

(1)定量技术防范

定量技术防范能确保区域有机农产品定制体系运行中供给与需求的精准匹配,能够精准预测产品供给量,安全配送到位,并在信息技术的支持下提升配送安全质量,保证供给过程的产品数量和重量不减少,从而匹配消费主体定制需求量。

(2)定向技术防范

定向技术防范在区域有机农产品定制体系运行中达成符合消费主体定制需求的方向性,能够精准供给产品,精准配送到位,并在应用各种防范装备的条件下提升配送效率,保证供给过程的产品安全和人员信用,降低定制体系中参与方的困扰。

(3)定时技术防范

定时技术在把握区域有机农产品供给规律的基础上,结合消费主体定制要求预测产品供给的时间,并结合大数据分析预测产品供给量波动的时间和周期,以提升定时风险防范能力。

总之,风险防范是区域有机农产品定制体系运行的稳定力,需通过自我防范、制度防范和技术防范等一系列举措构建网络社会与现实社会贯通的方式,降低产品定制体系运行中的风险系数,解除供给主体的后顾之忧,保证区域有机农产品定制市场有序发展。此外,针对区域有机农产品定制出现的风险,参与方应注重部门协调、资源整合、角色联动,构建风险共担、责任共负的系统性防范局面,并深入推进区域有机农产品供给风险防范技术的应用,精准预测评估风险发生率及后续可能带来的损失,结合金融、保险等部门共筑风险"防火墙"。

5.2.3 信用保障

近年来,随着地球资源的日益枯竭和生活环境的不断恶化,学者十分关注生态保护领域,相继涌现出大量的学术文献,研讨和探索生态循环体系、新型农业结构与现代化农业治理手段等,如切实降低农业污染源、污染排放渠道与数量,逐渐构建信用保障体制机制,强化区域有机农产品供给的有效性与稳定性,以区块链建设为契机,实现供需双方诚信互联、风险共担的目标。张云起[118]倡议积极利用区块链的优势,构建电子商务综合平台以提升交易信用度,降低信用保障风险,实现电商交易多方生态自生与自治的目标;汪火根[119]以政府信用为研究对象,从内外两个方面聚焦行政体制改革与公民社会培育途径,解决我国当前信用问题;查慧园[120]则以江西鄱阳湖生态经济区为例,通过规范评级流程、明确评级体系及加快制度建设等举措,构建担保机构第三方信用评级体系。此外,消费主体信用保障也受到收入、情绪及支付手段等因素影响,如消费收入增长预期会带来信用保障度的升级、消费正向情绪会降低交易违约率[121]及移动支付带来的便利性会避免传统交易习惯产生的部分呆坏账率[122]。

基于上述观点,本书将信用保障机制作为驱动区域有机农产品体系运行的又一机制,从消费主体定制意愿出发研究其内在机理,挖掘消费主体需求增长激发供给主体积极性的内在联系,从而推动供给主体为保障产品质量,提升产品品质,构建并持续优化低碳生态循环的供给模型,有效推动城市周围建设区域有机农产品供给农场,实现短距离、及时性、精准化的产品配送,有效保障区域有机农产品的生鲜度,驱动区域有机农产品定制体系健康发展。

信用保障促进力是驱动农产品供给生态均衡的重要因素。生态均衡是世界万物循环发展、保持平衡的重要内容，是影响自然资源合理开发，地球体系和谐的重要基石。达尔文进化论认为：物竞天择，即万物的进化是依据生态环境的变化而不断改变自身，以生存为目的，尽可能地利用一切外部条件。进一步研究生态环境的变化原因可以发现，由于人类智慧性的主动创造导致自然环境的恶化，并引发生态"蝴蝶效应"，从而对人类经济社会带来巨大影响。因此，区域有机农产品定制体系运行的动力因性质不同分为生态理念动力、生态技术动力及生态组织与制度动力等。

（1）生态理念动力

生态理念动力是指随着民众对品质生活追求的不断提高，将对自身健康、生存条件和生活环境提出越来越高的要求，并对自身生活方式和习惯、消费观念及资源利用带来较大冲击，愈加趋向有机消费、清洁能源和循环处理等可持续发展的态势，成为构建生态型社会的重要动力类型。具体而言，生态理念动力可分为两类：一是价值诱导。价值诱导主要引导民众转变传统生活和消费习惯所能获取的个人价值和社会尊严等，通过政府指导、邻里鼓励、社会认同，以及通过生态型社会建设的思想动员、政策宣传等手段，深化民众贯彻可持续发展的精神，从而达到由理念到行动的转变目标。二是生态胁迫。近几年，世界范围内的生态环境持续恶化导致各国相继发生大范围的自然灾害，严重影响到各国民众生活和社会经济产业发展，造成了难以估算的损失。因此，生态胁迫已成为产业发展面临的重大命题，更是威胁人类生存环境的头等大事。与价值诱导相反，生态胁迫从压力角度"惩罚"民众不良生活习惯和经济产业不合理的布局结构，以此"逼迫"各个国家采取有效手段遏制资源过度发掘的恶性循环，从而纠偏到良性发展的轨道上来。

（2）生态技术动力

生态技术动力是从技术发展角度满足民众生态化消费、生态化工作、生态化生活的需要，给予构建可持续化发展的技术基础，从污染物处理、回收循环利用、废弃物转化等方面，改变以往简单粗暴、影响生态环境的行为，降低周期内自然资源利用量，提升综合利用率，保障人与自然的和谐相处。结合生态环境保护文献相关内容,本书认为生态技术动力主要有三个:一是提纯技术。提纯技术是指从不可再生的资源中提取生产资料或生活资料必须原料的工艺、设备与其他支持系统。提纯技术是国家产业水平的重要指标,能够体现国家对自然资源的利用能力,尤其能避免自然资源消耗过大所带来的社会系统性问题,也是生态技术关注的重点内容。二是转化技术。转化技术是"变废为宝"的能力,能够将原先不能进入生态循环利用系统的物质转变为可利用资源,保障生态环境的可持续发展。三是改造技术。改造技术是修复、恢复现有受影响的生态环境及资源,采用资源补偿、资源引流、资源再造等方式,再现影响前的生态水平,保证区域内的生态平衡,避免发生连锁性的生态危害。

(3) 生态组织与制度动力

生态组织与制度动力是保障生态促进动力驱动效果的支撑,包括人员配置、组织结构、生态保护政策及条例、资金保障机制等,它能够促进生态技术的高效应用,提升生态驱动力度,并能完善生态促进驱动流程,形成一整套生态资源保护和利用的法规、政策和条例等。

5.3　区域有机农产品定制体系运行的驱动机理分析

驱动机理分析是在剖析前面有关区域有机农产品定制行为影响因素的基础上,具体分析市场诱导、风险防范及信用保障驱动定制体系各参与主体行为的作用方式、过程及原理,从而明晰传导驱动机理。

5.3.1　市场诱导机理分析

提升定制体验与保障产品品质是区域有机农产品供给主体获取更多市场所带来的剩余利益或超额利润的源泉,也是促使其持续提升定制能力的主要诱因。本书在重点分析定制能力构成要素的基础上,包括定制组织弹性、定制技术升级与定制信息共享等,研究定制体验与产品品质对区域有机农产品定制体系供给主体行为改变或动机调整的影响,并探索市场诱导下小农户与家庭农场间的博弈局面。同时,市场诱导也可从消费主体入手,拉动农产品定制体系的运行。如通过生态消费诱导,积极宣传生态农产品的消费理念,以有机、绿色、安全、放心等作为消费关键词,塑造有机农产品定制安全的品牌化,为区域有机农产品的市场细分夯实基础。此外,借助于电子商务平台衍生出食品短链、社区农业商店、订制农产品等销售模式,缩短全产业链的路径,删减冗余环节,提升区域有机农产品定制效率,降低安全受损率。

5.3.2　风险防范机理分析

如前所述,定制体验与产品品质的风险来自于市场交易、生产流通及其他领域的各类风险,亟需通过组织、制度与技术等方面的协同防范,避免、控制或转嫁风险发生率或财务损失额。本书重点分析区域有机农产品定制体系中流通主体的风险防范能力,如技术投入、人员培训与流程优化等,进一步研究风险防范对流通主体降低风险行为的影响,并探索风险防范下网约配送员的职业素养、职业标准与信息化能力等。另一方面,生态风险控制是定制体系运行中的关键风险之一,贯穿区域有机农产品全产业链的各个环节,且与生态政策和监管制度密切相关。构建生态风险共担组织,完善共担制度,创新共担保险种类等是保障区域有机农产品定制体系可持续发展的重要内容。同时,通过保险制度创新衍生出多品种、小门类、细分化的风险保障种类,可结合各地区、各农产品种类与模型区别推出不同保险费率、保险方式与保险质押办法。各行业主体、合作组织与中介服务机构参与风险控制过程,形成"生态风险防范联盟",共同分担低碳生态循环体系建设中不可控因素引发的风险损失。

5.3.3　信用保障机理分析

定制影响因素尤为强调区域有机农产品的定制品质,相对于超市、农贸市场等交易场所,消费主体定制行为的出发点之一是信任定制渠道的品质保障,直接与供给主体联系,变为商与物分流的流通模式。信用保障强调双方交易的诚信度,利于推进社会信用生态圈的不断完善,有力保证区域有机农产品定制市场的持续发展。本书首先从消费主体与供给主体两个方面阐述了信用保障机制的内涵和作用,如产品有机认证、交易诚信约束及生态消费等,然后进一步研究信用保障对于保证区域有机农产品供给主体利益及稳定提升消费忠诚度的重要影响,并着重探究信用保障驱动下消费主体定制需求变化特点与发展趋势。结合生态环境保护的相关理论,本书提出从区域有机农产品供给与生态环境紧密相关的三个方面来剖析信用保障驱动机制,充分研究生态环境下消费主体、供给主体与流通主体共建定制体系运行的促进机理,以丰富信用保障对区域有机农产品定制体系供给主体的促进作用。因此,本书将上述三方面的研究内容明确为生态消费诱导、生态风险控制与生态安全质量监管,具体阐述如下:

生态安全是信用保障动力的评价因子,是检验农产品定制体系运行效果的基础指标,是区域有机农产品定制体系保持有效竞争力的评价标准,也是影响目标市场品牌忠诚度的重要指标。完善的安全监管技术与方法、全面的安全监管措施及系统的安全监管制度需要通过监管源头上有机农产品的栽培,紧抓源头输入端与终点输出端,贯通流通转接段,落实"一控两减三基本",推动生态监管体系的不断发展,降低农产品全产业链的生态排放量,提高农产品的安全质量,从而让"放心消费"深入人心。

总之,当前我国社会的主要矛盾已经转化为人民日益增长的美好生活需要和不平衡不充分的发展之间的矛盾。这造成消费主体高端需求得不到很好地满足,带来国内产品供给过度或积压导致资源低端消耗,不能真正实现资源的有效利用。同时,区域有机农产品认证标准使得其与普通农产品存在诸多差异,对生态环境的要求相对较高,因此,信用保障机制是消费主体在既有生态环境下,追求更安全和高品质的区域有机农产品,以满足自身生活需求,提升生活质量,避免食用受污染严重的农产品导致身体健康受损,即生态环境的恶化威胁到普通农产品供给品质安全,促使追求高质量的中高收入群体趋向于区域有机农产品消费,同时为了杜绝产品供给环节的质量安全风险,首选定制区域有机农产品的消费方式。

5.3.4　多重驱动机理分析

市场诱导力、风险防范力与信用保障力对区域有机农产品定制体系参与各主体产生交互作用,能够形成拉力、推力和定力,共同引发供给主体定制能力、流通主体配送能力及消费主体需求能力的提升或降低。本书为简化研究的复杂性,明晰相关机制对参与主体的突出影响,拟定市场诱导力是拉动供给主体;风险防范力是推动流通主体;信用保障力是刺激消费主体,

三者形成合力,稳定促使区域有机农产品定制体系向前滚动,不断吸引更多
社会资源,产生"雪球"效应(见图5-1)。

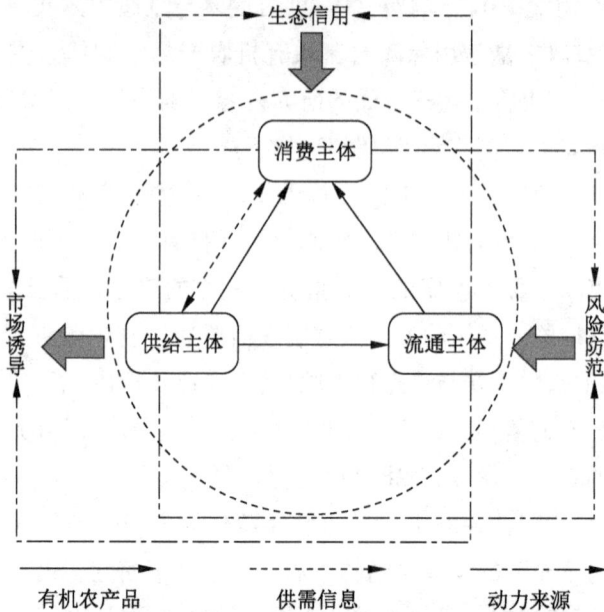

图5-1 区域有机农产品定制体系运行的多重驱动机理示意

如图 5-1 所示,市场诱导主要是通过区域有机农产品定制市场发展产生
的利益,吸引供给主体从事区域有机农产品,或从普通农产品转型到区域有
机农产品定制领域,其中合理的收益可由契约与交易费用理论得出,供给主
体参与定制体系的源动力来自于市场收益、政府补贴及资本回报等,同时,
定制体系促使供应链压缩带来的收益应由参与主体共同分配。此外,供给
柔性化是在供给能力与技术应用增强的基础上提升产品设计、生产、营销及
供应链的弹性,从而获取更多额外附加收益;风险防范则是通过组织制度、
人员培训及技术手段,降低风险发生率和损失额,从而降低参与主体的相关
损失;信用保障则以区块链建设为基础,透明化定制体系相关环节,实现区
域有机农产品定制信息的透明性、共享性与可追溯性。

5.4 区域有机农产品定制体系运行的驱动方案研究

区域有机农产品定制体系运行的驱动方案研究采用基于参与主体的数学建模方法,研究市场诱导、风险防范与信用保障机制的作用效果,即从三个不同的角度研究市场、风险与信用保障等内容,并以此定义定制体系中各类主体行为的影响因素,结合实验数据模拟不同个体或集合间的相互关系,结合验证分析进行反馈与修正,模拟现实系统运行状态,从而得出相关结论。

5.4.1 方案设计

方案设计主要包括模型假设、数据分析与仿真检验三个部分。

5.4.1.1 模型假设

依据前面提及的理论基础,区域有机农产品定制体系参与主体分别为供给主体、流通主体与消费主体,依据系统研究的分类原则,可针对不同的机制进行同一群体——供给主体的动机分析。

5.4.1.2 数据分析

采用问卷调查、电话访谈及专家座谈等方式搜集所需要的相关数据,如消费主体收入、忠诚度、配送投入、产品价格等显性数据,加以分类汇总,形成市场诱导、风险防范及信用保障三个方面的数据处理基础,结合数据有效性整合,确定适合的数据范围与具体分析对象。

5.4.1.3 仿真检验

以上述模型假设与数据分析为基础,结合现实案例中提取的关键要素,挖掘驱动力与定制体系之间的内在机理,厘清供给主体内在驱动机理,得出仿真结果,并在修正与完善的基础上,形成切实可行的驱动方案。

5.4.2 方案实验

方案实验是在前面研究结论的基础上,通过情境设置、模拟与平台建设,最终选取最优方案。

5.4.2.1 仿真实验情境设计

为了完成三个机制驱动区域有机农产品定制体系运行的定量研究,需进一步确定仿真实验内容,如单变量情景实验与组合变量情景实验等,且拟定以供给主体为例,分析市场前景、天气灾害防范与信用保障的单重驱动情景。

5.4.2.2 最优平台处理数据遴选

首先从案例分析对象采集区域有机农产品供给主体的有关数据,确定市场诱导、风险防范及信用保障下的各驱动因子初始参数值,并以 SPSS、Python 或 GIS 等工具中遴选最优平台处理数据。

5.4.2.3 模型校验

迭代运行计算机程序,模拟实验情景,对比分析模型稳定状态下区域有机农产品定制体系运行数据与现实数据间的差距,从而判断抽象模型的适用性。

5.4.2.4 仿真实验结果分析

运用仿真平台分析不同仿真实验情景下区域有机农产品定制品质、定制种类与定制体验的变化结果,并以此实证研究具体案例中运行定制体系的良好效果。

5.4.3 方案类型

如前所述,区域有机农产品定制体系是系统框架,包括消费主体、供给主体与流通主体的协同合作,三者能力是加速运行速度、扩大运行范围的重要驱动指标,关系到供给主体的定制能力、流通主体的配送能力与消费主体的需求能力,因此,在定制体系构建与仿真实验的基础上,本书以市场诱导、风险防范和信用保障机制为切入点,从宏观与微观角度,研究提升定制体系运行能力的驱动对策。

如图 5-2 所示,Hersperger[122] 等提出了四种影响土地耕种面积变化的驱动模式,其中,DF-A-C、DFA-C、A-C 模式为研究产生宏观现象变化的驱动机理提供了思路,即研究微观决策主体对驱动因子的响应行为所集中体现的共性现象。本书拟采用 DFA-C 驱动模式,在有效供给理论、契约与交易费用理论、农产品供应链及规模定制理论等基础上,分别研究市场诱导、风险防范和信用保障对区域有机农产品定制体系运行的作用方式、影响过程和最终结论。

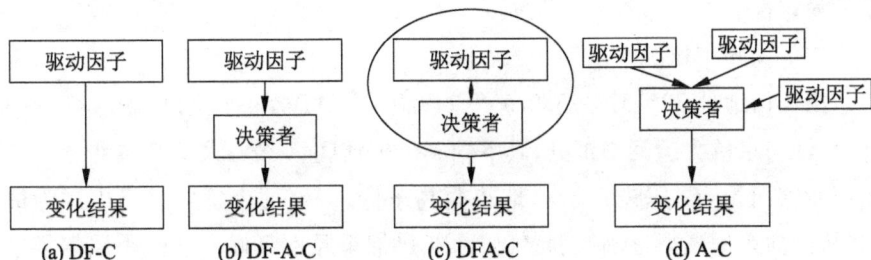

图 5-2　四种驱动模式

5.4.3.1　区域市场发展的驱动方案

近年来,各领域专家学者针对有机农业可持续发展及能力评价做了多方面的研究,主要可分为两种方向:一种是以曹执令等为代表的以农业经济发展水平、农业生产要素效率、农业社会发展水平及农业资源与环境发展水平为指标体系;另一种是以袁久和为代表的从人口、经济、社会、资源及环境5 个方面选取相对应的指标。有机农业可持续发展评价主要是利用多指标综合评价模型从国家、省、市层面测算其发展水平,如辛岭等认为中国有机农业可持续发展水平呈不断上升态势,且东部和中部地区农业可持续发展水平高于西部地区;徐晓红等认为吉林省有机农业可持续发展水平不断上升,尤其是有机农业经济系统和农业生态系统的可持续发展能力持续提高;张桂凤等认为阜新市有机农业可持续发展水平除 2003 年和 2006 年外均呈逐年上升态势,但受自然灾害的影响较大。总体而言,现有研究针对有机农业可持续发展指标体系及评价的研究相对成熟,但现有研究基本只评价其有机农业的可持续发展水平,没有更进一步研究影响有机农业可持续发展的障碍因子,而分析有机农业可持续发展的障碍因子能够更好地分析区域有机农产品市场的可持续发展水平。扬州市是江苏省粮食生产基地之一,其粮食产量位居全省前三,其农业可持续发展关系着江苏省农业安全,因此,农业可持续发展水平备受关注。基于此,本书以扬州市为例,选取一定指标,基于变异系数法确定指标权重,并利用综合指数法分析扬州市 2000—2017 年有机农业可持续发展水平,在此基础上,利用障碍度模型分析其障碍因子,以期提高扬州市有机农产品市场的可持续发展水平,确保市场诱导拉动的稳定性。

（1）扬州市概况

扬州市地处 32°15′N～33°25′N,119°01′E～119°54′E 之间,位于江苏中部,长江与京杭大运河交汇处,其下辖 3 个市辖区、1 个县及 2 个县级市。扬州市所辖面积 6634 平方千米,地势西高东低,以仪征市境内丘陵山区为最高,从西向东呈扇形逐渐倾斜;气候为亚热带季风性气候向温带季风气候过渡区,四季分明,日照充足,雨量丰沛,盛行风向随季节有明显变化。扬州市农业资源丰富,耕地面积为 3304.93 平方千米,2017 年扬州市粮食总产量285.4 万吨,农业机械化水平达 86%,全年 100 亩以上的家庭农场有 3053 个,新建高标准农田 20.5 万亩,新实施国家级农业科技重大专项两项,新增省级农产品品牌 45 个。

（2）指标体系构建

根据扬州市有机农业发展状况,在实地考察扬州市有机农业发展的基础上,本书参照袁久和等的文献指标体系划分方法,从人口、经济、社会、资源及环境 5 个子系统选取指标,其中人口系统是指扬州市有机农业可持续发展所需要的人口数及农户人口素质,包括人口自然增长率、乡村受教育程度人口比重、农业从业人口;经济系统是指扬州市有机农业可持续发展的农业经济发展概况,包括人均农业生产总值、农村居民家庭人均纯收入、人均粮食产量及农业固定资产投资;社会系统是指有机农业可持续发展的社会保障,包括农村基本养老保险参保率、农村居民百户移动电话拥有量、每万农业人口乡镇卫生院床数、农村恩格尔系数;资源系统是指农村可持续发展资源概况,包括人均耕地面积、人均水资源、有效灌溉率、林地面积占国土面积比重;环境系统是指有机农业可持续发展所包括的环境要素,包括化肥使用强度、农药使用强度、森林覆盖率、污水处理率。其中,研究中所涉及的数据均来源于国家统计局、扬州市统计局等官方网站,如人口数、面积数等来源于国家统计局,农村人口受教育程度来源于扬州市统计局,化肥农药使用量、废水处理率来源于《扬州市社会经济发展公报 2017》。

表 5-1　扬州市有机农业可持续发展评价指标

目标层	准则层	指标层	单位	权重
扬州市有机农业可持续发展评价指标	人口系统	人口自然增长率 C_1	%	0.05
		乡村受教育程度人口比重 C_2	%	0.05
		有机农业从业人口 C_3	人	0.06
	经济系统	人均有机农业生产总值 C_4	元/人	0.06
		农村居民家庭人均纯收入 C_5	元	0.07
		人均粮食产量 C_6	kg/人	0.06
		有机农业固定资产投资 C_7	亿元	0.03
	社会系统	农村基本养老保险参保率 C_8	%	0.05
		农村居民百户移动电话拥有量 C_9	部	0.04
		每万农业人口乡镇卫生院床数 C_{10}	个	0.06
		农村恩格尔系数 C_{11}	%	0.04
	资源系统	人均耕地面积 C_{12}	hm^2/人	0.07
		人均水资源 C_{13}	m^3/人	0.05
		有效灌溉率 C_{14}	%	0.05
		林地面积占国土面积的比重 C_{15}	%	0.04
	环境系统	化肥使用强度 C_{16}	%	0.04
		农药使用强度 C_{17}	%	0.08
		森林覆盖率 C_{18}	%	0.03
		污水处理率 C_{19}	%	0.07

（3）研究方法

① 综合指数法

a. 数据标准化。本书为了减小由于数据度量单位不一致所带来的误差,通过运用极值法对原始数据进行归一化处理,具体公式如下:

$$X'_{ij} = \frac{X_{ij} - X_{\min}}{X_{\max} - X_{\min}}（正向指标）$$

$$X_{ij}' = \frac{X_{\max} - X_{ij}}{X_{\max} - X_{\min}}(负向指标)$$

式中:X_{ij}表示原数据;X_{ij}'表示量化后的数值,即归一化数值,其取值范围为$0 \leqslant X_{ij}' \leqslant 1$;$X_{\max}$和$X_{\min}$分别表示原始数据的最大值和最小值。若指标为正时,选用正向指标公式,否则,使用负向指标公式。

b. 权重系数计算。权重系数法是一种相对客观的赋值方法,对原始数据自身要求不高,能够依据数据自身进行分析,具有一定的优点,因而,本书利用变异系数法进行指标权重的确立,具体公式如下[123]:

$$\overline{X_{ij}} = \frac{1}{m}\sum_{i=1}^{m} X_{ij}, \ i = 1,2,\cdots,m$$

$$S_{ij} = \sqrt{\frac{1}{m-1}\sum_{i=1}^{m}(X_{ij} - \overline{X_{ij}})^2}, \ i = 1,2,\cdots,m$$

$$V_{ij} = \frac{S_{ij}}{\overline{X_{ij}}}, \ i = 1,2,\cdots,m$$

$$W_{ij} = \frac{V_{ij}}{\sum_{i=1}^{m} V_{ij}}, \ i = 1,2,\cdots,m$$

式中:$\overline{X_{ij}}$,S_{ij}分别代表各指标的平均数和标准差;W_{ij}代表权重,V_{ij}代表变异系数。

c. 综合指数计算。综合指数法在以变异系数法确定指标权重的前提下,用标准化后的值与其相应的权重相乘加和,计算其综合指数,以全面客观地反映某一系统的整体状况。

$$S = W_{ij} \cdot X_{ij}'$$

式中:W_{ij}为权重系数;X_{ij}'为标准化的数值。

② 障碍度模型

障碍度模型是通过引入因子贡献度(U)、指标偏离度(V)、障碍度(M)3个指标进行障碍因子诊断分析。其中,U表示单个指标对有机农业可持续发展水平的影响程度,V表示单个指标与有机农业可持续发展水平的差距,M表示指标i对有机农业可持续发展水平的影响,是评价障碍因子的最重要指数[124]。计算公式如下：

$$u = r_j \times w_i$$

式中：u 为因子贡献度；r_j 代表第 j 项单项因素权重；W_i 代表第 i 项因素所属的第 i 个子因素权重。

$$V = 1 - a_j$$

式中：V 为指标偏离度；a_j 代表单项指标标准化值。

$$M = V \times U / \sum_{i=1}^{n} (V \times U) \times 100\%$$

式中：M 为各单项指标的障碍度。

（4）结果评价

2000—2017 年扬州市农业可持续发展水平得分如图 5-3 所示。

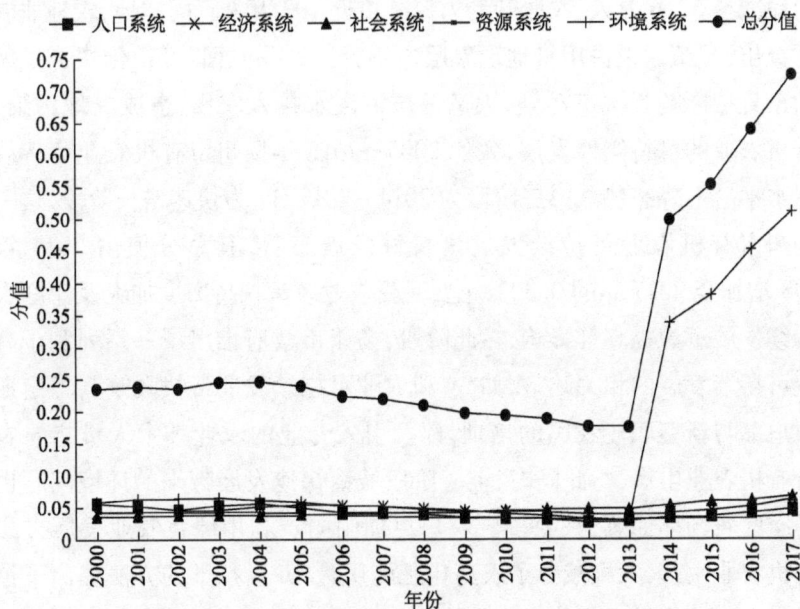

图 5-3　2000—2017 年扬州市农业可持续发展水平得分

① 总体评价

由图 5-3 可知，扬州市有机农业可持续发展水平综合指数有较大幅度的提高，由 2000 年的 0.235 增长至 2017 年的 0.302，年均增速为 0.4%。扬州市有机农业的发展可分为三个阶段,第一阶段为 2000—2004 年,为平稳增长阶段,主要是扬州市以自身农业资源为基础,发挥其自身资源优势,使有机农业得到可持续发展。据相关数据统计,2004 年扬州市农药使用量低于全省平均水平,2004 年全年粮食总产量为 204.97 万吨,增产 24.84 万吨,全市农民减负增收 2.1 亿元,实现了粮食增产、农业增效、农民增收的良好局面。第二阶段为 2005—2013 年,为快速下降阶段,这一阶段主要是受扬州市快速城镇化的影响,一方面给有机农业可持续发展提供了充足的资金保障和稳固的基础设施建设,如固定资产总投资为 410 亿元,同比增长 24.2%,但给有机农业可持续发展也带来了一系列的不良影响,最明显地体现在农地非农化、环境污染及农业劳动力锐减三方面,据相关数据统计,2005 年扬州市农村人口约为 450 万人,农业从业人口为 165.31 万人,但截至 2013 年农业劳动力锐减至 52.6 万人,农业劳动力锐减接近 100 万人。同样地,农地非农化问题突出,城镇建设占用耕地现象层出不穷。另一方面,城市化快速发展带来的最直接影响是城市污染,大量的城市废水排入农田,造成农地污染,影响有机农业的可持续性发展,致使 2005—2013 年扬州市有机农业可持续性发展水平呈下降态势。第三阶段为 2014—2017 年,为快速增长阶段,这一阶段扬州市有机农业可持续发展呈良好发展态势,其总分值由 2014 年的 0.198 增加至 2017 年的 0.302,主要是受农业政策扶持力度加大及家庭农场可持续发展意识提高等影响,在此阶段,扬州市政府推出了一系列利于有机农业可持续发展的相关政策,如"有机农业可持续发展帮扶政策",即定期组织农户参与新型职业农民的培训,以及引入专业的农业技术人员指导农户进行有机农业生产,与此同时,上一阶段城镇快速发展带来的环境问题也激发了家庭农场环保意识的提高,农户更加倾向于利用绿色农业发展方式进行有机农业生产,大大减少了农药化肥施用量,并以科学的方法提高了粮食产量,如推出"农药减量增效"模式,以生物防治、物理防治及统防统治方式实现农药零使用,以创新防控方式、集成防控技术,在农药减量的基础上实现区域有机农产品供给的稳定增长。

② 各子系统评价

扬州市有机农业可持续发展人口子系统呈稳定发展态势,主要来自于由于其人口自然增长率相对较低,人口的变化主要来自于外来人口的迁移,流动人口比例相对较大,但相对其他指标而言,其人口文化程度的差异相对较大,文化水平整体有所提高,这与扬州市整个经济发展水平有密切关系。

从经济子系统来看,相对其他子系统而言,经济系统分值上涨速度位居第二,主要是由于扬州市作为农业大市,有着丰富的农业资源,农业经济呈不断上升发展态势,2017 年扬州市的农业经济位于全省前三,且近些年来,其绿色农业和现代农业的发展稳步推进整个有机农业体系,农村居民的人均纯收入也有了较大提高。据相关数据显示,扬州市 2000 年的农村人均纯收入为 3483 元,2017 年为 19694 元,年均增速高达 27.38%,高于全省平均水平,因此,扬州市经济子系统增速位居全省第二。

从社会子系统来看,扬州市社会子系统增速飞快,由 2000 年的 0.036 上涨至 2017 年的 0.077,年均增速为 6.7%,主要得益于农业基础设施建设的完善,尤其是近几年扬州市不断完善其农业基础设施建设,包括道路规划、卫生院建设及通信建设等。据相关数据显示,2017 年扬州市医院病床数高达 22765 张,人均电话拥有量也位于全省第三,因此,社会子系统上涨较快。

从资源子系统来看,资源子系统变化相对较小,发展相对平缓,主要是由于人均水资源占有量、有效灌溉率及林地占比基本无变化,而人均耕地面积与人口及耕地总面积密切相关,变化相对较小。

从环境子系统来看,环境子系统的各阶段得分值相对较高,主要是扬州市一直致力于农业环境的治理,致力于减少或剔除农药使用,现已探索出成功的模式,提高了扬州市有机农业产量,减少了农药化肥使用量,另一方面,扬州市政府大力新建污水管理网,用于处理扬州市农业及城镇污水,现污水处理率已高达 98%,因此,其环境子系统各阶段得分均相对较高。

(5) 障碍因子诊断

根据有机农业可持续发展障碍度的因素诊断计算方法测算扬州市 2000 年和 2017 年的障碍度,并对其进行排序(表 5-2)。由表 5-2 可以看出,2000 年扬州市有机农产品市场发展的主要障碍系统为经济系统,主要障碍因子为农村居民家庭人均纯收入、人均粮食产量、乡村受教育程度人口比重、农药使用强度及农村恩格尔系数,障碍度依次为 19.43%、14.45%、12.86%、

10.42%、8.99%。这主要是因为 2000 年农业经济发展水平较低,农村生活水平不高,农户种植经济附加值较高的农作物,如农户人均收入及粮食产量等。而随着有机农业经济的不断发展,农户经济生活水平有所提高,2017 年影响农业可持续发展的障碍系统则变成人口系统,障碍因子主要为有机农业从业人口、人口自然增长率、农村基本养老保险参保率、乡村受教育程度人口比重、人均耕地面积,障碍度依次为 18.36%、18.02%、16.55%、13.21%、9.87%。这主要是因为有机农业经济的提高带动了农户生活水平的提高,但另一方面,城镇化的发展使农业人口不断转向城市,有机农业从业人员锐减,使农村劳动力无法满足农业生产需要,给区域有机农产品供给带来了极大困扰,与此同时,扬州市社会保障系统虽有所提高,但农村养老保险参保率依旧相对较低,制约了有机农业的可持续发展。

表 5-2　扬州市有机农产品定制的主要障碍因子及其障碍度

年份/年	位序	1	2	3	4	5
2000	障碍因素	C_5	C_6	C_2	C_{17}	C_{11}
	障碍度/%	19.43	14.45	12.86	10.42	8.99
2017	障碍因素	C_3	C_1	C_8	C_2	C_{12}
	障碍度/%	18.36	18.02	16.55	13.21	9.87

(6)驱动方案分析

本书以扬州市为例研究区域有机农产品市场诱导能力,构建有机农业可持续发展指标,利用变异系数法确定权重,并利用综合指数法测算扬州市 2000—2017 年有机农业可持续发展评价指标,在此基础上,利用障碍度模型测算 2000 年和 2017 年扬州市有机农产品定制障碍因子的障碍度,具体分析如下:

① 市场诱导拉力逐步增强。扬州市有机农产品定制市场发展综合指数有了较大提高,可分为三个阶段:第一阶段为 2000—2004 年,受农业资源自身优势影响并通过传统绿色种植方式使其呈平稳增长态势;第二阶段为 2005—2013 年,受城镇化的影响使其呈下降态势;第三阶段为 2014—2017

年,受农业政策及农户农业可持续发展意识提高使其呈快速增长阶段。

②　风险防范推力相对较弱。2000 年,扬州市有机农产品定制市场发展的主要障碍系统为经济系统,主要障碍因子为农村居民家庭人均纯收入、人均粮食产量、乡村受教育程度人口比重、农药使用强度及农村恩格尔系数;2017 年,扬州市有机农业可持续发展的障碍系统是人口系统,障碍因子主要为农业从业人口、人口自然增长率、农村基本养老保险参保率、乡村受教育程度人口比重及人均耕地面积。

③　信用保障定力基本不变。从各子系统来看,扬州市有机农产品市场对应的社会子系统增长相对较快,经济子系统增速位居第二,但人口、资源及环境子系统变化相对较小。

5.4.3.2　风险防范的驱动方案

近年来,随着社会经济和科技的不断发展,人们对有机农产品的需求与日俱增,绿色农业已成为有机农产品生产的重要组成部分。秋冬季是我国长江以北设施农产品生产的主要时期,但目前我国大部分日光温室结构相对简单。大风、寒潮、暴雪、低温、弱光等灾害性天气对有机农产品生产的影响较大。如果防治措施不当或不及时,将对其生长发育、产量和品质产生很大影响。目前,学者们对不同作物的气象灾害指数、作物灾害机理和灾害风险影响评价等方面做了大量的研究。一些学者在中国北方地区日光温室气候适宜性区划的基础上,对有机农产品的气候适应性和气象灾害的影响因素进行了研究,诸如尝试利用物联网技术集成开发低温灾害监测预警系统,包括气候实时监测、低温灾害预警、自动控制等功能,并针对我国有机农产品气象服务的现状,结合气象监测预警服务网络体系建设和防灾减灾能力提升提出了相应的对策。

（1）理论基础

近年来,随着以社交网络、LBS 为代表的新型信息发布方式的出现,以及云计算等技术的兴起,大数据技术的快速发展对社会经济和产业模式产生了深远的影响。学者们也开始将大数据方法应用于决策过程并将开源数据分析软件工具(如 web 爬虫、文本分析、语义网络图等)作为大数据挖掘的手段。因此,这些背景技术使智能服务系统(ISS)的大数据支持评价决策优化成为可能。

同时,以气象部门传统天气预报为基础的农业生产决策气象服务已不能满足区域有机农产品定制化的需求。因此,解决这一问题的关键是建立ISS。ISS可以为设施蔬菜提供一个整体解决方案,创造高附加值。然而,ISS方案并不是唯一的,在ISS的设计阶段,存在着需求的模糊性和设计者的理解偏差。方案的好坏直接关系到用户的满意度。为了更好地满足用户的个性化需求,对区域有机农产品地理灾害管理中的多种ISS方案进行评估,实现ISS评估决策优化显得尤为重要。

(2) ISS的概念

ISS评价决策本质上是一个多准则决策问题,主要包括指标体系构建、指标值确定和方案评价等步骤。在指标体系构建方面,ISS评价决策涉及的主体包括ISS用户、用户需求分析师、ISS企业家、社会与环境研究人员、ISS设计工程师等多个领域。为了使评价指标体系建设更全面,通过在论坛上发布主题、邀请各主体进行在线讨论、利用网络爬虫软件提取多视角评论大数据等方式获取原始数据,这是一种常见的方法。多种主体应尽可能地覆盖ISS评价决策的利益相关者。在指标值确定方面,需要分别考虑多个定性或定量因素,确定指标值的过程比较繁琐。利益相关者评分法的数理统计特性可以充分利用各主体的经验,计算过程非常简单。然而,各主体对多个ISS在一个指标上相对优缺点的评价不够客观,用准确的数值来表达是不合理的。

本书针对区域有机农产品品质安全智能服务系统建设中的实际问题,探讨了ISS评价决策方案,具体体现为:首先,通过对ISS评价决策影响因素的多主体评价中搜集的高频词矩阵和语义网络图进行分析总结,构建了指标体系。其次,利用梯形模糊数来表达各主体对ISS方案评价指标的模糊评价,并进行融合,确定ISS方案的模糊指标值。最后,提出了一种基于集对分析的改进TOPSIS(SPA-TOPSIS),并将其应用于ISS方案的排序。

(3) ISS整体研究体系

为了提供ISS评估决策技术,本书提出了一个整体研究体系[125],如图5-4所示。

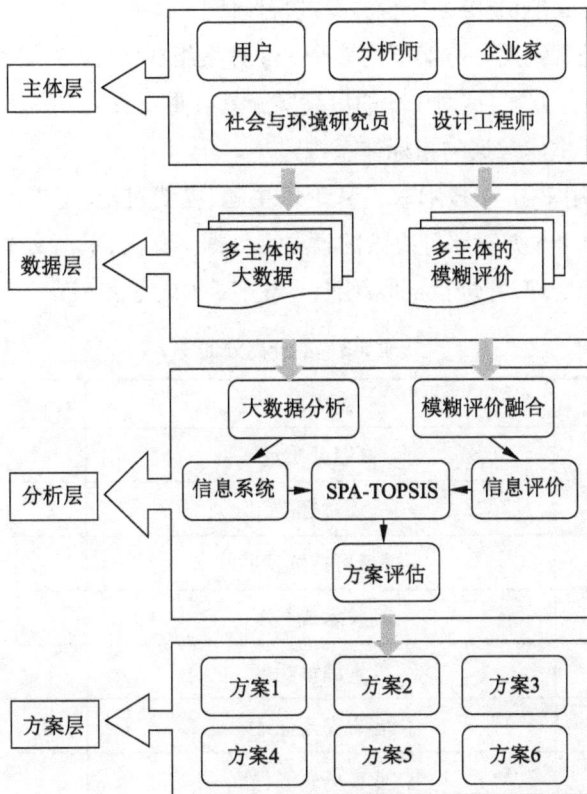

图 5-4　ISS 整体研究体系

整个体系结构分为四层。

第一层是主体层。这些主体包括用户、分析师、企业家、社会与环境研究员及设计工程师等。

第二层是数据层。通过论坛主题、在线讨论、电话访谈、随机调查等方式,利用网络爬虫工具从多个主体的角度获取大数据资源。通过模糊评价,得出各指标对方案性能的评价,并用模糊数表示。

第三层是分析层。在构建指标体系时,首先,利用文本分析软件对抽取的多视角评论大数据进行概念处理和分词处理,并进行词频统计,得到高频词目录;其次,形成高频词的共现矩阵,建立基于语义网络图分析的指标体系;然后,将多个主体的模糊评价意见用模糊数进行融合,得到指标值矩阵;

最后,采用 SPA-TOPSIS 对 ISS 方案进行评估。

第四层是方案层。方案层由多个 ISS 方案组成。在 ISS 评估决策后,将得到 ISS 的最佳方案,这对 ISS 的后续实施具有重要意义。

(4) 基于主体数据的指标体系构建

首先,采用 Python 技术软件从论坛主题、在线讨论、用户评论等渠道获取多个主体对 ISS 方案评价决策的意见大数据。其次,采用文本分析实现概念处理和分词处理,并进行词频统计。部分高频词见表 5-3。

表 5-3　部分高频词

符号	高频词	频率/%
W_1	高服务质量	3.39
W_2	质量标准	3.24
W_3	环境可持续发展	3.21
W_4	高技术成熟度	3.18
W_5	低资源消耗度	3.15
W_6	客户安全保证	3.08
W_7	就业市场刺激程度	3.01
W_8	利润率	2.96
W_9	客户期望值	2.85
W_{10}	服务质量要求	2.84
…	…	…

高频词的共现矩阵用来表示两个高频词之间的关系。两个高频词的交集值越大,它们之间的相关性越强。采用高频词分析法对高频词目录进行矩阵分析,可得到高频词的共现矩阵。高频词的部分共现矩阵见表 5-4。

表 5-4　高频词部分共现矩阵

符号	W_1	W_2	W_3	W_4	W_5	W_6	W_7	W_8	W_9	W_{10}	…
W_1	0	538	113	579	114	151	158	104	603	571	…
W_2	—	0	167	614	121	177	165	192	635	608	…
W_3	—	—	0	122	621	109	113	181	172	135	…
W_4	—	—	—	0	150	153	191	177	567	589	…
W_5	—	—	—	—	0	118	156	120	134	108	…
W_6	—	—	—	—	—	0	142	176	159	166	…
W_7	—	—	—	—	—	—	0	557	121	140	…
W_8	—	—	—	—	—	—	—	0	131	169	…
W_9	—	—	—	—	—	—	—	—	0	676	…
W_{10}	—	—	—	—	—	—	—	—	—	0	…
…	…	…	…	…	…	…	…	…	…	…	…

此外,通过对高频词的社会网络分析可得到高频词的语义网络图。前 30 个高频词的语义网络图如图 5-5 所示。

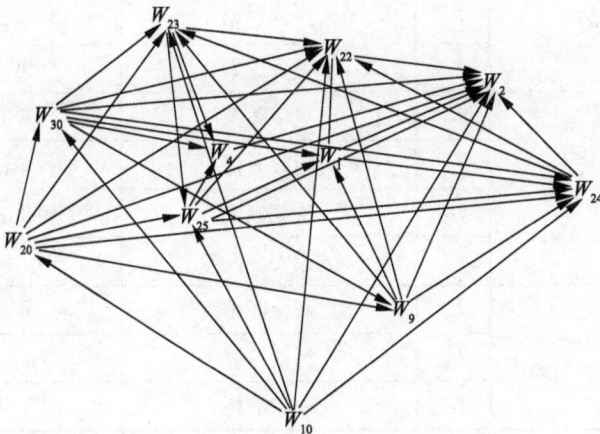

图 5-5　前 30 个高频词的语义网络图

根据表 5-4 所示的共现矩阵和图 5-5 所示的语义网络图,我们首先对高频词的文本数据进行了归纳和分类,然后根据高频词的相互关系抽象出具有相同属性的高频词;最后对每个高频词进行分类,所得类别为 ISS 评价决策的二级指标。通过对二级指标进行再抽象和分类,我们得到了一级指标并构建了 ISS 评价决策指标体系,如表 5-5 所示。

表 5-5 ISS 方案评价指标体系

一级指标		二级指标	高频词
客户	I_1	客户期望值	$W_9, W_{20}, \cdots$
	I_2	客户接受程度	$W_{22}, W_{23}, \cdots$
	I_3	系统便利度	$W_{24}, W_{30}, \cdots$
	I_4	服务质量	$W_1, W_{10}, \cdots$
	I_5	产品质量	$W_2, W_4, W_{25}, \cdots$
商业	I_6	就业机会	$W_7, W_{26}, \cdots$
	I_7	盈利能力	$W_8, \cdots$
	I_8	工作环境	$W_{11}, \cdots$
	I_9	服务成本	$W_{27}, W_{29}, \cdots$
供应商	I_{10}	服务定位	$W_{28}, \cdots$
	I_{11}	市场规模	$W_{12}, \cdots$
	I_{12}	投资成本	$W_{21}, \cdots$
社会	I_{13}	竞争关系	$W_{16}, \cdots$
	I_{14}	财政支持	$W_{13}, \cdots$
	I_{15}	法规制度	$W_{18}, \cdots$
	I_{16}	健康安全保障	$W_6, W_{14}, \cdots$
环境	I_{17}	二氧化碳排放	$W_{15}, \cdots$
	I_{18}	污染排放	$W_{17}, W_{19}, \cdots$
	I_{19}	资源消耗	$W_3, W_5, \cdots$

（5）模糊意见融合法确定指标值

各相关主体对 ISS 方案在某一指标上的评价意见模糊,用模糊数表示评价值比用准确值更为合理。模糊理论中常用的两种模糊数是梯形模糊数和三角形模糊数，梯形模糊数的隶属函数较三角模糊数复杂，能更好地模拟主体评价的模糊性。因此，本书采用梯形模糊数来表示各主体对 ISS 方案指标值的模糊评价。根据梯形模糊数的运算规则，对常用的九级标度评价意见和评价值进行模糊化处理，可得到相应的梯形模糊数，如表 5-6 所示。

表 5-6　九级量表评价中准确值与模糊值的对应关系

模糊评价	准确值	模糊值
极好（EG）	9	$(4,17/3,9,9)$
非常好（SG）	7	$(7/3,3,17/3,9)$
很好（OG）	5	$(3/2,13/7,3,4)$
良好（LG）	3	$(1,11/9,13/7,7/3)$
中等（M）	1	$(1,1,1,1)$
不好（LB）	1/3	$(3/7,7/13,9/11,1)$
很差（OB）	1/5	$(1/4,1/3,7/13,3/2)$
非常差（SB）	1/7	$(1/9,3/17,1/3,3/7)$
极差（EB）	1/9	$(1/9,1/9,3/17,1/4)$

假设 p 为 ISS 方案，q 为各主体。由表 5-6 可知，各主体 $r(1\leqslant r\leqslant q)$ 给出的 ISS 方案 $s(1\leqslant s\leqslant p)$ 对指标 I_i 的评价值为 $\tilde{x}^r_{s,i}=(a^r_{s,i},b^r_{s,i},c^r_{s,i},d^r_{s,i})$，为梯形模糊数形式。采用算术平均法，群体决策评价值计算如下：

$$\tilde{x}_{s,i}=(a_{s,i},b_{s,i},c_{s,i},d_{s,i})$$

$$=(a_{s,i}=\sum_{r=1}^{q}a^r_{s,i}/q,b_{s,i}=\sum_{r=1}^{q}b^r_{s,i}/q,c_{s,i}=\sum_{r=1}^{q}c^r_{s,i}/q,d_{s,i}=\sum_{r=1}^{q}d^r_{s,i}/q)$$

$$(5-1)$$

通过梯形模糊数的重心形式变换，将模糊指标值转化为实数形式，如式 (5-2) 所示：

$$x_{s,i}=\frac{(c^2_{s,i}+c_{s,i}d_{s,i}+d^2_{s,i})-(a^2_{s,i}+a_{s,i}b_{s,i}+b^2_{s,i})}{3(c_{s,i}+d_{s,i}-a_{s,i}-b_{s,i},)} \qquad (5-2)$$

$x_{s,i}$ 是 ISS 方案 s 在 I_i 指数上的指数值。通过计算 ISS 方案在每个指标上的指标值,可得到指标值矩阵为 $X = [x_{s,i}]_{p \times N}$。

（6）基于 SPA-TOPSIS 的 ISS 方案评价

基于集对分析理论,用连接向量距离代替欧几里德距离,本书提出了一种改进的 TOPSIS 算法 SPA-TOPSIS。利用 SPA-TOPSIS 实现 ISS 方案评估的原理如下:

① 一个评价对象(即 ISS 方案)和两个理想点(即正理想点和负理想点)分别构成两个集对。

② 将集合对分解为多个元素对。

③ 分析每一个元素对的同、对、差关系,得出评价对象与最优解之间的关系,进而求出评价对象到最优解的连接向量距离。

④ 根据 TOPSIS 的排列规则,根据其连接向量距离计算评价对象的贴近度,进而根据评价对象的贴近度对评价对象进行排序。

根据指标值矩阵 $X = [x_{s,i}]_{p \times N}$,采用种间相关(CRITIC)方法,通过准则重要性得到指标权重。标准差的形式表示同一指标上所有对象的数值差异。冲突是基于两个指标之间的相关性。当两个指标有很强的正相关时,冲突程度较低。比较优势和冲突都应综合考虑。两个指标与其他指标的冲突表现为

$$CoN_i = \sum_{k=1}^{N} (1 - CcR_{k,i}) \tag{5-3}$$

其中, $CcR_{k,i}$ 为指标 I_k 和 I_i 的相关系数。

因此,指标 I_i 的权重为

$$\omega_i = InA_i / \sum_{i=1}^{N} InA_i \tag{5-4}$$

式中: $InA_i = \sigma_i CoN_i$,为指标 I_i 的信息量; σ_i 为指标 I_i 的标准差。

最后得到加权指标值矩阵。因此,正理想点和负理想点分别如下:

$$Y^+ = [y_1^+, y_2^+, \cdots, y_i^+, \cdots, y_N^+]$$
$$Y^- = [y_1^-, y_2^-, \cdots, y_i^-, \cdots, y_N^-] \tag{5-5}$$

$$y_i^+ = \max\{y_{1,i}, y_{2,i}, \cdots, y_{p,i}\}, y_i^- = \min\{y_{1,i}, y_{2,i}, \cdots, y_{p,i}\}$$

实际上，$Y_{s,i} = [y_{s,1}, y_{s,2}, \cdots, y_{s,N}]$ 代表 ISS 方案。基于集对分析理论，形成用和表示的集对，并形成用矩阵表示的集对。

通过比较这些值发现，相同关系时，元素对有微小差异；相反关系时，元素对有巨大差异；差异关系时，元素对没有非常明显的差异。因此，表征和之间不确定定量关系的集对关联度表示如下：

$$\rho_{s,}^{+} = q_{s,}^{+}\Delta' + c_{s,}^{+}\Delta'' + d_{s,}^{+}\Delta''' \tag{5-6}$$

式中：Δ'、Δ''、Δ''' 分别表示相同、相反、差异关系；$q_{s,}^{+} = \dfrac{Q_s^{+}}{N}$，$c_{s,}^{+} = \dfrac{C_{s,}^{+}}{N}$ 和 $d_{s,}^{+} = \dfrac{D_{s,}^{+}}{N}$ 分别表示相同、相反、差异系数。

集合对的连接向量 $< Y_{s,}, Y^{+} >$ 表示如下：

$$\boldsymbol{\mu}_{s,}^{+} = [q_{s,}^{+}, c_{s,}^{+}, d_{s,}^{+}] \tag{5-7}$$

同理，集对的连接度 $< Y_{s,}, Y^{-} >$ 表示如下：

$$\rho_{s,}^{-} = q_{s,}^{-}\Delta' + c_{s,}^{-}\Delta'' + d_{s,}^{-}\Delta''' \tag{5-8}$$

集合对的连接向量 $< Y_{s,}, Y^{-} >$ 表示如下：

$$\boldsymbol{\mu}_{s,}^{-} = [q_{s,}^{-}, c_{s,}^{-}, d_{s,}^{-}] \tag{5-9}$$

集合对 $< Y_{s,}, Y^{+} >$ 由 N 个元素对 $< y_{s,1}, y_1^{+} >$，$< y_{s,1}, y_2^{+} >$，$\cdots$，$< y_{s,N}, y_N^{+} >$ 组成。对于单元对 $< y_{s,i}, y_i^{+} >$，其连接度可以表示为

$$\rho_{s,i}^{+} = q_{s,i}^{+}\Delta' + c_{s,i}^{+}\Delta'' + d_{s,i}^{+}\Delta''' \tag{5-10}$$

式中：Δ'、Δ''、Δ''' 分别表示相同、相反、差异关系，$q_{s,i}^{+}$、$c_{s,i}^{+}$ 和 $d_{s,i}^{+}$ 分别表示相同、相反、差异系数。若 $y_{s,i} = y_i^{+}$，则 $q_{s,i}^{+} = 1$，$c_{s,i}^{+} = 0$ 且 $d_{s,i}^{+} = 0$；若 $y_{s,i} = y_i^{-}$，则 $q_{s,i}^{+} = 0$，$c_{s,i}^{+} = 1$ 且 $d_{s,i}^{+} = 0$。如果 $y_i^{-} < y_{s,i} < y_i^{+}$，那么 $q_{s,i}^{+} = 0$，$c_{s,i}^{+} = 0$ 和 $d_{s,i}^{+} = \dfrac{y_i^{+} - y_{s,i}}{y_i^{+} - y_i^{-}}$。因此，关联度 $< Y_{s,}, Y^{+} >$ 为 $\rho_{s,}^{+} = \dfrac{\sum\limits_{i=1}^{N} q_{s,i}^{+}}{N}\Delta' + \dfrac{\sum\limits_{i=1}^{N} c_{s,i}^{+}}{N}\Delta'' + \dfrac{\sum\limits_{i=1}^{N} d_{s,i}^{+}}{N}\Delta'''$。

同样，对于由 $Y_{s,}$ 和 Y^{-} 构成的集对 $< Y_{s,}, Y^{-} >$，它由 N 个元素对 $< y_{s,1}, y_1^{-} >$，$< y_{s,1}, y_2^{-} >$，$\cdots$，$< y_{s,N}, y_N^{-} >$ 组成。单元对的连接度 $< y_{s,i}, y_i^{-} >$

表示如下：

$$\rho_{s,i}^- = q_{s,i}^- \Delta' + c_{s,i}^- \Delta'' + d_{s,i}^- \Delta''' \tag{5-11}$$

式中：$q_{s,i}^+$、$c_{s,i}^+$ 和 $d_{s,i}^+$ 分别表示相同、相反、差异系数。若 $y_{s,i} = y_i^+$，则 $q_{s,i}^+ = 0$，$c_{s,i}^+ = 1$ 且 $d_{s,i}^+ = 0$；若 $y_{s,i} = y_i^-$，则 $q_{s,i}^+ = 1$，$c_{s,i}^+ = 0$ 且 $d_{s,i}^+ = 0$。如果 $y_i^- < y_{s,i} < y_i^+$，$q_{s,i}^+ = 0$，$c_{s,i}^+ = 0$ 和 $d_{s,i}^- = \dfrac{y_{s,i} - y_i^-}{y_i^+ - y_i^-}$。因此，关联度 $<Y_s, Y^->$ 为

$$\rho_{s,}^- = \frac{\sum\limits_{i=1}^{N} q_{s,i}^-}{N} \Delta' + \frac{\sum\limits_{i=1}^{N} c_{s,i}^-}{N} \Delta'' + \frac{\sum\limits_{i=1}^{N} d_{s,i}^-}{N} \Delta'''。$$

Y_s 本身可以形成一对集合。因为集合与其自身相同，所以集合对 $<Y_s, Y_s>$ 的连通度为 $\rho_{s,}^{s} = 1 \cdot \Delta' + 0 \cdot \Delta'' + 0 \cdot \Delta'''$。因此，其连接向量为 $\mu_{s,}^{s} = [1, 0, 0]$。由于集合对 $<Y_s, Y^+>$ 和 $<Y_s, Y_s>$ 的连接向量分别为 $\mu_{s,}^+ = [q_{s,}^+, c_{s,}^+, d_{s,}^+]$ 和 $\mu_{s,}^{s} = [1, 0, 0]$，因而从评价对象 Y_s 到最优解 Y^+ 的连接向量距离的计算如下：

$$\tau_{s,}^+ = \sqrt{(q_{s,}^+ - 1)^2 + (c_{s,}^+)^2 + (d_{s,}^+)^2} \tag{5-12}$$

同理，从评价对象到最优解的连接向量距离的计算如下：

$$\tau_{s,}^- = \sqrt{(q_{s,}^- - 1)^2 + (c_{s,}^-)^2 + (d_{s,}^-)^2} \tag{5-13}$$

通过用连接向量距离代替欧几里德距离，改进了 TOPSIS。对正最优解的贴近度计算如下：

$$\lambda_s = \frac{\tau_{s,}^-}{\tau_{s,}^+ + \tau_{s,}^-} \tag{5-14}$$

根据评价对象的接近性原则对其进行排序，贴近数值最大的 ISS 方案是最佳方案。

（7）驱动方案分析

区域有机农产品借助物联网、云平台和移动互联网技术，通过各种传感器系统开发的智能服务系统平台保障其品质。该平台以基础气象信息数据库为基础，依托 GIS，采用 B/S 体系结构，为区域有机农产品品质安全提供系统支持，实现农业智能感知与控制等。

① 市场诱导数据化

区域有机农产品品质数据化包括农业气象信息实时更新;历史农业气象信息的查询、统计和分析;作业区域的喷灌、施肥和气象预报。以农业气象灾害监测与评估为例,该功能模块通过农业气象灾害实现信息的输入和显示,利用地面基础气象资料和农业气象资料,实现对重大农业气象灾害的实时监测。根据灾害等级指标,生成灾害等级分布图,对即将发生、正在发生和即将结束的气象灾害提供阶段性的评估信息。

② 信用保障精细化

区域有机农产品信用保障精细化表现为:一是区域有机农产品供给信息的采集与控制。针对定制化的种植环境,开发物联网传感设备,实现温室环境监测。通过监控设备和媒体终端对温室环境参数进行监控,可实现多种产品信息的采集,并根据作物的最佳生长阈值,实现生产过程的远程自动化操作。二是水、肥、农药、气象一体化自动控制。在水肥施用过程中,充分结合多变的天气过程,完成精细化的工艺流程,减少农药残留和用量。三是精细化环境服务。具有较高经济价值的区域有机农产品对气象环境和土壤环境的变化非常敏感。长期的气象和土壤资料对区域有机农产品的生产、质量和防灾具有重要的现实意义。四是农民定制的信息服务。搭建农业专家、农业技术人员和种植者的交流平台,实现种植常识、气象气候知识、病虫害信息反馈的互相沟通。

③ 风险防范实证化

在设计阶段,相关供给主体需要对几种可行的 ISS 方案进行评估,以集中多种资源确保有效实施。经过多目标构型优化,生成了 7 种 ISS 方案($S1$、$S2$、$S3$、$S4$、$S5$、$S6$ 和 $S7$)。

各主体群体(75 人)由 15 名 ISS 用户、15 名用户需求分析师、15 名 ISS 企业家、15 名社会和环境研究人员以及 15 名 ISS 设计工程师组成。对 6 个 ISS 方案进行模糊评价,并用梯形模糊数表示对指标值的评价意见。例如,对于指数 I_1 的 S1 表现,7 个主体认为 EG,2 个主体认为 SG,10 个主体认为 OG,19 个主体认为 LG,7 个主体认为 M,17 个主体认为 LB,5 个主体认为 OB,没有主体认为 SB,8 个主体认为 EB。根据式(5-1)和式(5-2),计算梯形模糊数形式的 S1 指标值,并将其转化为实数形式。S1 的模糊评价、模糊指标值和指标值见表 5-7。

表 5-7　S1 的模糊评价、模糊指标值和指标值

序号	EG	SG	OG	LG	M	LB	OB	SB	EB	模糊指标值	指标值
I_1	7	2	10	19	7	17	5	0	8	(1.3849,1.7695, 2.7439,3.3139)	2.3081
I_2	10	1	24	23	13	1	1	2	0	(1.9206,2.4429, 3.7567,4.4171)	3.1379
I_3	2	32	15	12	0	4	4	0	6	(2.0091,2.5668, 4.5517,6.7583)	4.0279
I_4	2	10	17	19	2	1	3	1	20	(1.3558,1.7011, 2.8208,3.8877)	2.4646
I_5	2	0	3	14	1	29	10	7	9	(0.7368,0.9367, 1.4506,1.8819)	1.2588
I_6	14	16	2	1	1	10	12	0	19	(1.7955,2.4128, 4.0587,5.2347)	3.3918
I_7	9	2	9	14	13	2	3	2	21	(1.4222,1.8098, 2.7660,3.2212)	2.3065
I_8	17	1	1	10	8	5	5	19	3	(1.7445,2.3433, 3.6647,4.0454)	2.9446
I_9	11	7	0	23	19	8	4	0	3	(1.7849,2.2736, 3.4935,4.1569)	2.9319
I_{10}	15	3	7	7	11	19	7	5	1	(1.7677,2.3352, 3.6360,4.1538)	2.9719
I_{11}	22	6	13	3	9	0	9	3	10	(2.2866,3.0686, 4.8864,5.6214)	3.9646
I_{12}	4	1	2	21	9	4	13	10	11	(0.9772,1.2254, 1.8536,2.3589)	1.6118
I_{13}	0	11	10	2	11	1	6	13	21	(0.9896,1.2030, 1.9856,2.9248)	1.8014
I_{14}	6	6	7	12	14	2	1	3	24	(1.3101,1.6379, 2.5449,3.1464)	2.1676
I_{15}	6	5	6	13	8	23	7	2	5	(1.3009,1.6610, 2.6102,3.2823)	2.2228
I_{16}	0	5	1	21	30	2	2	10	4	(1.1180,1.2746, 1.7848,2.3048)	1.6326
I_{17}	10	0	2	5	0	12	30	6	10	(1.0403,1.4187, 2.2504,2.8623)	1.9002

序号	EG	SG	OG	LG	M	LB	OB	SB	EB	模糊指标值	指标值
I_{18}	11	15	11	4	2	0	18	4	10	(1.7926,2.3745, 3.9870,5.3425)	3.3983
I_{19}	3	2	2	4	3	0	12	0	49	(0.5852,0.7341, 1.1645,1.5931)	1.0286

同样方法计算其他 6 个 ISS 方案的指标值,结果见表 5-8。

表 5-8　7 个 ISS 方案的指标值

序号	S1	S2	S3	S4	S5	S6	S7
I_1	2.3081	3.2390	2.6023	1.7106	2.6455	1.9468	3.0346
I_2	3.1379	2.0832	2.5259	2.6654	4.3213	1.5051	3.2847
I_3	4.0279	0.9074	2.3761	2.2056	4.3326	2.8403	1.9103
I_4	2.4646	3.1981	1.5064	2.7097	1.9087	2.1913	3.2286
I_5	1.2588	2.6582	2.3912	3.9053	1.3507	1.9909	1.8149
I_6	3.3918	3.9640	3.4084	4.5608	1.3115	1.8496	2.7669
I_7	2.3065	4.0924	2.3072	3.3176	3.5704	3.2158	2.9634
I_8	2.9446	2.2930	2.3930	2.0956	2.0177	2.4124	1.9027
I_9	2.9319	2.3459	1.9967	4.2838	1.5298	2.2793	2.3053
I_{10}	2.9719	2.5407	2.4815	2.1133	4.3990	1.8379	3.8782
I_{11}	3.9646	2.2361	3.7056	2.6111	1.4228	3.1322	3.7286
I_{12}	1.6118	1.8987	1.5591	2.3422	2.9050	2.2771	2.9476
I_{13}	1.8014	3.2833	2.0930	1.8964	1.8485	2.5209	2.2350
I_{14}	2.1676	3.3254	3.0545	4.2745	2.9779	0.9504	2.0765
I_{15}	2.2228	2.0869	1.7441	3.2624	1.6140	1.8473	1.3042
I_{16}	1.6326	3.6746	3.0786	2.9587	2.6904	1.3800	4.7648
I_{17}	1.9002	3.7489	2.8168	2.3620	1.2461	2.3980	2.1471
I_{18}	3.3983	1.7850	2.2017	1.5538	1.6533	2.8373	1.8707
I_{19}	1.0286	1.4931	2.9378	5.8395	1.5869	2.1317	1.7969

由 CRITIC 得到权重向量如下：

$\boldsymbol{\omega}$ = [0. 0541, 0. 0566, 0. 0646, 0. 0459, 0. 0470, 0. 0444, 0. 0516, 0. 0590, 0. 0466, 0. 0579, 0. 0572, 0. 0568, 0. 0530, 0. 0463, 0. 0479, 0. 0486, 0. 0500, 0. 0626, 0. 0501]

加权指标值矩阵 $\boldsymbol{Y} = [y_{s,i}]_{7\times19}$。因此, 得到正理想点和负理想点如下：

$\boldsymbol{Y}^+$ = [0. 1752, 0. 2446, 0. 2799, 0. 1482, 0. 1835, 0. 2025, 0. 2112, 0. 1737, 0. 1996, 0. 2547, 0. 2268, 0. 1674, 0. 1740, 0. 1979, 0. 1563, 0. 2316, 0. 1874, 0. 2127, 0. 2926]

$\boldsymbol{Y}^-$ = [0. 0925, 0. 0852, 0. 0586, 0. 0691, 0. 0592, 0. 0582, 0. 1190, 0. 1123, 0. 0713, 0. 1064, 0. 0814, 0. 0886, 0. 0955, 0. 0440, 0. 0625, 0. 0671, 0. 0623, 0. 0973, 0. 0515]

其他的评价对象与正最优解的贴近度计算见表 5-9。

表 5-9　各 ISS 方案的连接向量、向量距离、贴近度和等级

方案	连接向量		向量距离		贴近度	等级
	$< Y_{s,}, Y^+ >$	$< Y_{s,}, Y^- >$	从 Y_s, 到 Y^+	从 Y_s, 到 Y^-		
s = 1 (S1)	[0. 1579, 0. 2105, 0. 2758]	[0. 2105, 0. 1579, 0. 3558]	0. 9108	0. 8802	0. 4915	5
s = 2 (S2)	[0. 2105, 0. 0526, 0. 3188]	[0. 0526, 0. 2105, 0. 4181]	0. 8530	1. 0567	0. 5533	2
s = 3 (S3)	[0, 0. 1053, 0. 3774]	[0. 1053, 0, 0. 5174]	1. 0740	1. 0336	0. 4904	6
s = 4 (S4)	[0. 3158, 0. 1053, 0. 2293]	[0. 1053, 0. 3158, 0. 3497]	0. 7292	1. 0112	0. 5810	1
s = 5 (S5)	[0. 1579, 0. 2105, 0. 2118]	[0. 2105, 0. 1579, 0. 4198]	0. 8935	0. 9080	0. 5040	4
s = 6 (S6)	[0, 0. 2105, 0. 3246]	[0. 2105, 0, 0. 4649]	1. 0722	0. 9162	0. 4608	7
s = 7 (S7)	[0. 1579, 0. 1053, 0. 3224]	[0. 1053, 0. 1579, 0. 4145]	0. 9078	0. 9986	0. 5238	3

根据 TOPSIS 的排列规则, 对 ISS 方案进行排序, 如表 5-9 最后一列所示。因此, S4 方案是最好的 ISS 方案。

④ 方案修正

本书提出的修正 TOPSIS(SPA–TOPSIS)、传统 TOPSIS、修正的 TOPSIS 1 和修正的 TOPSIS 2 的排序结果比较见表 5-10。

表 5-10　排名结果比较

ISS 方案	SPA–TOPSIS		TOPSIS		修正的 TOPSIS 1		修正的 TOPSIS 2	
	贴近度	等级	贴近度	等级	贴近度	等级	贴近度	等级
S1	0.4915	5	0.5531	5	0.6108	5	0.5744	5
S2	0.5533	2	0.6409	2	0.6781	2	0.6549	2
S3	0.4904	6	0.5103	6	0.5865	6	0.5431	6
S4	0.5810	1	0.6754	1	0.6645	3	0.6756	1
S5	0.5040	4	0.5786	4	0.6389	4	0.6083	3
S6	0.4608	7	0.4988	7	0.5531	7	0.5145	7
S7	0.5238	3	0.5944	3	0.7044	1	0.6083	3

如表 5-10 所示，所提出的修正 TOPSIS 方法与传统 TOPSIS 方法的排序结果基本一致，证明了所提方法的适用性。由于传统的 TOPSIS 方法已被证明存在明显的缺点，因而不可取。四种方法的总体排名趋势基本一致。S4、S2 和 S7 优于 S1、S3 和 S6，而 S5 居中。然而，用修正的 TOPSIS 1 对 S4 和 S7 的排序结果与其他三种方法有明显不同，排序结果相反。修正的 TOPSIS 2 表明，S5 和 S7 的贴近度相等，不能进行排序。可见，修正 TOPSIS 在某些特殊情况下不能满足排序要求。根据表 5-9 中的数据，提出的修正 TOSIS(SPA–TOPSIS)可以克服现有改进 TOPSIS 的缺点。

5.4.3.3　生态环境优化的驱动方案

生态环境优化直接关系到区域有机农产品品质与定制市场的可持续发展，包括农田土壤、水系统、气候灾害等因素。伴随工业现代化程度的提高与人口的持续增长，农产品受到生活废弃物、工业生产废物的重金属污染，以及农药不合理与过度使用的恶劣影响。因此，生态环境已称为阻碍区域有机农产品定制体系运行的重要因素。

（1）理论基础

随着农业科技的深入发展，环境监测的项目内容不断扩大和更新，包括生物监测、农业环境土壤、农田灌溉水、大气质量的自动监测和综合评价。目前国内外已有不少学者在环境传感器技术、环境评价模型、WebGIS技术等学科领域开展了研究。王延吉等为实现农田环境数据的远程采集与发布提供了一个分布式的农田数据采集与发布环境。李小秀等系统调查了北京市基本农田土壤环境质量和污染状况，按照国家标准进行了单因素评价和综合评价。李文峰等开发了食用农产品产地环境质量评价系统，利用数据库技术和WebGIS技术建立网络空间数据库，实现环境污染物的空间分析和环境污染评价。与此同时，20世纪80年代以来，美国、德国、英国、日本等国外学者就土壤、灌溉用水、大气、生物等环境质量对农产品质量的影响进行了一系列的研究，并在此基础上，美国设计了风险临界控制点体系，引入了环境标准和控制点规则。在完善农产品安全监管标准管理体系的同时，智能化监测评价工作取得了长足进展。Brus等以荷兰为研究对象，对土壤中重金属镉的污染进行了监测和评价。Facch等基于GIS系统，通过多种统计方法，找出土壤中重金属的来源。Mico等利用空间变异函数对农业土壤重金属来源进行多元分析与评价。Anokhin等建立了以环境质量总体评价为主要目标的俄罗斯贝加尔湖盆地土壤、水和大气环境评价模型，并建立了相应的监测评价体系系统。

（2）研究框架

本书主要针对有机农业面源污染的问题，针对性地提出了控制区域有机农产品面源污染的最佳技术复合模型，研究区域有机农产品供给环境污染和全过程污染控制手段，形成了一套规范化的管理和控制体系，并根据不同的定制工艺和质量要求，设计出一系列有针对性的标准法规，严格控制有机农药的化学用量，对环境质量的来源、农产品的使用等进行监控管理，销地与产地的生态环境挂钩，确保区域有机农产品品质能够达到最终定制标准[126]。

因此，为了适应区域有机农产品的环境监测和定制市场需要，本书利用网络通信技术和现代信息技术，以城市政务专网和相关的农业信息系统为基础,基于 WebGIS 的农业环境构建了动态监测评价管理信息系统,实现了区域有机农产品供给环境监测数据的存储、管理、查询、统计分析和数据定期更新。同时通过实时动态发布农田环境监测数据信息,提供环境评价分析和预测决策功能,改变了传统农业环境监测管理系统简单、静态的信息查询及数据更新缓慢的现状。这有利于及时了解和掌握区域有机农产品供给环境质量的现状和发展趋势,为区域有机农产品定制体系的稳定运行提供实践指导。

（3）系统架构设计

系统架构采用基于浏览器/服务器(B/S)和 J2EE 技术框架的 MVC 结构模型,保证系统的稳定运行。由于该系统具有高稳定性、易扩展性、高灵活性、可部署性和可移植性等优点,能为农业环境监测与管理信息系统实现开放、实用和易于扩展的目标奠定良好的基础。

系统的总体架构采用分布式结构,分为四层:用户层、表示层、应用业务逻辑层和数据库服务器资源层。同时它可分为独立的逻辑块,层次清晰,不仅有利于提高系统的开发效率,而且便于系统的管理、维护和扩展,以及提高系统的可用性。

（4）网络结构设计

系统的大部分功能和所有数据服务都集中部署在服务器端,对客户端环境没有任何限制。各区县环保站、农委会和其他涉农单位的用户可以通过政务专网使用该系统;农业生产者和其他公共用户可以通过互联网访问该系统。由于政务内网和外网对网络安全的要求不同,需要采用标准化的网络拓扑结构和产品设备,以保证系统正常运行的可扩展性、可用性和可靠性。农业信息交换中心和外部通信设备通过通信网络连接起来,向外界提供 WWW 和 FTP 等公共服务。防火墙将内网与外网隔离,有效控制和保障系统的网络安全。以安全性、开放性、可靠性、可管理性、高吞吐量为网络拓扑结构设计原则,结合农田环境监测评价业务需求,设计实现环境数据监测与评价的网络结构,追溯完善农业环境监测数据上报机制,逐步对农业产区环境动态监测进行实时有效的评价,提高区域有机农产品生态环境保护法规的质量。系统网络结构如图 5-6 所示。

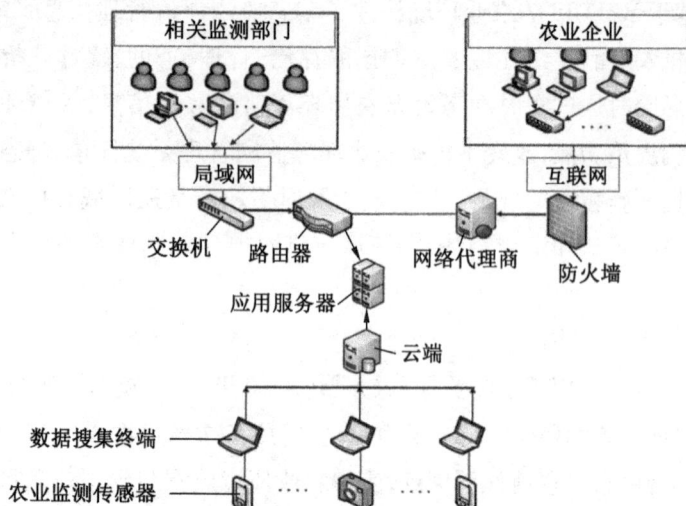

图 5-6　系统网络结构

（5）系统模型设计

生态环境质量评价在宏观上可分为定性评价和定量评价,定性评价主要通过视觉、触觉、嗅觉等人工感官进行简单的分析和判断。随着信息技术和 GIS 技术的发展,对区域有机农产品生态环境质量的监测与评价需要越来越多的定量分析方法。定量分析法通过各种数学公式设计和集成数学模型,根据污染物属性计算和量化农田环境质量的"得分"和"等级",并用直观的数据结果对环境质量进行测量。该系统以有机农业环境综合数据库为基础,根据需要选择不同的监测指标,对区域有机农产品产地环境中的单一污染物进行评价,并可对土壤、农田灌溉水、大气环境进行分项评价,也可对三类环境质量进行综合评价。评价结果由专题地图渲染空间显示,通过列表和截面形式,以图形文件表达分析结果。此外,用户可以自定义评价等级,对地图渲染专题符号的颜色、大小、亮度等进行分析,并可以统计图表显示基本的线条样式,从而达到更人性化的直观分析结果。

① 单因素环境质量评价模型。农业环境质量评价标准分为国家级、行业级和地方级,对土壤环境质量、农田灌溉水质、大气质量各单项监测评价指标的内容值进行评价和判断,适用于农业生产区。单因子污染指数评价

模型公式如下：

$$P_i = \frac{C_i}{S_i} \tag{5-15}$$

式中：P_i 为污染物 i 元素的标准化环境污染指数；C_i 为污染物 i 元素实测浓度；S_i 为污染物 i 的标准值或背景值。

② 环境质量综合评价模型。环境质量综合评价结合多个监测指标项，对环境状况进行综合评价。综合污染指数评价模型公式如下：

$$I = \sqrt{\frac{\left(\dfrac{\sum P_i}{n}\right)^2 + P_{i\max}^2}{2}} \tag{5-16}$$

式中：I 为综合污染指数；P_i 为污染物 i 元素的标准化环境污染指数；$P_{i\max}$ 为所有元素标准化污染指数的最大值。

该系统不仅提供了定制化评价模型的功能，还允许有权修改模型的用户根据本地区实际情况设置评价模型的评价标准值、评分标准、专题地图显示样式等参数。用户对农田环境进行单因素评价和综合评价后，根据评价值确定并划分环境质量。

（6）驱动方案分析

① 统计分析模块。统计分析功能提供丰富的数据统计，以直观的方式显示结果，是用户决策的重要依据。它主要包括直方图统计、统计报表和统计图三个模块。它可以对各种数据源数据进行统计分析，用户可以选择不同的统计内容，包括监测点数、监测年份、土壤类型、土壤质地、监测指标的累积数据和最新监测数据等情况，根据市或县、乡镇的具体范围任意组合统计分析。统计结果用表格、统计直方图、统计报表和统计专题图等形式直观呈现，为统计数据的预测和分析提供可靠的依据。例如，扬州市 2019 年镉指数数据全部划分为 10 个区间进行统计，直方图统计结果如图 5-7 所示。

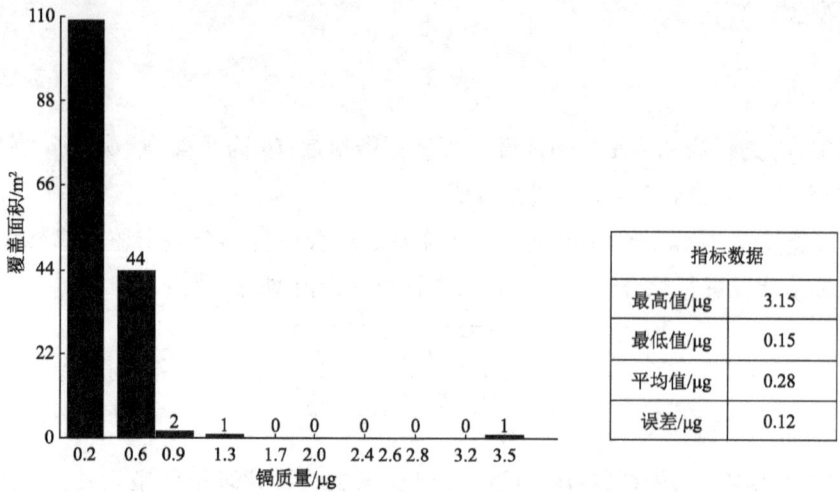

图 5-7　扬州市 2019 年镉指数直方图统计

② 预警显示模块。预警显示模块为用户提供恒速积累、加速度积累和混合速度积累三种方式,对监测指标值进行预警决策分析,从而对不同环境发展趋势下土地指标物值累积数年后的准确预测和预警。通过对区域有机农产品产地环境进行定性、定量、定位预警和评价分析,为今后区域有机农产品定制基地的适应性认证和选址提供了有力的科学依据。预警结果以动态符号的形式显示,用户可以通过个性化设置定制主题颜色。本书采用统一累积预警法对 2019 年扬州市各监测点的镉指数数据进行预测,预警结果分为不超过和超过两类,并在地图上显示。

③ GIS 功能模块。GIS 功能模块能够提供地图服务和地理信息系统的基本功能,包括地图翻译、查询定位、漫游等操作。在客户端界面上点击代表每个功能的按钮操作地图,可实现以下功能:

一是视图管理。提供地图全景、放大、缩小、漫游、行政区划、行政镇、区县、街道、高速公路、农田地块等空间显示功能,以及区域内的快速搜索和定位显示功能。地图可以放大到特定的地块,并清晰地显示出地块形状、边界和具体地块名称信息。

二是属性查询功能。可选择一般查询,条件包括年、区、县、乡、行政村;也可选择专题查询,查询条件可选择区县、乡镇、行政村,并添加多个限制条件,定制专题条件,以任意组合查询空间地图。

三是单点查询。可以通过查询模块下的单点查询图标进行查询操作。点击地图上显示的监测点,地图高亮显示并闪烁,并弹出监测点综合信息显示页面,显示监测点的详细信息,包括区域信息、基本信息、数据显示、评价分析和预警分析。

四是下拉框选择查询。可以通过查询模块下的下拉框选择查询图标进行查询操作。点击并拖动鼠标选中地图上方形区域内的所有监测点,地图将放大显示所选区域,左侧树状结构将显示该区域内不同类型的监测点,选中的监测点在地图上高亮显示,弹出监测点综合信息显示页面,综合信息显示页面包括地区形势、基本情况、数据显示、评价分析、预警分析 5 个子页面。区域显示页面如图 5-8 所示。

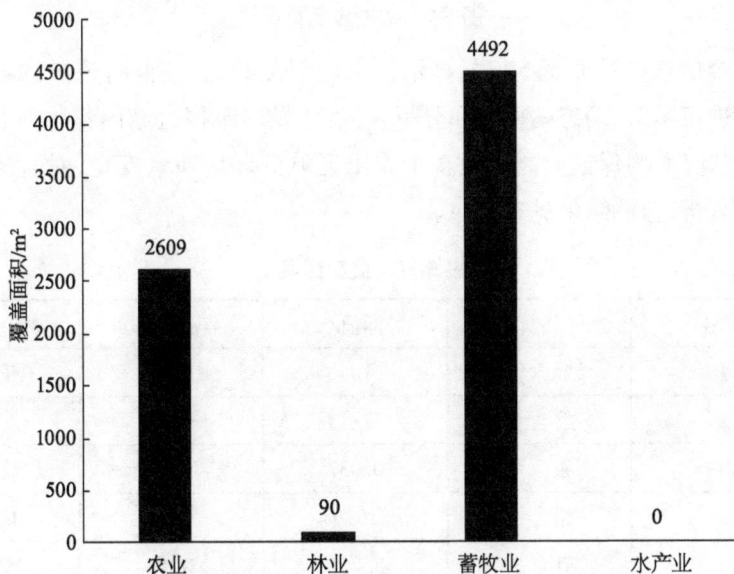

图 5-8 区域显示页面

数据显示页面可通过表格和图形两种可视化方式显示监测点历年来的所有监测指标值,图形动态显示各指标数据的变化趋势,直观地表达监测点指标数据的实际情况,方便用户理解和使用。数据显示页面如图 5-9 所示。

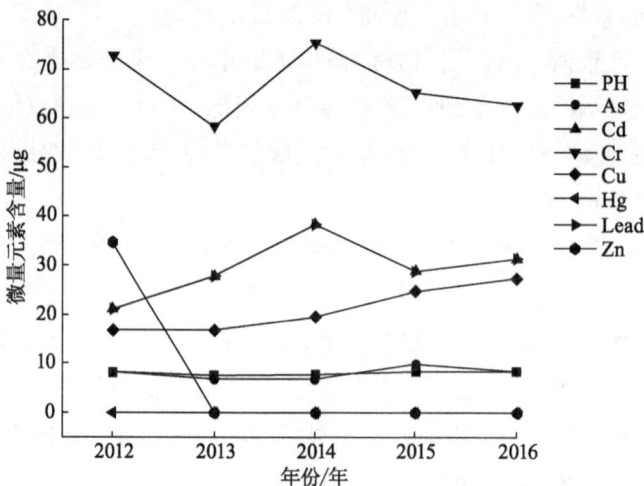

图 5-9　数据显示页面

　　综合信息显示页面不仅能显示该点的年度数据,还能对该点的各项指标数据进行实时、动态的评估和分析,有利于及时掌握区域内各监测点的环境质量状况。为保证监测点及整个农田区域的环境质量安全,对监测点进行评价分析,监测结果见表 5-11。

表 5-11　监测结果

序号	指标	目标值/μg	监测值/μg	等级
1	镉含量	104	0.17	优
2	铬含量	72.73	0.29	优
3	汞含量	0.037	0.04	优
4	铅含量	21.105	0.06	优
5	砷含量	8.253	0.41	优
6	铜含量	16.341	0.17	优
7	锌含量	34.546	0.12	优
综合污染指数			0.32	优

第6章 区域有机农产品定制体系
实施效果的实证研究

本章采用研究假设、样本选取、变量解释与定制、实证分析及稳健性检验等研究步骤，结合区域有机农产品定制体系运行驱动机制的研究结论，总结出区域有机农产品定制体系实施的关键因素为提升柔性供给能力、防范风险能力和产品品质能力的结论，从而为第8章提出江苏省区域有机农产品定制体系实施的建议提供支撑。

6.1 研究假设与变量选取

本书以区域有机农产品消费主体、供给主体与流通主体为实证分析对象，从定性和定量两种视角研究区域有机农产品定制体系后的效果，同时结合前面章节的研究成果，引入区域有机农产品定制体系，挖掘评估定制体系实施效果的因素作为变量，从提出假设、研究设计、实证分析及结果讨论四个部分探究区域有机农产品产销市场实施定制体系后的变化，以论证区域有机农产品定制研究的实践价值。

另一方面，依据区域有机农产品定制体系研究的目标，即通过推动有机产品定制化，提升供给精准度，避免供给不足和过量，从而促使供需高水平的匹配。本书从供给主体、流通主体和消费主体三个角度实证分析定制体系的实施效果，以激发三方参与主体的主观能动性，共同推动区域有机农产品定制市场的健康发展。

6.1.1　研究假设

依据前面阐述的相关理论,结合区域有机农产品和定制的有关概念及定制体系运行的驱动机制研究,本书预设定制体系顺利实施的前提条件为:一是市场收益增加;二是风险防范增强;三是产品品质提升。因此,市场收益增加促进供给主体提高供给柔性化;风险防范条件增强促使流通主体技术投入增加;产品品质提升促使定制主体提升供需诚信度。具体研究假设如下:

6.1.1.1　定制体系实施促进了供给主体提高供给柔性化

定制体系实施能够保障区域有机农产品需求的有效性和准确性,使得定向供给产品,保证供给主体的市场收益稳定增加,从而不断激发供给主体的主观能动性,进一步优化供给流程,促使产品供给柔性化,同时锻炼自身需求预测能力,提升供给精准度。此外,定制体系的深入实施能够避免传统产销体系下供给量与市场需求量不匹配导致的收入受损后果,以需定产,多角度防范市场意外情况下供给主体无力回天的困境。

6.1.1.2　定制体系实施促进了流通主体增加技术投入

因为数量、质量等要素的影响,定制体系的实施从开始到结束需要绝对匹配,因此,流通主体必须保证产品配送过程的绝对安全。同时,区别于以数量替代质量的情况,风险防范的技术要求在定制体系中显得尤为重要,因此,流通主体必须加大配送技术投入,保障定制产品的精准流动。

6.1.1.3　定制体系实施促进了定制主体提升供需诚信度

定制体系的实施能够保障定制产品的品质,并能满足全程品质追溯的要求,增强了消费主体定制产品的信心。与农贸市场、超市和有机专卖店不同,定制体系能够使得消费主体与供给主体实现"一对一"的服务模式,及时反馈定制需求和建议,更好地驱动消费主体增加定制意愿,持续提升供需诚信度。

6.1.2　变量选取

变量分类见表6-1。

表 6-1 变量分类

类别	关键因素	文献来源
供给主体	产品属性、定制时间	Ulrike[53]
	定制能力	Stefan[56]
	定制品牌	Customer[58]
流通主体	组织协调和项目合作	Wang[60]
	整合供应链	Fujun[59]
	人际适应行为和关系协调手段	Leischnig[61]
消费主体	定制品质、定制价格	Anish[52]
	定制体验感和产品定制意图	Van Doorn[51]

相应地,实证分析的变量选取分为供给主体研究变量、流通主体研究变量和消费主体研究变量。

6.1.2.1 供给主体研究变量

依据区域有机农产品定制概念,本书认为区域有机农产品定制量是消费主体通过网络订购的产品数量,包括产品包装、重量、数量、颜色和口味等。不同于供给主体推向市场待售的商品,定制产品应符合定制概念,是消费主体依据自身需求,在不违背产品属性和培育规律的前提下,联系供给主体提供符合定制需求的产品,并对产品送达地点、时间等做出明确要求。同时,由于影响供给主体定制供给量的因素较多,本章为了防止控制估计偏差,依据经济学理论和相关定制模型理论,选取相关变量如下:

① 产品种类。结合区域有机农产品供给理论,定制供给量与供给主体能够供给的产品种类有关,产品种类越多,定制供给量越大。

② 产品品质。依据区域有机农产品供应链理论,产品品质越高,同种类的定制供给量相应越大。

③ 供给安全。结合区域有机农产品供给风险防范理论,产品供给越安全,定制供给量越大。

④ 供给价格。依据有效供给理论,产品供给价格越高,定制供给量越大,两者呈现显著正相关。

⑤ 供给效率。结合区域有机农产品有效供给理论,同样周期内供给效率越高,产品供给数量越多,越能够获取更多的市场收益。

表6-2 供给主体变量含义

变量名称	变量符号	含义描述
供给柔性化	sf	定制供给量/区域有机农产品供给量
定制收益比例	ratio	定制产品营业收入/区域有机农产品营业收入
产品种类	type	产品种类大于3种=2;产品种类在1与3之间=1
产品品质	quality	品质超过预期=2;符合要求=1;不符合要求=0
供给安全	safety	安全=1;不安全=0
供给价格	price	定制价格大于其他渠道=1;定制价格低于其他渠道=0
供给效率	productivity	备货时间小于等于1天=3;备货2天=2;备货超过2天=1

6.1.2.2 流通主体研究变量

依据上述经济学理论和相关定制模型理论,流通主体选取相关变量见表6-3,具体描述如下:

① 流通距离。结合物流与供应链理论,流通覆盖范围越大的流通主体投入流通技术的费用越高。

② 市场竞争程度。结合区域有机农产品供应链理论,流通市场竞争程度越高,则流通技术投入增加幅度越大。

③ 主营业务。由于产品流通属性不同,区域有机农产品流通主体用于流通技术推广的投入远大于普通农产品流通主体。

④ 人力资本要素。结合有关人力资本理论,人力资本结构性水平越高,则流通技术投入越大。

⑤ 利润水平。结合企业生产经营相关理论,利润水平越高的流通主体用于流通技术推广应用的投入越高。

⑥ 资产负债率。借鉴相关研究文献观点,资产负债率越高的流通主体越难进行技术投入,但不排除置死地而后生的冒险行为。

表 6-3　流通主体变量含义

变量名称	变量符号	含义描述
技术投入强度	sd	技术投入/营业收入
风险防范力度	strength	安全次数/供给次数
流通距离	distance	产品流通距离/200 千米
市场竞争程度	sell ratio	销售费用/营业收入
主营业务	business	区域有机农产品=1;普通农产品=0
人力资本要素	hr ratio	本科及以上学历员工所占比例
利润水平	ope ratio	营业利润/营业收入
资产负债率	debt	长期负债/企业总资产

6.1.2.3　消费主体研究变量

与第 4 章节定制影响因素研究相一致,消费主体变量含义见表 6-4。

表 6-4　消费主体变量含义

变量名称	变量符号	含义描述
供需诚信度	trust	定制次数/区域有机农产品购买次数
品质满意比例	quality	定制品质满意次数/定制次数
年龄	age	30 岁及以下=1;31~50 岁=2;51 岁以上=3
学历层次	eb	中学及以下=1;本科=2;研究生及以上=3
家庭月收入	income	10000 元以下=1;10000~30000 元=2;30000 元及以上=3
海归情况	returnee	无=1;有=2
网络消费比例	web ratio	没有=1;较低=2;较高=3;非常高=4
网络配送效率	on ratio	低=1;一般=2;高=3
对区域有机农产品品质的认同度	trust	不认同=1;较低=2;较高=3;非常认同=4
区域有机农产品购买体验	channel	被动购买=1;主动订购=2;体验购买=3;参与设计=4
对区域有机农产品流通渠道的认同度	identity	不认同=1;较低=2;较高=3;很认同=4

6.2 研究设计

6.2.1 样本选取与数据来源

6.2.1.1 供给主体角度

定制体系实施后对供给主体影响的研究样本来自国内40家典型区域有机农产品供给基地月度调研的81份问卷,结合本章节有关供给主体的研究假设,样本选取以金花科技农场为主,并做了如下限定:一是调研的供给主体已具有区域有机农产品定制基础,如订单种植、产品直销、送货上门等;二是由于研究时间和研究对象的限制,本章节采集数据主要是定制体系实施前后一年的数据;三是本章节所遴选的样本均被权威机构认定为区域有机农产品种植基地或农场。此外,本章节的定制供给量直接来自于调研问卷,由供给主体提供,其他有些变量则是调研问卷中的数据经分析整理后获得。

6.2.1.2 流通主体角度

定制体系实施后对流通主体影响的研究样本来自国内5家全国性配送公司和区域中转商,一共119份月度调研问卷,结合本章节有关流通主体的研究假设,样本选取以美团、饿了么为主,并做了如下限定:一是调研的流通主体已具备配送区域有机农产品的基础,或已实施过农产品配送流程;二是为了保证数据获取的准确性和一致性,本章节选取的数据均来自于第一手调研资料;三是由于配送群体构成的复杂性,不排除个别样本存在一定的干扰性。

6.2.1.3 消费主体角度

定制体系实施对消费主体影响的研究样本来自润扬地区的417份问卷,结合本章节有关消费主体的研究假设,样本选取以金花科技消费群体为主,并做了如下限定:一是调研的消费主体已具有两年以上的区域有机农产品消费经历;二是由于调研区域的局限性,消费主体影响的样本选取集中于润扬地区;三是调研样本基本覆盖了不同职业、不同年龄和不同收入的消费主体。其中,226份是定制体系实施前的样本,已用于第4章研究定制影响因素的数据分析;191份是定制体系实施后的样本,且前后是同一位消费主体的比例占据 84.51%。

6.2.2　模型解释

依据区域有机农产品定制体系实施效果的研究目的,结合因变量是互斥的情况,本书采用 logistic 回归分析进行实证研究。回归模型可以表示为:

$$\ln\left[P_i/(1-P_i)\right]=Z_i=B_0+B_1X_1+\cdots+B_nX_n$$

式中:P_i 是自变量 = 1 时的条件概率,$P_i=\mathrm{Prob}(Y\mid\circ)=EZ_i/(1+EZ_i)$;$Z_i$ 为对数单位,$P_i/(1-P_i)$ 是机会比率;$B_0,B_1,\cdots,B_n$ 为待估参数,其含义是在其他变量不变的情况下,自变量 X_i 每增加一个单位,引起对数单位 Z_i 的变化情况,$\mathrm{Exp}(B_i)$ 则为变化前后机会比率的边际增量。

为了便于分析,本书假定影响因素 X_i 发生变化前,$Z_i=0$,$P_i=0.5$,对应的 $EZ_i/(1+EZ_i)$ 的泰勒一阶展开式为 $0.5+0.25Z_i$,即 Z_i 引起的条件概率的边际变化率为 0.25。下面在考虑不同选取变量组合的基础上,进行区域有机农产品定制体系实施效果的实证分析。

6.3　实证分析

6.3.1　描述性统计分析

首先从供给主体、流通主体、消费主体层面统计分析区域有机农产品定制体系实施后的数据显示结果,具体分析如下:

6.3.1.1　供给主体角度

从表 6-5 关于供给主体变量描述性统计分析结果可知,样本供给柔性化均值达到 65.16%,说明定制体系实施后供给柔性化皆有所提高,但各自差异较大,最大为 79.27%,最小的只有 10.19%;同时,定制收益比例均值为 0.72%,说明体系实施后定制收益逐步扩大。此外,其他变量分析结果显示,产品种类达到 4.248,说明区域有机农产品定制实施促使供给主体增加产品种类;供给价格均值为 81.3%,说明定制体系实施后产品价格变化不大;供给效率均值为 2.265,说明定制体系的供给效率较高。此外,供给产品品质基本能够得到保障。

表 6-5　供给主体研究变量的描述性统计分析

研究变量	样本数	平均值	标准差	极小值	极大值	中位数
供给柔性化	81	0.6516	0.356	0.819	0.7927	0.6957
定制收益比例	81	0.7233	0.432	0.1068	0.8251	0.6783
产品种类	81	4.248	0.469	8	1	4.12
产品品质	81	1.667	0.276	0	2	1.2
供给安全	81	0.653	0.328	0	1	0
供给价格	81	0.813	0.405	0	1	1
供给效率	81	2.265	0.312	1	3	2

6.3.1.2　流通主体角度

从表 6-6 关于流通主体变量描述性统计分析结果可知,流通主体技术投入强度均值达到 3.2%,说明定制体系实施后技术投入有所提高,但同样本间差异较大,最大为 10.6%,最小的只有 0.14%,同时,风险防范力度均值为 97.8%,说明体系实施后技术投入有所增强,但各主体技术储备参差不齐。此外,其他变量分析结果显示,流通距离均值为 1.855,说明区域有机农产品定制体系流通主体大多针对区域消费主体;市场竞争程度均值为 2.68%,说明定制体系实施后的流通主体市场竞争程度不高;主营业务均值为 26%,说明流通主体区域有机农产品配送量占比较低。此外,流通从业人员学历较低,不利于新技术的推广应用。

表 6-6　流通主体研究变量的描述性统计分析

研究变量	样本数	平均值	标准差	极小值	极大值	中位数
技术投入强度	119	0.032	0.0385	0.0014	0.106	0.028
风险防范力度	119	0.978	0.366	0.926	0.994	0.964
流通距离	119	1.855	0.468	1	3	1.678
市场竞争程度	119	0.0268	0.0284	0	0.316	0.028
主营业务	119	0.26	0.064	0	1	0
人力资本要素	119	0.312	0.278	0.08	0.62	0.286
利润水平	119	0.15	0.12	−0.236	0.42	0.138
资产负债率	119	0.402	0.184	0.018	0.728	0.306

6.3.1.3　消费主体角度

从表 6-7 关于消费主体变量描述性统计分析结果可知,供需诚信度均值达到 76.3%,说明定制体系实施后交易信用有所提高,最大为 92%,最小为 24%,同时,品质满意度均值为 92.5%,说明体系实施后品质满意比例有所增强,且差异度不大。此外,其他变量分析结果显示,年龄变量均值为 2.467,说明区域有机农产品定制体系消费主体仍以中年人偏多;学历变量均值为 1.865,说明消费与学历有一定关联;家庭月收入变量均值为 2.641,说明定制体系实施后消费主体仍需具有较高的经济实力;网络消费比重的变量均值为 3.043,说明定制体系促使更多消费主体趋向网络消费;对区域有机农产品品质与流通渠道的信任度变量均值分别为 3.428 与 3.187,说明定制体系的实施能够切实保障产品品质,降低流通风险。此外,区域有机农产品采购体验集中在网络订购阶段。

表 6-7　消费主体研究变量的描述性统计分析

研究变量	样本数	平均值	标准差	极小值	极大值	中位数
供需诚信度	191	0.763	0.069	0.24	0.92	0.72
品质满意比例	191	0.925	0.238	0.867	1	0.901
年龄	191	2.467	1.273	1	3	2.295
学历层次	191	1.865	1.057	1	3	1.783
家庭月收入	191	2.641	0.856	1	3	2.549
海归情况	191	1.364	0.327	1	2	1.275
网络消费比重	191	3.043	0.873	1	4	2.976
网络配送效率	191	2.027	0.863	1	4	1.961
对区域有机农产品品质的认同度	191	3.428	0.945	1	4	3.327
区域有机农产品购买体验	191	2.874	1.371	1	4	2.259
对区域有机农产品定制渠道的信任度	191	3.187	0.632	1	4	3.074

6.3.2　回归分析

回归分析同样从供给主体、流通主体和消费主体三个角度分析样本已验证假设,具体分析如下:

6.3.2.1　供给主体角度分析

表6-8分析结果是供给主体下,研究定制收益比例对供给柔性化的影响,回归结果呈现供给柔性化与定制收益比例在1%的水平上显著正相关,显示了定制体系实施后定制收益扩大能够促进区域有机农产品供给柔性化,因此,假设1初步成立。其他控制变量的回归结果说明了供给种类多的供给主体易于实现供给柔性化,供给价格会影响到供给主体实施柔性化,供给品质对供给柔性化存在显著影响,供给品质对供给柔性化无显著影响,供给安全则不利于供给柔性化的实施。上述研究结论与前面研究观点相一致。

表6-8　供给主体多元回归分析结果

变量	系数	T 值
条件	5.752***	11.67
类型	0.046***	4.78
质量	0.0648	5.184
安全性	−0.0385**	−2.830
价格	0.0086***	1.167
生产率	0.0270***	3.168
常数项	0.0679*	1.552*
样本数	81	
R^2	0.584	
F 值	46.82***	

注:***、**、*分别表示 $0<P<0.01$,$0.01<P<0.05$,$0.05<P<0.1$。

6.3.2.2　流通主体角度分析

表6-9流通主体下,研究流通过程风险防范力度对技术投入强度的影响,回归结果呈现风险防范与技术投入强度在1%的水平上显著正相关,显

示了定制体系实施后风险防范的重视力度能够促使流通主体增加技术投入,因此,假设 2 初步成立。其他控制变量的回归结果说明了流通距离增加迫使流通主体为保障供给品质不得不加强技术投入,利润水平促进流通主体为保证流通主体持续利润率倾向增加技术投入,市场竞争程度和主营业务对技术投入影响不显著,人力资本与技术投入呈显著负相关。

表 6-9　流通主体多元回归分析结果

变 量	系 数	T 值
强度	3.826***	9.104
距离	0.273***	4.850
销售比例	0.0648	1.210
主营业务	0.0042	0.037
人力比例	−0.0124**	0.520
利润比例	0.0270***	3.168
债务	−0.015	−2.530
常数项	0.0437*	1.206*
样本数	119	
R^2	0.743	
F 值	48.30***	

注: ***、**、* 分别表示 $0<P<0.01,0.01<P<0.05,0.05<P<0.1$。

6.3.2.3　消费主体角度分析

表 6-10 中的分析结果是控制其他变量的情况下,研究供给品质满意度对供需诚信度的影响,回归结果呈现两者在 1% 水平上显著正相关,显示了定制体系实施后供给品质提升能够激发消费更多的定制行为。因此,假设 3 初步成立。同时,其他控制变量的回归结果说明家庭月收入与定制次数显著正相关,对区域有机农产品品质与流通渠道的信任度影响定制行为,网络消费比例与定制次数无显著相关性。此外,年龄越大的消费主体反而不会采用定制体系采购区域有机农产品,这可能因信息化水平不高所致。

表 6-10　消费主体多元回归分析结果

变量	系数	T 值
品质满意度	3.253***	9.85
年龄	−0.0028*	−2.470
学历	0.025	0.017
家庭月收入	2.648***	1.640
海归情况	0.885	0.095
网络消费比重	0.0016	0.862
网络配送效率	0.0386***	1.784
品质信任度	1.0657***	1.846
购买体验	−0.039	−2.510
渠道信任度	0.015***	2.530
常数项	0.0542*	1.552*
样本数	191	
R^2	0.739	
F 值	48.06***	

注：***、*分别表示 $0<P<0.01, 0.05<P<0.1$。

6.3.3　稳健性检验

通过以上三类分析结果发现,流通主体面临的某些风险具有不确定性,因此,单个流通主体无法避免风险,只能被动地增强风险防范力度,但上述回归模型应用中仍会发生因变量不完善而导致的内生性问题,因为影响流通主体增加技术投入的因素众多,且本章节使用的截面数据大多是时间跨度一年的短面板数据,因此可能存在流通主体本身其他异质性因素与防范风险共同促使技术进步。针对内生性问题,本书采用面板数据固定效应模式来分析处理,因为该模型分析时已实施了组内差分处理,从而能够剔除前面提到的个体异质性因素,解决对应问题。因此,本章节选取流通主体样本中连续研发投入的对象进行面板数据分析,结果如表 6-11 所示。具体分析如下：

一是进行个体效应检验,计算得 F 统计量值为 12.68,在 1% 显著水平下拒绝原假设,说明存在显著的个体效应,所以不能使用混合回归模型。

二是进行 Hausman 检验确定个体效应是否随机。结果表明,卡方值为 30.82,在 1% 显著水平下拒绝原假设,说明应该使用固定效应模型进行回归分析。

三是进行个体固定效应模型回归分析。结果表明,风险防范力度与流通主体持续技术投入存在显著正相关,同时表明了在控制其他可能存在的内生性变量后,区域有机农产品风险防范显著推动流通主体加大技术投入支出。

表 6-11　假设 2 的面板数据固定效应回归结果

变量	系数	T 值
强度	4.861***	10.57
距离	0.759**	5.642
人力比例	−0.0243	1.268
利润比例	0.0240*	3.86
常数项	−0.149**	−2.362
样本数	57	
R^2	0.651	
F 值	12.68***	
卡方值	30.82***	

注: ***、**、* 分别表示 $0 < P < 0.01, 0.01 < P < 0.05, 0.05 < P < 0.1$。

6.4　实证结论

本章以 617 份参与主体数据为研究样本,实证分析 2018—2020 年区域有机农产品定制体系实施前后的效果,在控制其他变量情况下,分别从供给主体角度、流通主体角度和消费主体角度总结对应研究结论,具体阐述如下:

6.4.1　供给主体角度

区域有机农产品定制体系的供给主体为满足消费主体定制需求,避免自身供给过度,需不断提升供给精准度。具体建议为:

① 外延。一是指积极探寻和联络其他区域有机农产品供给农场或基地,扩大供给产品种类,互通有无,增强自身在定制体系中的供给能力,满足消费主体多样化的定制需求;二是指积极探索和创新区域有机农产品供给形式和渠道,联合科研院所、金融保险及其他产业,拓展服务范围,在产品加工、产品包装等方面增强产品定制化竞争力。

② 内提。一是提高区域有机农产品的定制消费量,通过增强定制影响效能发挥的保障因子,促使消费主体愈加愿意购买定制体系提供的区域有机农产品,不断挖掘区域有机农产品的消费需求,同时不断扩大定制比例;二是提升区域有机农产品的定制品质,通过愈加严格的有机认证和市场诱导等方式,驱动定制高端化,从而塑造区域有机农产品定制品质更为高级和供给更为安全的形象。

6.4.2　流通主体角度

区域有机农产品定制体系的流通主体为保障供给精度和安全,定向、定时、定点地提供给消费主体定制产品,需持续提升流通现代化。具体建议为:

① 推广技术。一是用于提升定制产品的流通准确度,通过推广智能化设备装置,降低数据搜集、处理和分析的人工作业比例,采用扫描、传感和视频监测等手段,细化供给时间到各个作业步骤,保证供应链的时间传递效应;二是用于增强风险防范的安全系数,通过研发应用风险搜索、检测和显示等功能,避免肉眼和人工检查等经验防范,积极联合关联技术公司,攻关关键风险防范点技术难题,根除区域有机农产品生鲜度变化的显著风险。

② 优化组织。一是化"干"为"枝",满足"最后一片叶"的定制需求,通过整合社会闲散力量,借鉴美团外卖等配送模式,优化组织成员类型,吸引更多其他行业的从业人员参与到定制体系中,扩大定制农产品的影响力;二是合三为一,满足"普通一朵花"的定制需求,通过聘用社区人员、退休人员及赋闲在家人员等作为兼职定制需求配送组织的人员,并可逐步推广到普

通农产品定制,不断扩大定制体系的应用范围,从而整体上提升农产品的供需匹配度。

6.4.3 消费主体角度

区域有机农产品定制体系的消费主体为确保自身能够获取定制产品所需的种类、品质和安全,需不断提升需求诚信度。具体建议为:

① 增强诚信。一是相信区域有机农产品的供给主体能够提供定制产品,通过完善的定制信息系统构成的定制平台,给予供给主体明确的定制需求,促使其采用多种手段积极备货,安全发货,从而完成区域有机农产品定制供给任务;二是相信定制产品是严格按照有机标准培育、种植,通过构建的定制信息系统模块可以查询到相关产品的认证信息及失信名单目录,并能追溯查阅产品信息、种植过程视频及供给装置等资料,促使消费主体放心购买,更信任定制产品的品质和安全。

② 深入体验。一是尽可能体验区域有机农产品供给农场或基地的种植过程,了解区域有机农产品的认证内容,掌握区域有机农产品与普通农产品的区别,明晰自身购买区域有机农产品的出发点,是冲动消费、功能消费还是生态消费等;二是体验区域有机农产品定制体系的供给过程,了解产品从发送定制需求到接收产品的各个环节,熟知定制供给与其他渠道的不同,从而增强对定制体系的信心。

6.5 研究启示

6.5.1 市场诱导建议

6.5.1.1 优化定价权力设定

(1) 扬州金花科技农场

扬州金花科技农场产品的价格以农场运作维护成本为主,加上一定的行业利润构成,这与农场定位、销售模式及消费主体群体等属性有关,具体而言,农场定位以科学研究为主,以销售区域有机农产品为辅;销售模式为区域内直销及部分周末家庭采摘,主要通过农场合伙人创建的微信群供给产品;消费群体主要为高校教师、城市白领等。此外,区域有机农产品存在一定的非标准性,不具备市场普遍使用的竞价规则,难以衡量同类型产品价格与产品本身价值间的联系。因此,定价机制属于单一供给主体定价,具有一定的垄断性。

（2）苏州金满庭农业园

苏州金满庭农业园产品定价机制则较为复杂,主要消费群体为苏州各级政府机关和企业单位,虽然相对稳定,但易受到消费预算的约束,其价格虽然恪守农业园日常经营维护成本加上一定的利润,但需在成本与供给量上进行综合性的思考,包括新品数量、单品品质、季节性产品成本及订单满意度等。因此,农业园区域有机农产品的定价权利有所下降。

（3）上海多利农庄

上海多利农庄产品供给类型决定了其定价机制,主要以市场同类商品价格为参考值,通过比较定价,凸显产品的价格优势,同时,通过比较质量,凸显产品的市场竞争力。此外,通过强化信息化管理与科学化决策,降低企业运营风险,减少无效供给损失,提高经济效益。因此,农庄产品定价权在市场竞争中难以发挥作用,但其品牌影响力会在系统性市场竞争中提供其他衍生优势,如产品质量标准制定权、产品检测标准制定权等。

激发供给主体积极性的举措之一是赋予供给主体产品定价权,即供给主体可与流通主体、消费主体、政府共同确定或磋商调整区域有机农产品价格,形成一套确定产品定制价格的制度和流程。

6.5.1.2　稳定预期收益

（1）扬州金花科技农场

扬州金花科技农场的预期收益主要为区域有机农产品销售收入,来自于稻米、季节性蔬菜、水果及一部分水畜产品等,基本不含产品加工,因此,产品品种相对单一,产业结构相对简单。增加预期收益的途径是扩大种养规模、丰富产品种类、提升流通效率、增加消费群体数量。但受限于农场所处区域条件的限制,种养规模场地难以扩大,产品种类难以增加,因此提升流通效率,降低成本及增加消费群体数量成为预期收益提高的有效途径。在流通效率方面,依据事先约定的时间配送产品固然不会造成延误,但会丧失一定量的销售机会。同时,下单到接单的时间间隔过长会影响消费群的持续扩大,最佳时间为一天,以满足一天消费量为主;在增加消费群体数量方面,依据当前微信群数量和群内人数,主要消费主体数量为 200 人左右,基本维持农场日常运营费用,且有一定盈余,但仍应以增加区域内消费数量为重点,带动流通效率的同步提升。因此,农场预期收益在于消费群体的扩大,尤其是高校教师群体。

（2）苏州金满庭农业园

苏州金满庭农业园的预期收益相比扬州金花科技农场来源复杂,与其主营业务覆盖面广有关,既有区域有机农产品供给,又有酒店餐饮、住宿及土地转让及租赁等业务。由于农业园地处太湖风景区,区域有机农产品供给已逐渐延伸出综合项目,并正在与国外资本洽谈,建设太湖区域有机农产品综合产业园,融入产品种养、农业博物馆、农业旅游及养老休闲为一体,将综合产业升值作为预期收益。因此,增加农业园预期收益的途径是提升产品品质、提升服务质量、拓宽"农业+"项目等。因受限于区域有机农产品种植环境和品质提升技术等因素,提升服务质量与拓宽"农业+"项目成为农业园提升预期收益的有效途径。在提升服务质量方面,农业园增加大客户区域有机农产品节日定制、部门定制及家庭定制等服务项目,聚焦现有消费群,细化个体或小群体消费差异,稳定消费群忠诚度;在拓宽"农业+"项目方面,农业园增加土地租赁、托管及转让和区域有机农产品种植体验、有机知识会议、有机食品销售等,并结合太湖风景区的优势,开展各类生态旅游,形成以区域有机农产品供给为核心的综合圈。因此,农业园的预期收益诱导在于定制供给项目的不断丰富,尤其与旅游资源的深度融合。

（3）上海多利农庄

上海多利农庄的预期收益涉及有机初级农产品及加工农产品,并通过多种合作方式拓展国内业务,积极提升产品品质开发国外市场,这既与公司发展规模相关,也与公司发展战略紧密关联。查阅相关资料发现,上海多利农庄属于区域有机农产品供给基地的"龙头老大",具备现代化企业经营特质,采用现代化信息技术与流通管理方式持续扩张公司营业版图和消费群体。因此,增加预期收益的途径相比较前两个案例更为丰富,不仅涉及区域有机农产品的供给,还有信息系统应用、流通技术与设备、管理决策科学、组织架构等方面,综合性效应非常显著,已演变为增加股东价值。假设公司管理制度、作业流程及人员配比等因素不变,产业规模及产品竞争力成为农庄预期收益增加的重要途径。在产业规模上面,上海多利农庄通过技术合作、产业加盟、连锁直营等方式,在目标城市消费群周边拥有符合区域有机农产品种植的土地及相关适合的环境条件,复制总部推广经验,串联信息管理系统,统一决策方案部署,不断拓宽产品品牌覆盖面;在产品竞争力上,农庄积极开展技术研发,联合大型农业科研院所,培育新品种,提升产品品质维度,同时与亚洲其他国家农产品进口商合作,拓宽产品的国际销售渠道,采用量大价低或量少质优的策略,不断增强国际竞争力。

结合市场交易理论及前面所述的实际案例,本书认为增加预期收益和维持获得预期收益的信心至关重要,即区域有机农产品市场发展的趋势能够促使供给主体获得更多的预期收益,同时区域有机农产品市场政策能够促使供给主体增强获得预期收益的信心,两者相辅相成。此外,值得关注的是,区域有机农产品供给主体发展规模遵循我国企业发展的普遍规律——不大不强与不强则衰,易导致小微型家庭农场的兴衰反复,难以形成小群体的技术沉淀和产业共生。同时,银行金融机构对小微企业的融资难、放款慢及催款紧仍是长期需解决的难题,且导致企业发展规模的不断扩大或恶性扩容是银行金融机构催生的"病态臃肿",而非公司战略规划的"内强外壮"。

6.5.1.3 落细政府补贴

（1）区域有机农产品供给意外风险补偿

以美国区域有机农产品供给为例,美国政府为有效激发西部地区供给主体的积极性,保障供给主体的收益,一直不断增加区域有机农产品供给风险补偿,增强供给主体持续供给产品的信心,不断增加产品的供应量,使得美国区域有机农产品市场多年位居全球销售规模第一。从自然灾害方面来分析,美国政府对易受龙卷风、冰雹及干旱地区的有机农产品供给主体实施长期财政补贴,并根据受灾面积和损害程度,分层分级地开展灾害调研,结合地方州政府农业政策,制定详尽的补偿方案,区别对待不同种植品种的供给主体,以调整区域有机农产品的最终供给量,满足不同时期的市场需求。另一方面,美国政府针对自然灾害已建立一整套完备的农业预警制度,能够有效降低区域有机农产品供给主体的意外损失,并结合意外风险指导措施和应对物资供应,给予供给主体足够的信心,从而合理安排灾后修复工作。从市场交易方面来看,美国政府能够对因市场环境变化、突发事件等引发的区域有机农产品供给量大幅度减少及时采取措施,可动用国家储备力量采购产品,稳定供给主体情绪,或推动国家贸易输出产品,维持供应价格。同时,颁布地方紧急法令,降低供给主体的资金压力,缓解有机农业产业恐慌,重振市场消费信心。另一方面,美国政府结合区域有机农产品市场交易规律,已构建一整套包含交易合同、市场交易法则、金融保险制度、期货期指等体系,保障区域有机农产品供给市场化调节的有效性和持续发展性。

(2)普通农产品到区域有机农产品转型及调整补贴

以德国区域有机农产品供给为例,德国政府为了满足民众需求,推动供给规模,相继出台关于区域有机农产品扩大供给的农业政策,诱导普通农产品供给的转型及区域有机农产品供给的调整,使得德国成为欧洲区域有机农产品市场规模的第一名。从普通农产品供给转型方面分析,德国政府首先明确界定区域有机农产品的种植标准,包括土壤、水、肥料及其他自然环境等,汇总全国区域有机农产品供给可用土地;其次明确普通农产品供给转型为区域有机农产品供给存在的壁垒及破壁成本,包括品种、技术及人员;最后确定转型补贴及相关产业政策,释放区域有机农产品供给潜力。其中,值得借鉴的是转型指导及转型周期。前者需要政府、科研院所及供给主体的共同参与,能够顺利完成转型;后者则体现转型效果,是供给主体坚持实施并能够获得预期收益的决心,需要供给主体、流通主体及消费主体的共同支持,从区域有机农产品供给量方面分析。如上所述,德国政府采用计划控制的方式,严格区域有机农产品供给主体从业资格认证和区域有机农产品供给的土地性质认证,从源头上确保产品供给质量安全。同时,依据"宁缺毋滥"的原则,保证市场供给产品的品质,保障区域有机农产品供给主体预期收益不受影响,即计划小于等于市场需求量;另一方面,德国政府会定期统计区域有机农产品供给土地的利用与开发情况,严格论证供给环境和定期检测种植过程,根本上确保产品供给的环境安全,避免生态污染,确保区域有机农产品认证的权威性。

因此,转型是痛苦的,但是必须完成。市场变得越来越高端,但区域有机农产品供给不足或过度仍是长期存在的问题,因此,德国政府在扩大区域有机农产品供给量的同时,采取政府指导性计划控制区域有机农产品供给的品种、数量及时间。

(3)技术升级与推广扶持

以日本区域有机农产品供给为例。日本政府为了解决国内区域有机农产品供给不足的问题,以产业政策调整与技术举措扶持等方式,推动国内区域有机农产品供给主体积极扩大供给量和供给效率。与德国不同,日本的区域有机农产品土地储备不足,无法实施转型和调整战略,因此,加大区域有机农产品进口量和扩大国外土地拥有量成为日本政府考虑的重要途径。从加大区域有机农产品进口量方面分析,日本政府采用政府直采、企业采购及中间商采购等方式加大供给量,解决短期区域有机农产品市场供给不足的问题,并满足2020年东京奥运会的年度新增需求。同时,投入技术研发资金和检测设备更新,严格区域有机农产品进口质量检测与安全检查,杜绝产品质量问题,保证政府公信力和企业信誉度;积极推广家庭或个人消费主体区域有机农产品检测装置,采用产品芯片,全过程跟踪供应链质量与安全,提升消费信心,并采用全程监控与全员参与制度,严格产品进口流程,对违反者实行严厉的惩罚措施,保障产品质量问题的可追溯性。从扩大国外土地拥有量方面分析,20世纪以来,国家间土地购买、兼并及租赁等已成为解决本国区域有机农产品供给土地储备不足、国内生态环境恶化及劳动力不足等问题的主要途径。经过近二十年的发展,南美洲、非洲南部、澳大利亚及新西兰等气候适宜、环境优良的区域已逐渐被区域有机农产品供给主体所占据,包括日本及相关企业。通过查证资料发现,日本麒麟公司相继在我国内蒙古、陕西、江苏等地租赁土地400多公顷用于建造区域有机农产品供给基地,其产品全部输入国内市场。因此,区域有机农产品技术升级与推广成为关键,土地虽可以获得,但技术难以短期具备,且对于日本而言,土地资源的缺乏与生俱来,唯有增加技术储备,以技术换土地,从而满足民众对区域有机农产品日趋上涨的需求。

6.5.2　风险防范建议

6.5.2.1　自我防范

（1）交易自律

围绕区域有机农产品定制体系的研究内容,本书提出以下几点规范交易自律的途径:

① 定向培育情感。如前所述,交易自律的建设途径之一是情感培育,来源于既有情感的交易行为和交易行为的情感延伸。前者是区域有机农产品定制群体逐渐从供给主体的亲戚、同事、朋友、邻居等情感联系网格向外推广,以已存在的情感基础进行交易自律,降低交易风险;后者则是区域有机农产品供给主体通过交易联系、互动活动、节日聚会及其他沟通方式加强与消费主体交流的频率,逐渐转变以利为中心的商品交易行为,加强情感元素,深化情感消费,提升品牌忠诚度,从而驱动交易自律。情感是交易行为中最能保障风险防范的有效手段,能够最大化给予风险承担者抵御信心。

② 精准构建共同体。当前经济背景下,尽管存在个别发达国家设置贸易阻碍,过多关注个体得失而置世界经济全球化的趋势而不顾,但我国"一带一路"的高层决策仍为世界经济发展注入一剂"强心剂",构建发展共同体,"将诸多国家凝聚在一起,互通有无,共担区域经济发展重任"。因此,命运共同体本质在于发展,发展应是所有国家的目的,但需注意的是,发展途径各有千秋。共同体的构建旨在共赢,促进所有参与者都能获利,这也是防范交易风险的重要途径,即大家都获益,同时都会共同遵守交易规则。总之,发展使大家走到一起,利益使大家凝聚在一起。区域有机农产品定制体系的设计原则是将所有参与者的发展紧紧联系在一起,共同拓展高端细分市场,正如城市外卖配送和滴滴打车能够将社会闲散资源有效整合起来,共同开辟出符合现代年轻人消费的网络市场。具体而言,区域有机农产品定制能够给供给主体带来更多的消费收益,增加供给收入,给消费主体带来更多的符合自身需求的产品,给流通主体带来更多的配送收入。总之,本书研究区域有机农产品定制体系旨在提高当前区域有机农产品市场的供需精准度,稳步扩大区域有机农产品的市场容量,降低无效供给的资源消耗,并能

提高定制行业参与者的总体收益。

③ 固化循环约束机制。由区域有机农产品定制主体可知,供给主体、流通主体、消费主体是构成定制体系运行的中心主体,形成信息、产品、资金等循环机制,通过交易行为内化为推动体系前进的内驱力,外驱力则来自归纳的四个驱动机制,即市场诱导、风险防范、技术应用、生态优化。另一方面,三者互相约束的机制能够随时纠偏内驱力的路径,避免一方自身信用膨胀带来的质量风险,以"消费主体—供给主体—流通主体—消费主体"的三角制衡联动,结合交易数据变化,及时控制风险发生率,避免风险扩散。此外,三方循环约束机制既符合交易契约理论的制衡规律,又能体现区域有机农产品定制体系的内在发展规律,各司其职地同时互相监督,促进市场健康安全发展。

(2)交易契约

围绕区域有机农产品定制体系运行内容,本书提出交易契约防范风险的几点建议:

① 多手段降低交易违约。交易违约是交易一方由于外在不可抗力或自身因素,拖延或取消交易,违反交易约定的行为,最终以支付违约金的方式承担责任。但本书认为单一支付违约金的方式对交易风险的控制难以真正起到有效作用,必须结合其他惩戒手段,保障交易的正常进行,因为交易违约本质上是违约方风险转移增加被违约方的风险系数,尤其对于三角循环联动关系,易造成三角风险纠缠,导致风险恶化。另一方面,交易参与方联合在一起,共同评估风险发生阶段,尤其针对区域有机农产品体系运行进行全过程评估,采取联动防范措施,而不是仅由某一交易方承担,可采用供应链环节评估、合作方周期评价及风险共担机制降低交易失败概率,提高系统运行的安全性。

② 全面拓展信用影响范围。交易仲裁和诉讼执行难的原因是"老赖们"认为拖欠不是大事,严重影响到区域有机农产品定制体系的稳定运转,易导致发展轨迹偏向,直到无路可走的局面。当前,社会信用体系的逐渐完善可以不断拓展个人信用丧失所带来的影响面,包括消费限制、出行降级及其他生活相关性等,但仍存在一定的局限性。本书提出信用体系全面构建

的重要标志是个人高额度消费信息的统计及联网,包括房产信息、奢侈品消费及宴会成本等。另一方面,社会诚信系统应成为个人生活信息的核心模块,并绑定身份信息,作为一名社会人的基本属性,能够扫描身份证获取所有信用记录,从而全面拓展社会信用的影响力。

③ 精准抵制灰色融资。灰色融资介于非法集资与银行金融机构正常途径之间,主要是通过拆借、企业间抵押、公司关联交易等解决暂时性的资金问题,同时,本书认为校园贷、小额免抵押贷款及某些 P2P 平台金融借款也属于灰色融资范围,易带来系统性的金融风险。这类融资方式具有贷款利率较高、审核监管流于形式、催款方式暴力及诈骗发生率高等特点,短期能够促进消费、解决融资难,但会带来恶劣的社会影响,且持续时间长,并会引发家庭、单位或合作伙伴的连锁反应。

在区域有机农产品定制体系运行中,参与者必然遭遇资金不足的窘境,需要外部资金的扶持和帮助,这需要政府及相关机构通过平台数据和申请人资料及时缓解供给主体的资金压力,深入了解资源短缺的原因,有效甄别个体与系统性风险,防微杜渐,降低导致供给主体不得不陷入"灰色融资"困境的概率。此外,政府应出台杜绝灰色融资指导手册,加强宣传,构建全员抵制的良好局面,结合区域有机农产品知识讲座,提高参与者的金融风险防范意识。

（3）素养培育

上面提到的区域有机农产品供给案例也可论证风险防范素养与区域社会环境、区域教育水平及民众综合素质密切相关,无论是美国、德国还是日本,他们都是各自区域内的经济示范者,具有较强的借鉴意义。因此,本书认为区域有机农产品定制消费面向收入、素养及生活要求较高的群体具有一定的必要性,也是促进风险自我防范的必然要求。具体素养培育的途径如下:

① 提升知识教育系统性。教育体系中新增安全防范知识,针对金融诈骗、安全交通及垃圾分类等日常生活常识从小引导,坚持形成全国性的衔接知识体系,杜绝"越来越弱"的常识教育及本末倒置的能力培训,采取多种教育方式,培育学生成长过程中的自我防范素养,遵守规则的自觉性,同时,加

强家庭长辈的示范性,探索常识教育的家庭化,塑造校内外一致的教育氛围。另一方面,从严打击安全犯罪,震慑潜在犯罪人员,营造安全环境,避免"倒地无人扶"的极端事件。同时,构建监狱知识教育体系,降低重复犯罪率,综合指导安全犯罪人员的创业就业,营造区域内安全可信的生存环境。此外,风险防范素养效果与知识教育的持续性和系统性紧密相关,需要跨学科、跨学校、跨团队通力合作,共同从理论方面搭建个人或群体自我防范风险素养和能力培育的平台。

② 提升实践论证的精准度。素养培育的另一个平台是实践锻炼,是与理论知识教育互相协同的领域,包括校内实践与社会实践。校内实践是通过课外故事、校内模拟、周末活动等加深学生对风险防范知识的理解,培养自我判断与分析的能力,综合运用所学知识,抵御风险伤害;社会实践则是个体参加社会活动时,通过具体实践案例演练,在借鉴成功经验的基础上,不断提高风险预判能力与防范水平。此外,社会实践与校内实践的明显不同在于无标准答案,更无法修正,具有更强的现实意义与实践价值。

③ 增强自我学习的批判性。素养培育除了被动接收外来指导外,更需注重自我知识体系的主动更新,后者能够与社会实践融合在一起,在防范风险中更新学识与见解,积累经验和教训,为充分防御同类型风险做好准备。另一方面,自我学习是个人不断提升防范素养,汲取他人社会实践营养的有效途径,通过新闻媒体、群体沟通等渠道,形成明辨是非、修正错误的批判性思维,构建心理综合防御体系,提升自我防范的综合素养。

6.5.2.2　技术防范

(1) 定量技术防范

区域有机农产品定制体系运行的定量技术防范是从定量风险分析、定量防范技术和定量防范设备三个方面进行研究的,具体内容如下:

① 定量风险分析。定量风险是指区域有机农产品定制体系运行中供给量与消费主体需求量不符,即供需不匹配,导致供给资源浪费或消费主体满意度下降的后果,不利于定制市场的稳健发展。所以,定量风险分析既能确保配送量与消费量的一致,不多不少,也能在产品种植过程中定量投入农资,获取定量产品,依据市场定制需求供给产品数量,精准匹配需求,从而提

升农业资源综合利用效率。

②定量防范技术。区域有机农产品定制体系运行中的定量防范技术应具备准确预测和计算产品供给数量、质量及所需的各类农资投入量,并在分析定制需求的基础上,保障产品供给数量、质量,及时满足消费主体要求。因此,定量技术应与消费主体定制数据分析相结合,提前预测供给数量、质量,在充分把握区域有机农产品种植周期与现有供给土地等条件下,精准满足消费主体不同阶段的定制需求。以需求量较大且产销模式多样的有机草莓为例,区域有机农产品供给主体首先能精准预测周期内区域有机草莓需求量,然后规划种植面积和供给量,并准确汇总消费主体的定制需求,明确周期内供给总量;其次,三方联动检测有机草莓供给过程,排查质量风险点,避免供给包装受损导致数量、质量问题,保证供给安全;最后,及时提醒消费主体接收货物,消耗产品,以免遗忘导致产品供给质量隐患。综合来看,定量防范技术可分为需求量预测与供给决策、数量重量统计与分析、供给质量风险防范和治理等,旨在提高供需匹配度,减少无效供给量,从而避免农业资源投入过度或不足。

③定量防范设备。结合上面的研究,区域有机农产品定量风险防范设备主要有数量和重量检测称重装置、包装计量和装载工具及其温度湿度调节设备等,用于及时有效显示定制体系中产品的供给数量与重量,利于三方协同调整供需数据,确保供需数据匹配。以称量设备为例,定制体系运行中定量防范能够将供给过程中称量设备显示数据连接定制平台信息系统,及时分享产品供给信息,形成三方合作防范供给量波动风险的机制,并通过物联网技术的升级和普及,将定制体系中的相关数量、重量、温度及湿度检测控制数据统一集合到模块中,及时发现风险,提出防范治理措施。此外,定制体系中三角参与者能够联动防范供给量风险,综合测评周期供给量的波动曲线,定量测算供给各环节变化情况,从而准确掌握区域有机农产品供给资源投入量,降低无效供给或过度供给,最终提升市场供需精准度。

(2)定向技术防范

区域有机农产品定制体系运行的定向技术防范是从定向风险分析、定向防范技术和定向防范设备三个方面进行研究的,具体内容如下:

① 定向风险分析。定向风险是指区域有机农产品定制体系运行中产品种类不符合消费主体的定制需求,无法有效供给,导致时间滞后、产品丢失等后果,包括产品供给无力或错误、配送错误等问题。所以,定向技术风险防范不仅要提升已有产品供给的精准度,更应充分研究与判断产品定制消费的发展趋势,为区域有机农产品品种开发、品质升级及包装换代提供更为精确的指导,避免无法满足消费主体新增定制需求的风险。

② 定向防范技术。区域有机农产品定制体系运行中的定向防范技术应具备产品定制需求分析、品种品质研究、消费主体配送点定位等功能,且能与科研院所、消费主体数据分析机构、消费主体手机连接,及时更新数据,明确产品供给趋势,保证配送位置正确。以配送地点错误为例,区域有机农产品配送过程中确实存在因配送错误导致货物不能准时到达指定地点引发消费主体不满的现象,究其原因,主要有客户接收地址与填写不符,配送员自身疏忽及消费主体临时变更接收地址等。首先,应推广中文地址扫描识别系统或者将系统中地址替换为英文和字母组合,利于信息系统正确扫描,提升信息输入和配送准确率;其次,搜集供给地点与送货地点的导航定位,并与定制体系连接,无须供给主体和消费主体的地址修改申请,并结合"后备厢配送"技术研发,直接将物资配送到消费主体汽车后备厢,解决投递失误或错误问题,提升总体配送效率。此外,各大小区遍布的丰巢货柜虽成为当前货物配送的主要暂存场所,但不适用区域有机农产品配送,因此定制体系平台应具备家庭用户申请模式,可以接受小区住户成为产品临时中转,并提供技术指导,利用闲置社会人力资源,提高定向防范能力。

③ 定向防范设备。结合上面的研究,区域有机农产品供给装备亟须开发和应用,包括产品包装、临时存储设备及公共存储设施等,能够依据消费主体定制要求提供不同产品的配送方案,采用适合的装备保障产品的供给质量和安全。以上述"后备厢配送"为例,定向防范设备应综合运用 GPS 定位设备、产品存储设备、手机及支持系统,使得配送员能够直接将消费主体定制产品送到其汽车后备厢。但这里需要关注以下问题:消费主体隐私保密性、配送员个人信用度及平台系统的有效监管等。此外,后备厢监控设备也成为这项配送革命的有力防范装备,能够有效监管配送员的配送行为,以

保障会员消费的安全性。

（3）定时技术防范

区域有机农产品定制体系运行的定时技术防范从定时风险分析、定时防范技术和定时防范设备三个方面进行研究，具体内容如下：

① 定时风险分析。定时风险是区域有机农产品定制体系运行中发生不符合产品供给自然规律及与消费主体要求的时间不匹配问题，为消费主体收货带来疑惑和困扰，导致消费满意度降低的情况，包括供给提前或滞后、产品配送时间错误等。因此，定制体系的时间管理法则尤为重要，应在把握区域有机农产品供给规律的基础上，结合消费主体定制要求预测产品的供给时间，并结合大数据分析预测产品供给量波动的时间和周期，以提升定时风险防范能力。

② 定时防范技术。区域有机农产品定制体系运行中的定时防范技术应拥有供给环节时间分配和计算，新增配送时间选项、配送时间核对和提前通知供给、流通主体和消费主体等模块，且通过手机或邮件与参与者保持信息联络，保障产品准时送交消费主体。当前，消费主体需求产品的时间存在一定的随意性，伴随着生活压力的不断增加和待处理事务的愈加复杂，需要各类生活设备的提醒，更加依赖采购、食用乃至休息的定时技术。例如，定时水杯是为了工作繁忙人员能够保障一天健康饮水量，而对水温、水量检测和饮水者预先设定的喝水频率进行分析，通过 Wi-Fi 连接手机，适时提醒饮水的装备。定时防范技术主要有 Wi-Fi 技术、手机小程序、水温水量的传感器及电子显示屏等，对科学指导饮用者健康饮水具有积极意义。因此，定时防范技术将成为区域有机农产品定制体系中的重点内容，不仅能够对消费主体提供定时采购、接货的信息，也对流通主体、供给主体确定产品供给时间明确了详细信息，构成产品定制供给的时间管理法则，从而提升供给精准度。

③ 定时防范设备。手机成为定制防范设备，是联系供给主体、流通主体和消费主体的主要设备，用于供给主体发送货物配送时间、流通主体提醒货物配送到货时间和消费主体接受或修改接货时间。物联网技术的转化与应用将使得更多的设备参与到定时防范过程中，成为提醒消费者主体各类物品到达时间的重要工具。举例来说，冰箱是家庭存储各类区域有机农产品

的主要场所,分为冷藏和冷冻两大不同的温度区域,但仍存在同一温度区域不同类型产品混乱的现象,所以,物联网技术将使得冰箱不仅具备传统的保障产品生鲜度的功能,还具有不同产品区域提醒消费者备货时间的设置,能够通过显示时间、数量等信息,结合手机 App 定制平台模块,及时告知消费主体相关产品需要补充的数量和到货时间,进一步优化消费主体对区域有机农产品的定制需求,形成更加科学化的消费决策,并最大化地利用冰箱空间和能耗。

6.5.2.3 制度防范

(1) 完善内部风险管控体系

内部风险管控制度是区域有机农产品定制体系中参与方对自身运营过程中可能发生风险的类型、出现原因、采取的措施等内容的详尽描述,并重点突出风险责任人、承担的职责及关键事项,推动内部流程顺畅运行的管理办法或方案。围绕区域有机农产品定制体系,本书提出了如下完善内部风险管控制度的几点建议:

① 定量提取关键风险点。如前所述,区域有机农产品品质与生鲜度密切相关,给定制供给流程带来诸多风险,通过强制压缩供给环节,减少供给时间,尽量实现"田间到餐桌"的食品流通短链,从而减少供给风险点数量。从内部风险管控而言,供给主体关键风险点在于田间地头到仓储的采摘环节,需要规范化作业细节,提高机械化比例,逐步降低人工操作任务;流通主体关键风险在于分拣、搬运环节,因涉及产品个体分类或包装拆借,易导致产品受损,增加供给质量风险发生概率;消费主体关键风险在于接受货物到食用过程中存在的保管风险,即耗费持续时间是引发产品供给过程质量的重要影响因素。因此,综合上述分析,区域有机农产品定制体系已极大压缩了产品供给周期,减少了传统产销模式的风险点数量,主要集中在产品流通形态转换环节,即搬运或分拣等"承载工具"转换场景。针对上述情况,本书提出关键风险点控制举措为:信息的三方转换为区域有机农产品定制服务,采取一种承载工具实现农场(基地)到消费主体的产品直销目标;区域有机农产品定制化的又一目标实现产品包装在供给链中的完整性和一贯性,同时达到产品和包装的标准化,降低机械化普及难度。

②定时演练风险应对举措。查阅风险防范文献得知,区域有机农产品风险防范应对举措非常全面,涵盖人员、组织、流程、设备等方面,注重应对举措的具体内容,但对保障风险应对举措的实施效果阐述较少。本书提出区域有机农产品定制体系参与者应定时演练风险应对举措,模拟风险发生时各部门、各人员的协同防御情形,不断增强全员应对突发事件时的应对效率和防御能力,避免手足无措而导致风险扩散,影响内部正常的生产组织和产品供给。同时,针对防火、防电和防水等灾害,产品参与者应充分了解相关防范措施,并加以反复练习,有条件的可与消防单位联系,定时开展演练活动,确保及时有效地处理对应事故,以免处置不当导致更大的财产损失和人员伤害。此外,提取一定量的风险防范资金用于风险演练支出,对极大地降低内部风险发生率具有重要的现实意义,对作业安全及参与者的社会形象都有积极的影响作用。

③定向增强预判风险能力。风险防范的重要原则之一是"防治结合,以防为主",结合上面的研究内容可知,风险防范目标是将风险扼杀在萌芽期,避免其发展壮大和扩散,以最少成本避免更大范围的产品或其他财物损失。同时,值得关注的是,风险预判能力是防范、治理效果的前置条件,包括风险发生周期的变化、风险性质与发生原因以及防范风险条件、治理风险技术等,是保障风险防范体系顺利运行的重要因素。因此,区域有机农产品定制体系运行的风险防范需要定向培育风险管理人员的预判能力,提高细节性管理能力,能够从流程管理、日常作业、信息技术等方面"嗅出"风险发生的严重性,从而及时有效地提出风险防范举措,列明风险防范成本,并明确各类群体应对风险的具体办法,达到"慌而不乱、急而不惧"的心理素养,为风险实际发生后提供治理方案,最终提升全员应对风险的能力。

总之,完善内部管控制度是避免区域有机农产品内部风险发生,减少风险损害程度,提高全员风险防范和应对能力的重要途径。但实际情况下,个别供给主体受限于短期收益视野,忽视质量风险防范的人员、技术和资金投入,并对风险发生后的后置处理措施不及时、不到位,甚至一跑了之,极大地动摇了区域有机农产品定制体系运行的健康性和稳定性,损害了体系内其他参与者的积极性,阻滞了市场的有序良性发展。

(2) 强化三方联防体系

三方联防体系是指区域有机农产品定制体系的供给主体、流通主体、消费主体联合起来共同防范体系运行中可能出现的各类风险,尤其是系统性风险,包括市场萎缩、农产品安全危机及其他威胁行业生存和发展的因素,需要三方共同参与风险防范、管理和合作,互通有无、互相借力,共同保障定制体系的平稳运行。具体分析如下:

① 联动共防产品安全风险。如前所述,区域有机农产品品质与生鲜度密切相关,给定制供给流程带来诸多风险,通过强制压缩供给环节,减少供给时间,尽量实现"从田间到餐桌"的食品流通短链,从而极力减少供给风险点数量。从内部风险管控而言,供给主体关键风险点在于田间地头到仓储的采摘环节,需要规范化作业细节,提高机械化比例,逐步降低人工操作任务;流通主体关键风险在于分拣、搬运环节,因涉及产品个体分类或包装拆借,易导致产品受损,增加供给质量风险发生的概率;消费主体关键风险在于接受货物到食用过程中存在的保管风险,即耗费持续时间是引发产品供给过程质量的重要影响因素。

② 联动共担新品开发风险。从前面的定制影响因素可知,定制体系运行的核心要素是供给符合消费主体定制需求的区域有机农产品,其中消费主体定制需求不仅体现在产品个性化包装、外观、重量、颜色等方面,还将对产品口味、口感及营养、功能等提出更高的要求。援引国外区域有机农产品市场报道,西瓜已出现符合消费主体定制需求的方形、人偶型外观变化,苹果也已出现依据消费主体定制需求的口味、口感的内在品质变化,这些都是对区域有机农产品定制体系中有关供给风险的警示。因此,新品开发是区域有机农产品定制体系发展的重要基础,需要三方联动并承担产品风险,因为农产品是食品的初级形态,应给予足够的重视。对于消费主体而言,区域有机农产品定制需求并不是无所畏忌地随意产生,而是应符合农产品内在规律,且不能影响食用安全,所以,定制需求更多地集中在外观变化及品种新颖度方面,即没见过、没品尝过的区域有机农产品;对于供给主体而言,区域有机农产品供给应聚焦在区域消费主体定制需求,包括品种、口味、颜色

及营养等,并针对地理标识保护产品,可通过技术合作、土壤改良和品种移植等方式扩大供给规模,保障产品供给生鲜度及便利性;对于流通主体而言,区域有机农产品流通应关注新品配送条件变化,调整配送策略,尤其是小批量的新品配送,应确保直接配送,剔除中间环节,以价格保障数量,共同防范定制体系的新品质量风险。

③联动共设市场风险基金。市场风险基金是社会保险基金的辅助形式,主要用于"三角区域"风险发生时积极承担降损补偿的功能,能够短期恢复区域有机农产品体系的顺畅运行,由供给主体、流通主体及消费主体三方共同设置,依据三方的收益分配比例及自愿原则进行基金募集,委托基金公司管理,明确基金支出条件、方式、金额和募捐机制,并兼顾小额贷款功能,成为金融融资途径的有力补充,从而创新三方参与者的资金收益渠道。另一方面,市场风险基金也可称为市场发展基金,肩负区域有机农产品新品培育、试验、推广责任,通过合法途径吸收社会闲散资金,加上政府部门的风险防范资助,可以逐渐形成一套完善的定制体系运行保障资金,解决诸多运行难题。

总之,强化三方联防体系凝聚了三方参与者力量,将系统风险逐步分解,极大地降低了个体或某一类型群体承担风险的强度,群策群力推动区域有机农产品定制市场的持续发展。此外,三方联防体系的强化也能够将定制体系的供给"铁三角"更好地捆绑在一起,形成"一荣俱荣、一损俱损"的共担局面,构建同步发展、异业共生的良好态势。

(3) 构建社会协防体系

①构建体系内外协防体系。体系内外协防体系是指区域有机农产品定制体系内部参与者和外部协同者共同携手防范社会系统性风险,继而避免或降低产品供给风险概率,减少风险损失。由上面的研究可知,社会系统性风险由于预知难度大、发生机制复杂、影响范围广等特点,需要社会全体成员参与,自觉执行风险治理措施,严格遵守风险防治规则,共同维护风险发生时的社会稳定性,杜绝私人英雄主义和隐瞒行为,严禁各自为政、不服指挥和管理的乱象,形成"社会一盘棋、大家一条心"的局面。同时,区域有机农产品定制体系运行同样服从大局,调整内部产品供给流程,坚决制止风险

扩散的行为和意识,采取必要措施,极力保障社会风险发生后的物资供给水平,灵活采用各种供给形式,将个体自取、集中配送、政府计划等结合起来,降低风险对生活保障的冲击力度,携手共渡难关。

② 构建上下协防体系。上下协防体系是采用线上线下协同,积极利用线上信息系统优势,有效解决线上定制数据急剧增加导致的系统崩溃问题,提供更多驱动支持线上订单的采购需求,提升定制流程运行的准确性和效率性,同时持续优化线下流程运行组织结构,增强配送系统的智能化,满足定制需求井喷时的物资配送及时性要求,从而提高风险中的上下协同性。另一方面,上下协防体系离不开先进信息系统和流通体系的支持,更离不开政府和民众的支持,因此,上下协防体系还指政府与民众之间形成科学指导与分类管理、高效组织与增强信心及统一指挥与自觉服从的态势,上下一心、同心同德、服从大局,贯彻"先国后家"和"大国小家"的协同防范理念,树立风险当前,牢记初心的信念,杜绝一盘散沙、各为其主的局面,方能有效地落实协同防范举措,制止风险的扩散蔓延。

③ 构建前后协防体系。前后协防体系同上下协防体系相似,包括两层含义:第一层含义是风险防范和治理一线参与者与后方保障力量;第二层含义是风险防范和治理的前台服务形式与后台支持体系。结合风险防范理论知识,本书认为前后协同体系是有效治理风险的实践论证,是风险防范实施者的主要类型,前者是掌握风险防范知识和治理能力的专家,后者是解决前者后顾之忧,保障风险治理物资供应的力量,包括政府、民众及所有没有参与一线防御的人员,形成战时状态的战斗人员和非战斗人员的关系,并以战时法则约束前后协同资源配置,达到资源利用最大化。另一方面,一线服务形式和流程受后台支持体系的设计与运行方式的影响,且前者的专注力和聚焦性也受限于后台组织运行的精准度,易产生两者前后不一致的情况,衍生后台形式主义、官僚主义带来的精力和资源的极大浪费和分散,不利于风险的集中防御,带来前者的千头万绪和后台的疲于奔命。此外,区域有机农产品定制体系运行的前台服务效率与后台支持力度息息相关,综合影响产品的供给精准度,并对供给主体资源配置方向产生较大的冲击,可形成促进或阻碍两种不同能量,因此,前后协同体系的构建是防范风险的又一重要举

措,应引起足够的重视。

6.5.3　信用保障建议

信用保障的实证研究结论是构建信用保障模型,系统阐述信用保障促进机制,综合设计区域有机农产品定制体系运行中,使得输入、转化阶段和输出能够符合自然界的内生机制,体现和谐相处的发展体系;是信用保障机制的有力载体。该模型的目标是构建低碳排放,核心是驱动定制体系运行,主要包括种植动力输送、流通工具动力来源、原材料生态性等。具体来说,它是将现有农产品种植、物流输送等环节中涉及温室气体排放的动力来源逐渐替代为高效清洁能源,且将农膜、包装等替换为生物可降解类型,减小生态环境压力,并形成综合利用的循环体系。

6.5.3.1　模型阐述

信用保障模型是生态大农业体系的核心,将现代化农业特征与信息技术包含在内,围绕低碳排放、生态与循环开展构建,融合"两山"理论,驱动区域有机农产品定制体系过程中的安全生产、流通与销售。低碳生态循环模式的关键有两点:一是信用保障。信用保障是指农产品供给过程的输入物质、输入动力、输出物质等都是围绕降低温室气体排放,减少化学、化工原料利用量,提高农产品的绿色生态性。二是循环与可追溯。循环体系由农产品供给与废弃物回收两部分构成。若将农产品供给看作正向流动,则废弃物回收是逆向流动。本书认为低碳生态是该循环模式的核心,循环与可追溯是条件。循环体系是物的循环,资金的循环,更是信息的循环,因此,可追溯是农产品安全质量监控的重要抓手,也是区域有机农产品实现有效供给,乃至精准供给的重要途径。

6.5.3.2　模型要素分析

信用保障模型是一套综合性的系统,涉及众多指标。为了研究的针对性与可操作性,本书做如下假设:

① 物质输入。物质包括主要物质与辅助物质。主要物质为种子、土壤、水和阳光;辅助物质为农药、化肥与人力等。传统模型中,农作物生长是将种子通过人力栽入土壤,浇水或接受雨淋,并吸收阳光,经过一定阶段后,开花结果,直到收获;现代模型中,农作物生长的种子已经过优选优育,人力已

逐渐被机械力代替,自然状态的雨淋进化为精确灌溉系统,天然阳光已被温控灯源所代替,人工收获也变为机械化收获,即现代化农作物模型是将难以预测的收获结果与无法控制的风险置于可控的现代化工业设备与技术下,达到提升农作物生产数量、质量及安全性的目的。信用保障模型则是将种子的来源自然化,降低转基因方式优育选种的比例,改变动力来源,即尽量采用太阳能、水能与废弃物转化能量,安全利用核能。总之,信用保障系统通过改变简单粗暴的现代技术利用方法,能够提高技术利用的安全程度,以循环利用为重点,以避免破坏生态环境为目标,减少人类技术发展的负作用。

② 技术输入。技术包括硬技术与软技术。硬技术是指设施、设备、农膜等农业生产载体;软技术则是生产组织、沟通方法、信息系统等农业服务平台。传统模式中,设施是天然形成的或辅以简单人工改造,且缺乏持续改善的配套制度,设备则是简单易做的家庭作坊工具,而辅助的农作物生产保护物品基本没有,因此,在这种条件下,农作物的传统栽培方式难以面对大自然的突发灾害,唯有望天而乞求收获。现代模式中,设施设备则是现代化工业产业反哺农业的物质条件,通过持续的技术创新与资金投入来加大农业现代化生产的精益度。

③ 动力输入。输入的动力从动力来源性质可分为地下动力、表层动力与天上动力。地下动力来自于石油、煤炭、天然气等;表层动力来自于流水、核电、沼气等;天上动力主要来自于太阳、风。以信用保障模型为例,输入动力更多地从地下动力转变为表层动力与天上动力,减少地下资源消耗,利用技术提高废弃物的有效利用率。此外,替代动力能源的开发与应用将是今后农业实现低碳生态循环模式的重要措施。

④ 物质输出。输出的物质包括农产品和其他物质。农产品输出从数量向质量转变,农产品安全从消费环节安全向农产品全产业链的安全转变,且农产品的衡量指标从满足居民消费总量的指标向多样化、多元化、多维度转变。口感、颜色与营养等将构成今后农产品质量评价的重要指标体系。此外,其他输出物质的不断减少主要在于农产品可利用物质比例的增加,主要途径有农产品栽培与育种技术的更新与升级,提高农作物的可食用比例;废弃物循环利用技术的创新,提高农作物的技术转化比例。

6.5.3.3　模型结构研究

从产业内、产业间、产业链模型划分,可将信用保障分为产业内信用保障模型、产业间信用保障模型和产业链信用保障模型三类,如图 6-1 所示。

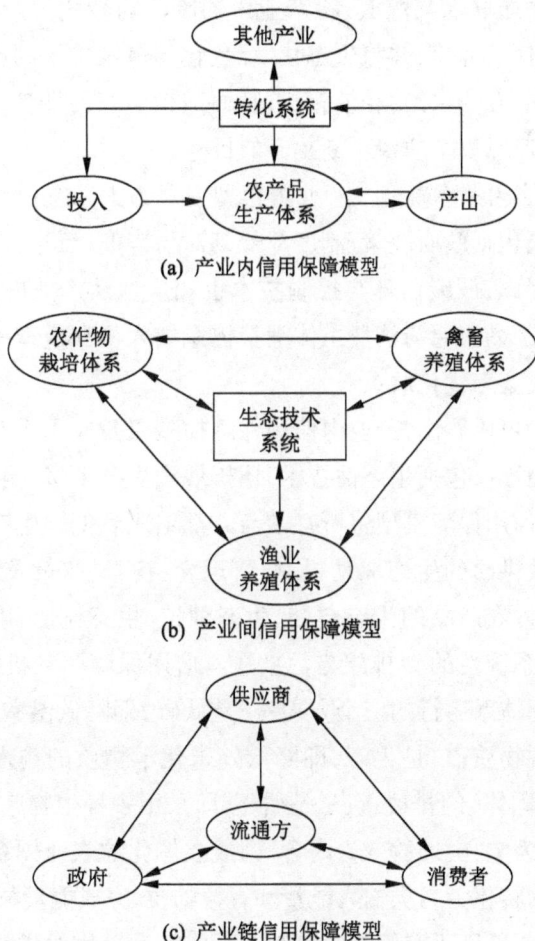

(a) 产业内信用保障模型

(b) 产业间信用保障模型

(c) 产业链信用保障模型

图 6-1　三类信用保障模型

① 产业内信用保障模型。产业内模型主要为农产品单个循环,注重农产品栽培系统输入物质的生态化、有机化与绿色化,以降低或避免化工产品的输入,精准灌溉与优化作业方式,并采用可替代性绿色能源作为输入,购入新能源作业机械与设备,减少碳排放。此外,更新农产品废弃物的转化技

术,完善转化系统,为自身系统或其他产业注入转化能量或转化原料,形成产业内的低碳生态循环机制。

② 产业间信用保障模型。产业间模型主要为农产品共生系统循环,注重于产业间的物质联系与配套,将产业内的废弃物转化为产业间的输入物质,以生态化取代工业化,并将生态化、绿色化的范围扩大到产业间体系,形成各类综合体系,互为供给,相辅相成,从而减少生态污染量,减少工业品的使用量,达到农产品安全质量不断提升的目标。

③ 产业链信用保障模型。产业链模型主要为大系统循环,不仅包括产业内、产业间,还包括政府政策、制度与规则对供应商、流通方与消费主体的支持和影响。因此,低碳估算与控制技术也相应地从产业内评测延伸到全产业链,且将农产品流通与消费主体消费体系纳入循环模型中,寻求总体低碳生态的解决方案与优化政策。

由上述分析可以看出,产业内信用保障模型仅是应用生态性技术;产业间信用保障模型不仅包括生态性技术,还扩展到生态衔接、输入与输出的自然平衡;产业链信用保障模型将所有参与方都纳入到低碳生态方案中,综合考虑农产品有效供给的生态驱动机制,将理念、技术、政策及制度等融合起来,系统性地设计农产品的生态包装、生态种植、生态流通、生态销售,乃至生态消费,降低系统性的碳排放与污染量。信用保障驱动机制聚焦于区域有机农产品定制体系运行的三个方面:一是低碳,即降低温室气体排放或转化气体为输入端物质;二是生态,即降低外来化学物质的输入量,减少废弃物(气体、液体、固体)的排放量;三是循环,即采用多种生物族群互辅互补的共生系统,变废为宝,由外放变为内含,构成立体化的农业体系,或采用现代化技术将废弃物转化为各类输入能量和有益物质,完成能量与物质的循环。

综上,本章节通过研究假设对定制体系实施后分别给供给主体、流通主体和消费主体带来的影响,结合市场诱导、风险防范和信用保障等机制的研究观点,实证分析了定制体系能够促进供给能力、风险防范技术投入和供需诚信度的提升。在此分析结论基础上,本书继续援引前述章节相关研究内容,提出区域有机农产品定制体系的市场诱导、风险防范和信用保障机制的实证研究结论,为后文提出相关建议或对策明确重点和指明方向。

第7章 江苏有机农产品定制现状及存在的问题

7.1 江苏有机农产品定制现状

总的来说,江苏有机农产品的供给类型不尽相同,具有自身的特质和发展逻辑,并与消费习俗、产销实情等相结合,形成了江苏特有的有机农产品定制现状。

7.1.1 定制体系:百花齐放

7.1.1.1 产品推送+家庭定制

家庭农场作为江苏区域有机农产品供给的新生代,尚处于发展初级阶段,主要以合伙人所创建的科技创新团队为主体,运用网上平台与网络工具拓展业务,结合自身固定的配送车辆和时间,依据群里会员的订单需求将相关农产品送到指定地点。该种供给类型具有区域有机农产品定制的雏形,能够作为案例进行详细论证研究。

7.1.1.2 订单配送+多元定制

区域农业园是江苏区域有机农产品传统供给类型的代表,历经多年发展,大多属于政府下属单位控股的集体企业,是具有一定规模的生态综合农庄,主要接受机关与事业单位的订单,并涵盖土地租赁耕种及住宿休闲业务,依据政府平台进行业务拓展,采用第三方配送将订单产品送到需求地点。该种供给类型是从传统主动供给到现代被动接受订单的转变,并逐步进行综合性拓展,具备区域农产品定制生态综合实验田的功能。

7.1.1.3 平台接送+体验定制

区域龙头企业作为江苏区域有机农产品供给的现代化代表,已位居市场发展前列,其性质为大型控股集团,具备充足的科技资源、人力资源和市场资源,能够拓展不同地区业务乃至海外业务,并具有一整套完善的区域有机农产品产销体系,包括传统售卖、现代订单处理及部分产品定制,逐步应用现代信息管理系统提升区域有机农产品供给质量和安全性,提高供应链的运行效率。

从上述三类典型区域有机农产品供给主体研究内容可以看出,其发展类型不尽相同,规模由小到大,产品定制由探索到成熟,较好地阐释了我国区域有机农产品定制发展的不同阶段,并具备区域有机农产品供给主体发展的普遍轨迹与规律,涵盖了资源投入和整合、要素流动及市场需求等各个方面,全面证实了江苏省区域有机农产品定制市场发展的巨大潜力。

7.1.2 定制业态:万紫千红

7.1.2.1 农民市场+产业联盟

江苏有机农产品定制新业态有大型、中型和家庭农场的结合体,具有一定的层次性和灵活性。其共同点是压缩中间供给环节,基本采用直供或直销的模式,采用有机专卖店铺等形式,消费主体与供给主体直接见面,交流消费需求和种植心得。另一方面,随着有机认证的日渐权威,对混入市场的"劣币"加大惩处力度,杜绝了消费主体的不信任感,促使他们能够放心满意地购买到对应的农产品。此外,在江苏区域有机农产品定制体系中,专业合作社的能量非常大,能够对区域种植技术、设备及市场价格谈判起到决定性作用。

7.1.2.2 商超组合+产业治理

江苏有机农产品定制的另一种业态是以大型超市为主,不同于农贸批发和街头小贩的场景,这既与消费人口与分布区域相关,又与区域消费习惯相关。食品超市销售的区域有机农产品都经过严格的质量检测,能够让民众放心地消费。另一方面,江苏有机农产品供给市场历经多年发展,已经形成一整套产业供应链,辅助相对先进的农业机械设备系统,结合国家农业产业需求的多年经验和数据决策,能够制定区域有机农产品供给计划,并联系相应的种植基地完成,避免区域有机农产品的无效供给和供给不足。此外,在江苏有机农产品定制体系中,供给主体的职业素养较高,不论是先进农业机械的操作者和维修者,还是农业技术的推广者和应用者,他们在一定程度上由下而上地推动国家农业产业的持续升级与调整。

7.1.2.3　社区直销+产业技术

江苏有机农产品定制新业态以小型市场和小型超市为主,分散于各大近邻社区,这与居民的消费习惯、居住及出行成本有关,使得区域有机农产品便利店成为生活中不可或缺的部分。江苏区域有机农产品与国家区域有机农产品供给相同的是认证体系的权威化和农产品包装的标准化。区域有机农产品种植技术发展是江苏从业者引以为豪的一个方面,区域有机农产品消费占据亚洲民众日常生活主要比例的是水稻、瓜果蔬菜及肉制品,因此,江苏省近几年技术研发投入持续增大,已取得显著成绩,并以技术输出的方式租赁其他省份的优质土地。此外,江苏省相关主管部门能够积极与定制体系主体共同承担区域有机农产品供给风险,制订发展规划,持续完善食品质量法规,增强供给主体的定制能力,推动区域有机农产品供给的高端化发展。

7.1.3　定制模式:精彩纷呈

7.1.3.1　互联网定制农业模式

互联网定制农业模式是以互联网技术为核心开展的定制农业模式,农业经营者借助互联网进行推广、管理、营销等,从而形成更大的影响力和规模。常州湟里牛肉面向消费主体启动"定制农牧业"项目,产品是当地的黄牛。消费主体通过电商平台认购黄牛,电商平台及农户代养,电商平台提供交易平台及售后保障服务。同时,电商平台对农户养殖的过程进行监督,消费主体可以通过电商平台实时监督查看所认养牛的成长状况,黄牛出栏后,电商平台负责提供屠宰检验、检疫、分割、包装、配送等服务。消费主体可以实时查看认购黄牛的饲养情况,还可以随时去农户家探视,体验饲养的乐趣。

7.1.3.2 共享经济定制模式

共享经济植入到农业中,让定制农业更具有规模化和参与感。该模式可以与会员形成稳固的关系,并且有利于家庭农场或者合作社的发展与壮大。江苏百斯特公司运用"定制共享农场服务运营商"模式,建设自营农场,通过共享让城市家庭共同拥有一个农场,满足了城市家庭拥抱田园的生活方式。该模式的共享是建立在定制的基础上,简而言之,其定制体现在客户一次性注册成为公司的会员(以年为单位),获得属于自己的农场使用权、专属水稻田的收获权和专属管家服务,公司每个月都会配送新鲜胚芽米,客户还能无限次地免费预约旗下所有农场的全家体验游。

7.1.3.3 休闲经济定制模式

该模式定制是基础,消费主体先成为会员,之后农业经营者再延伸服务,引入休闲经济和体验消费,帮助更多消费主体或会员体验农耕生活。江苏仪征生态农业公司通过流转2万多亩山场,建设生态种养基地,山上种植香椿树和2500多亩绿茶、油茶,林下养鸡、养猪。目前,该公司在扬州开设3家实体店,出售基地生产加工的农副土特产品,同时还发展了1万多名会员,定期组织会员到基地生态观光。

因此,江苏有机农产品的定制模式、定制新业态与定制体系发展迅速,形态各异,呈现出强大的生命力,将传统的产销关系变更为立体化、综合性的定制系统,包括农产品仓储区,以货架方式储存农产品,设计代替品质,实用代替精美;农产品体验区,将农产品品尝与农业生态教育融合在一起,采用电子屏播放、客户讨论等方式搜集消费主体多样化与个性化需求;农产品展示区,通过展示农产品新品种、新技术、新包装等,提升品牌底蕴和客户的忠诚度,利于提升定制水平。

7.2 江苏有机农产品定制特征

7.2.1 供给主体特征

7.2.1.1 区域有机农产品供给动力足

区域有机农产品供给动力足既是企业产品竞争力不断提升的展现,也是江苏有机农产品市场需求日益增长的佐证。由前面理论阐述中可知,江苏有机农产品供给动力来自市场利润增加、交易风险降低及技术发展和应用,市场利润增加是推动江苏有机农产品供给量不断上升的原始动力;交易风险降低是保障江苏有机农产品交易市场逐步迈向成熟稳健的重要因素;技术发展和应用是促进江苏有机农产品流通安全与效率持续优化的关键,能给供给柔性带来革命性的变化。

7.2.1.2 信息化系统应用程度高

信息化应用分为外部信息系统普及程度和内部信息系统优化程度。前者是消费主体介入区域有机农产品供给体系的重要渠道,尤其随着网络的发展,手机终端将成为消费主体与其他参与者沟通的主要媒介,并对供给平台 App 的研发、维护和推广提出更高的要求。同时,某些地区仍存在因基础通信设施不完善及劳动力老年化不擅使用手机造成的外部信息系统沟通不畅的问题,需要充分考虑此种状况。后者则是内部信息系统在各部门间完美衔接,实现电子化数据传输,形成"智慧供应链",不断提高部门间信息流通准确度,从而避免发生因无效作业和过量作业导致资源浪费的乱象。

7.2.1.3 供应链整合能力强

与信息化应用分类相似,供应链整合同样可分为内部供应链和外部供应链两类。内部供应链是区域有机农产品在企业内的流通过程,伴随着一系列的共生数据,如产品信息、视频资料等,通过由接收订单到收货的流程,全过程可视化作业,降低人工参与比例,逐步实现智能操作,提升供应链响应速度,以供给弹性代替部分种植柔性,降低定制技术难度,完成消费主体定制要求。外部供应链是区域有机农产品在供给主体与消费主体之间的流通过程,通常由第三方流通主体承担,以先进的库存管理技术、大数据预测技术及安全控温保湿技术等为基础,缓冲供需中存在的定制变动等意外情况,并能将内外供应链整合成一套应对突发情况的方案。

7.2.2 定制模式特征

7.2.2.1 供给流程柔性化

供给环节中生产种植的数据预测能够形成有效种植计划,通过科学决策和周期产出实践,确定定制区域有机农产品供给数量、品质和时间。同时,供应链前后段的生鲜仓储设备能够极大地降低区域有机农产品定制波动效应,减少供给阶段质量风险,缓冲供给主体和消费主体的交易冲突。此外,网络化的家庭农场(农户)形成的扁平化结盟组织,能够高效构建区域有机农产品的产销通道,化整为零,以蚂蚁型的供应节点快速备货,解决供给不足与过度的难题。

7.2.2.2　信息技术先进化

如前所述,大数据搜集、处理、分析与决策和人工智能等先进技术已得到快速发展,普遍惠及民众生活的各个方面,包括区域有机农产品供应链。网络定制、网络展示、网络服务等信息沟通方式成为今后区域有机农产品供给的主要通道,符合年轻一代人的消费观念和消费习惯。定制 App、区域有机农产品知识讲座及相关交流绝大多数通过手机实现,使得手机成为区域有机农产品定制的重要媒介。此外,产品芯片、温湿度传感器、物联网等技术与设备的普及化将成为区域有机农产品供给的催化剂,加速推动市场发展,并对供给柔性及流通管理高效化带来剧烈的变革影响。

7.2.2.3　流通管理高效化

流通管理能够保障物资流通效率和品质,满足定制消费主体送达时间要求,对物资的数量、质量等方面进行全过程追溯,尽量维护物资的原始入库或备货状态。同时,流通管理是人、物、工具和设施设备的相互协调和配合,依据标准作业流程,规范操作物资的停、流、转,安全高效完成信息系统下达的各项任务。此外,无人作业、智能管理将成为今后物资流通的主要元素,20 小时作业及连续监控也将成为物资中转站的常态。这些依赖于流通技术的升级更新,也对区域有机农产品定制市场的发展带来更大的发展机遇。

7.2.3　定制体系特征

7.2.3.1　线上精准营销

以吸引消费主体流量为主的定制体系,可开发适用于 IOS 和安卓系统的定制平台 App,通过绑定头条新闻或健康养身网站及生活休闲游戏,吸引消费主体通过语音或文字在线定制区域有机农产品的定制体系;以吸引社区消费主体为主,可与高档小区物业合作,放置产品宣传橱窗,利用智能手机扫描下单;以吸引特定消费主体的定制体系,可与高档酒店、企事业单位合作,安装大屏触摸屏,滚动播放区域有机农产品信息,增加消费主体的订阅量,同时实施成品免费快递试吃活动。

7.2.3.2　线下精准物流

扁平化供应链,压缩供给主体和消费主体间的中间环节,创新自提、直采直通渠道,推动合作社和社区的团队合作;扩大社区中转站的建设,利用社区零售店、干洗店、早餐店等优势,积极拓展众筹或众包渠道,解决区域有机农产品最后一公里配送问题;提升配送中心单元化装载和精准控温控湿技术,提升订单处理能力,确保百分之百的安全流通和即时配送;完善区域有机农产品标准化包装,适应配送中心分拣自动化、流水化的作业流程,推动多种机器人协同运行,实现区域有机农产品自动打包、自动配送和分配地址,不断降低人工依赖程度。

7.2.3.3　线外精准农业

培育新型职业农民,扶持农学院毕业学生返乡创业,资助三年区域有机农产品供给周期;推动区域有机农产品供给家庭化,实施普通农产品的有机转型,建设以产品种类划分的农户专业合作社;创建三位一体的区域有机农产品供给主体,即农业技术员、农业设备作业员和职业农民相结合,创新基层管理人员的绩效考核方式,提升区域有机农产品的供给量;引入现代农业种养技术,构建低碳生态循环系统,不断提升区域有机农产品的供给品质,保障农资利用精准,降低农业资源消耗,持续扩大农业产业链的效益。

总之,在已有成熟经验的基础上,江苏有机农产品定制体系发展融入柔性的供给流程、先进的信息技术、高效的流通管理,聚焦产品品质的源头控制、产品供给的标准化及冷链仓配的精细化管理等方面,以明确精准的直销供应模式为前提,结合产业链和区块链,发展成符合江苏实际情况的定制体系。

7.3　江苏有机农产品定制的制约因素

江苏有机农产品定制虽然存在多种类型,包括直销、综合超市销售、专柜销售、展览会及其他方式,但深入剖析后发现,订单直销与物流配送的结合将成为今后江苏有机农产品供给的发展趋势。要达到江苏有机农产品品牌的高端发展及消费群体的个性发展相一致的目标,江苏有机农产品体系仍存在定制能力、定制风险和定制信用等制约因素。

7.3.1 定制能力

本书研究的目标是解决区域有机农产品供需不匹配导致供给过度或不足的问题。供给过度带来产品滞销和农资浪费,直接打击区域有机农产品供给主体的积极性,极可能导致次年一蹶不振;供给不足则带来产品价格提升,造成消费主体购买欲望被压抑,转而购买其他区域或国外同类区域有机农产品,甚至只能采购普通农产品。上述情况都不利于国内区域有机农产品市场的持续健康发展,更与民众对高质量生活的向往背道而驰。因此,通过精准化的理论、技术、机制,推动实现江苏有机农产品定制化成为研究的重点,提升供给主体定制能力。此外,本书的研究理念是在目前农业、物流和营销等领域先进理论基础上,通过精准农业、精准物流和精准营销的跨界融合(见图 7-1),才能最终真正实现"一对一"的供需精准。

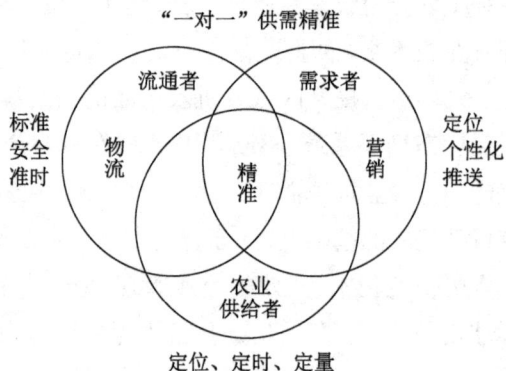

图 7-1 精准农业、精准物流与精准营销跨界融合

7.3.1.1 工业产品定制能力分析

以工业产品汽车为例,定制已成为高端产品的常见属性,尤其是价格高昂的稀有跑车,通常适用于小规模"手工作坊",但仍能保证其市场利润。相比较而言,保时捷汽车品牌已将全部产品纳入到定制化范畴,持续性提供客

户个性化定制。具体来看,工业产品定制能力分析如下:

(1) 产品品质使得定制需求相对稳定

据《美国消费者报告》显示,保时捷汽车品牌长期占据质量排行榜前茅,给予消费主体强烈的品质信任度。因此,在此基础上,针对客户个性化需求实施定制方案,既能保证有一定的定制需求量,即具备一定量的共同结构需求量,又能保障产品的定制品质,持续扩大定制市场。总的来说,当前汽车定制规模化仍是难以回避的难题,需要解决规模化的低成本与定制化的高成本之间的矛盾。此外,当前汽车制造工艺虽然已形成标准化、规范化的作业流程,但面对几万个配件,供给柔性化所带来的工艺调整仍对产品品质产生一定的影响。因此,尽管汽车定制是今后汽车发展的重要细分市场,但离不开定制技术的强力支撑,与社会、技术的发展进程密不可分。

(2) 产品个性化装置能够满足客户定制需求

查阅保时捷汽车选配装置发现,购买种类繁多、个性突出的选配已成为保时捷汽车的客户不得不考虑的一件事,大到悬挂系统、汽车内饰,小到轮毂和车漆,都能给予客户不同的定制体验,满足品牌的奢华感和高贵感。另一方面,客户能想到的定制方案都能在选配手册中找到,将其发送给保时捷供应商和制造商,根据定制方案制造最终汽车实体。上述内容充分说明了保时捷汽车定制能力之强,定制经验丰富且历经考验,通过敏捷化的供应链高效提供产品,定制方案多元化且不断细化,给客户与众不同的专属感。

(3) 产品供给柔性化较高

汽车生产柔性化主要来自于平台、发动机、内饰和电子装备等结构共享,以内在的标准化和外观的个性化,结合加装的舒适性或运动化配件,满足客户定制需求,同时还能控制汽车制造成本。另一方面,汽车组装柔性来自于智能化的装备和模块化的工艺,及时根据客户定制需求调整的供给计划改变组装配件,逐步剔除人工调整所带来的工作过程干扰。值得关注的是,汽车供给流程自动化和智能化的不断推进,既保证物料供给、制造、组装及运行的精准,又能记录供给各环节的作业细节并显示出来,以便全程质量追溯。

7.3.1.2　江苏有机农产品定制能力分析

前面以工业化产品——保时捷汽车为例分析了定制能力提升的重要

性,下面以江苏有机农产品——金花科技果蔬为例,从工业品与农产品定制差异的角度来论证定制能力已成为制约江苏有机农产品规模化发展的关键要素。

(1) 定制品质受限于环境差异

《晏子春秋·内篇杂下第六》中有云,"橘生于淮南则为橘,生于淮北则为枳",是指橘树生长在淮河以南就是橘树,生长在淮河以北则成枳树,叶子相似,但所结果实味道大不一样。由此表明,同一事物由于所处环境不同造成结果完全不同,这句话非常适用于区域有机农产品,即同样种类的植物因为有机农产品种植区域不同会产生不同的颜色、口味和营养,且可能发生有的地方适宜,而有的地方没法种植的情况。另一方面,俗语有"一方水土养一方人",可理解为不同区域群体由于环境不同、生存方式不同和地理气候不同而诞生不同的思想观念和文化性格特征,也可理解为不同区域群体对区域有机农产品的种类、口味等各有不同,这与长期养成的食用习惯有关。因此,本书研究的切入点为区域有机农产品供给,聚焦于产品定制研究,满足一定区域内消费主体的定制需求。

(2) 定制选项局限于产销模式

与工业化定制设计和选配不同的是区域有机农产品定制选项短期内无法改变产品的自然属性,包括口味、成分和营养,所以主要聚焦外在因素改变,比如大小、长短、颜色等,以及产销模式创新,如土地租赁、果树认领及蔬菜包养等,通过区域有机农产品供应链消费主体参与度的高低前置定制环节,改被动采购为主动定制,提前给供给主体发送相关需求信息,从而实现以销定产的产销模式。另一方面,规模化定制利于加强供需双方联络,加强供需双方信任度,通过压缩区域有机农产品的供给环节,降低单位交易成本,同时减少产品中转环节和等待时间,进一步保障产品品质,避免多次污染的质量风险,实现"从田间到餐桌"的直通快车模式。

(3) 定制柔性制约于农业技术

如前所述,工业产品的定制柔性是在一定周期内完成并提交给客户所需的定制产品,具有快速的订单分析处理、敏捷的原材料供应链、现代化的生产制造模块和高效准确的配送网络,已形成一定的规模化定制能力,这些都依赖于强大的工业化技术支持,包括自动化机器人、无人分拣系统、数控机床和智能化监控记录装置,为"工业体系"的发展提供了源源不断的动力。与之相比,农业技术发展滞后导致当前我国农业人口剧减,大量耕地搁置,这既是市场资源流向造成的结果,也是国家扶持农业政策落地效应不明显所致,难以形成区域有机农产品定制柔性化的强力后盾。因此,区域有机农产品定制柔性化只能在区域规模小的家庭农场或产业基地逐步实现,通过专业合作社、产业协会和中介,组成灵活互动的供给主体,互通有无,以小体量推动农业现代化,同时鼓励条件好的龙头农业企业转型或重点发展区域有机农产品市场,借助国家扶持政策,完成产业升级,实现战略目标。此外,随着产业信息化、农业培育等技术的不断发展,先进的 3D 技术极有可能用于区域有机农产品供给环节,如产品、包装及配送装置打印等,为定制体系的发展提供一臂之力。

7.3.2　定制风险

依据前面提到的区域有机农产品有效供给理论,定制风险是阻碍产品正常满足客户定制需求的各类影响因素的统称,包括品质风险、质量风险、流通风险及消费风险等,覆盖定制流程的全过程,既有产品自身属性带来的,也有人为作业导致的,需要分层分类地给予防范指导。定制风险的表述中,提出了几点值得关注的内容:一是定制风险与其他供给渠道风险存在明显差异,重点在于流通环节;二是定制风险需要更先进的防范技术和更全面的防范举措,因为区域有机农产品定制价格普遍高于其他渠道产品;三是定制风险将随着环节的不断缩减和关键点的可视化、数据化而得到有效控制。

本书以精准视角研究解决区域有机农产品供需不匹配的问题,因此,精准供给、精准运行和精准保障对于定制流程设计非常重要,也拓宽了定制风险的内涵,即定向、定量、定点和定时的区域有机农产品定制特征也属于风险防范体系的目标。结合前面对流通主体风险防范的研究内容,定制风险的精准防范成为保障建议中应详尽阐述的内容,主要包括风险的精准界定、方案的精准设计、措施的精准实施等,多方合力以最小化系统成本应对定制风险,构建风险预防和预警机制,尽量将风险扼杀在萌芽阶段,这既需要风险责任人具有丰富的防范经验,更依赖先进的风险预警技术及设备。因此,精准化的风险防范成为研究的聚焦点,其核心之一为构建风险预警机制。此外,需要进一步探讨的是,本书的实证研究对象江苏有机农产品尚存在品质风险不可测的技术局限。因此,以全程化品质追溯作为精准化风险防范的研究内容,即建设并实施全程化品质追溯的数据警示和联动系统,精准界定风险发生环节和发生时间,形成"风险防范规则—风险发生—风险数据—风险警告—风险解决"的流程,避免风险传递的不可控和风险应对的不可靠。

7.3.2.1 工业品定制风险分析

同样以工业产品汽车为例,定制风险无处不在,对比非定制产品,定制风险发生概率较高,主要原因在于定制非标工艺的不断调整易产生意外情况,诸如配件供应、安全测试及组装流程等。因此,定制风险防范程度是保障更多参与主体愿意步入该细分市场的重要因素之一。

（1）安全测试居首位

结合上述研究内容,高端品质是激发定制需求的关键因素,也是区别于其他供给渠道的重要特征之一,因此,保障品质稳定是定制风险防范的出发点和终点。援引工业品质量理论,汽车品质包括动力、行驶稳定性、通过性及安全性等,其中安全性是客户首先考虑的品质因素,在汽车设计环节应进行多次、多种类的碰撞测试,以保障驾乘人员、行人的安全,是风险预防的重要内容,而不是风险发生后的改进措施。汽车定制风险的安全测试是风险防范的重要预防措施,应加强投入比例,而非采用产品召回、维修和更换等补救对策。

（2）数据记录是根本

数据记录是实现全过程质量追溯的重要途径,能够明晰每个环节中机械和人的作业细节,为风险预防和警示提供证据。查阅相关资料可知,自动化汽车作业流水线已将全过程数据记录作为重要的工作内容。机械作业时,能够自动依据标准工艺预先设置的指标,实时监测实际作业数据,提醒并纠正作业偏差,并显示在作业屏幕上,及时将风险扼杀于萌芽中,降低最终整车驾驶风险及相关损失。另一方面,结合精准供给理论,数据记录是提升作业精准度或风险防范精准度的重要基础,能够定量分析偏差数值,利于电脑程序自动调整操作,实现自动化的精准控制,逐步替代人员手工作业比例。

（3）评估规则为关键

结合上述分析内容,本书认为安全测试与数据记录的关键都在于评估规则的不断完善,因此,需不断推动国内汽车制造产业制订更高规范和标准,持续增强国内工业产品的国际竞争力。援引前几年"3·15"消费者权益日的活动报道新闻,不少汽车采用沥青垫片作为汽车隔音材料,导致消费主体驾乘出现恶心、呕吐等身体不适现象,而欧美国家的汽车的隔音材料采用树脂等高分子合成材料,虽然每部车成本提高了一百元人民币左右,但没出现类似身体不适现象。这主要是国内有关车内空气有害成分评估要求低于国外,造成国内汽车供应商为了降本增效而使用了材质较差的沥青垫片。因此,定制风险的防范与认定风险的标准密切相关,更与国家制订实施的风险评估相关法律法规紧密相连。

7.3.2.2　江苏有机农产品定制风险分析

下面以区域有机农产品——金花科技禽蛋为例,从工业品与农产品定制差异的角度来论证,定制风险已成为制约江苏有机农产品市场化发展的关键要素。

（1）供给风险来源于监管无力

供给风险是指具有一定供给能力,能够满足消费主体定制需求,但仍存在损害供应链的可能性,如以次充好、假冒伪劣及价格欺诈等,最终损害区域有机农产品市场的整体形象,直接影响消费主体的定制欲望。如前所述,规避风险既与参与主体的自身素养和交易行为的自律有关,又与监管部门的执法方式和力度息息相关。众所周知,"地沟油"一词,相当长一段时间都对餐饮业造成严重的损害,且至今难以根治。与此相比,欧美国家餐饮从业者不会采用这种方式盈利,绝不敢触碰假冒伪劣这条高压线。因此,监管部门的能力成为影响行业规范和持续发展的重要因素。结合区域有机农产品供给过程,根除"劣币驱逐良币"市场乱象是考验监管部门能力的核心指标之一,是保证江苏有机农产品定制品质的基石。同时,强化网络监管能力成为今后产品定制市场发展必不可少的组成部分,联合开展监管执法,防范供给源头风险,完善风险监管技术,逐渐减少人工检查比例,综合利用线上线下相结合的方式,提升过程数据的分析处理能力,不断适应江苏有机农产品定制流程的发展进程。

（2）流通风险来源于智能无效

流通风险是指区域有机农产品在流通作业过程中出现错误或失误,无法保证产品精准送交消费主体,如短斤少两、丢失毁损、滞后延期等,直接影响消费体验导致交易行为取消。结合风险防范研究内容,本书认为规避流通风险的重要举措在于取消工人直接作业,推动智能化设施设备的逐渐普及应用。查阅近几年有关物流业技术变革的新闻可知,阿里巴巴、京东和顺丰等大型配送中心分拣环节已全部采用智能搬运机器人进行产品装卸搬运、包装等作业,作业指令不停歇,能够在狭小的空间内按序流动,既保证流通作业的精准度,又能大量减少仓库面积,一举多得。另一方面,硅谷、深圳、杭州等高科技公司密集的区域已相继出现智能送货无人机,进一步论证了智能化流通将成为今后物流精准化发展的重要方向。而与之相比,江苏有机农产品流通由于产品包装的参差不齐和仓储条件的千差万别,造成智能化技术和设备推广的难度较高,导致应用范围较小。因此,本书认为,结合区域有机农产品供应链理论,研发创新适应江苏有机农产品的智能化仓储、装卸搬运及配送的设施设备成为推动产品定制市场化发展的当务之急,也是降低人工作业成本和风险的重要手段。

（3）消费风险来源于引导无奈

消费风险是消费主体在消费过程中预测到产品可能带来的危害,是属于心理预期范畴,且不同的产品会给消费主体带来不同的风险感知。同样以汽车产品为例,豪华品牌汽车会给消费主体带来高额的维修保养支出超出个人承受能力的风险;普通品牌汽车又易给消费主体造成安全性不高的消费风险,因此消费风险会影响到消费行为,更可能影响到产品品牌。与此相应,江苏有机农产品消费风险主要来自于供给品质,即消费价值风险"值不值",这需要权威部门的积极引导,形成江苏有机农产品物超所值的普遍消费观念,能够较好地给予消费主体健康绿色的食用效果,有助于提升和改善生活质量。另一方面,江苏有关部门应采取有效行动支持和鼓励区域有机农产品消费,并出台扶持政策,给予参与江苏有机农产品定制体系的相关主体优惠或补贴,增强消费引导力,共同推进江苏有机农产品定制需求的不断扩大。

7.3.3　定制信用

援引前文有关交易契约理论和研究内容,定制信用是产品定制过程中遵守承诺,依据协议或合同完成交易行为,包括交易前、交易中和交易后三个阶段,并对今后交易活动产生一定的影响,包括供需信用、供应链信用和合作信用等。从中可提取以下重点:一是定制信用不仅仅发生在两者之间,还可能关系到银行金融和保险机构、政府部门和志愿者团队等;二是定制信用不仅仅发生在产品交易过程,还包括交易前产品信息沟通及交易后产品消费信息反馈等;三是定制信用不仅影响本次交易任务,还会影响今后交易行为与其他关联客户的交易活动,乃至品牌忠诚度。因此,精准评估交易信用成为研究的目标,其核心内容为构建定制信用保障体系。值得关注的是,定制信用具有社会性、系统性和整体关联性等特征,它不仅属于社会信用的一部分,还与个人生活信用、医疗信用、学习及金融信用等方面密切相关,需要举全员之力共同推进和实施各项决策。

7.3.3.1　定制信用体系建设的前提是个人、企业和社会信用体系

定制信用建设的前提条件是个人、企业和社会信用体系的逐步完善,是三者的综合体现,因为定制体系涉及上述三种参与主体,还包括政府部门、科研院所、社会团体等辅助元素。值得关注的是,政府部门信用体系在社会信用体系中具有示范和榜样作用,因为其单位的特殊性带来的舆论焦点和权威特质,在定制体系中具有强烈的引导和促进功能,能够影响定制信用的建设进程。因此,定制信用体系的建设难点在于政府主管部门、监管部门和服务部门信用体系的整合;定制信用体系的建设重点在于个人、企业和社会信用体系的不断完善,能够完成以货币作为违反交易协议的惩罚手段转变为以信用为主的惩罚机制,最终推动物流、信息流和信用度为主的定制体系运行局面。

7.3.3.2　定制信用体系建设的基础是供需诚信

如前所述,供需诚信是影响定制的主要因素之一,能够决定区域有机农

产品需求主体定制行为,并对定制体系的认同造成一定的影响。因此,提升供需诚信度是推动定制体系实施和稳定区域有机农产品定制市场的重要手段,更是建设定制信用的基础。简单来说,供需诚信是指定制系统的供给主体和需求主体间的互相信任,保障双方能够坦诚合作,实事求是地防范风险,共同完成产品交易。结合前面的研究,供需诚信不仅来自交易双方的自律,还需要外界约束机制,以此不断增强供需双方的信任度。另一方面,供需诚信还指定制系统中发生合作行为的双方存在的信任关系,包括供给主体和流通主体、流通主体和消费主体,乃至政府与协会、协会和供给主体等,共同构成了定制信用体系主体。因此,定制信用的基础是供需诚信,加上体系建设制度、技术和组织等元素,最终形成一整套江苏有机农产品定制信用体系。

7.3.3.3　定制信用体系建设的目标是定制品牌

定制品牌化发展是区域有机农产品定制市场健康有序的重要保障,也是实现供需"一对一"精准化的重要渠道,更是定制规模化和市场化的重要支撑力。结合相关营销理论,消费主体信任是品牌忠诚度的基础,代表着对产品品质、产品安全等方面的信任,能够避免消费风险所导致的消费犹豫,并利于品牌新产品的市场推广和风险防范凝聚力的自发激励,进一步对相关主体实施精准农业、精准物流和精准营销提供动力。因此,定制信用体系的建设目标是塑造和维护江苏有机农产品定制品牌,逐步实现区域市场成本控制下的高端产品规模化的定制目标。

7.4　江苏有机农产品定制体系发展的重点问题

江苏有机农产品定制体系发展的重点主要有定制影响因素、定制模式主体、定制体系构建三大方面,其中定制影响因素是定制体系顺畅运行的驱动因子;定制系统主体是构成"铁三角"的三类参与者,为定制流程设计夯实基础;定制体系构建则在上述研究内容的基础上,形成切实可行的有机农产品定制体系。

7.4.1　定制影响因素

通过大量社会调查和企业调研,本书充分获取区域有机农产品消费数据,从区域有机农产品定制渠道满意度和定制支付意愿分析两方面研究影响消费主体愿意通过定制渠道采购农产品的多种因素,结合 SPSS 22.0 数据分析模型和区域有机农产品定制理论,提取供给种类、供给品质和供给安全三种关键影响因素。另一方面,依据区域有机农产品供应链、交易契约及风险防范等理论,本书认为供给种类、供给品质和供给安全的保障主要归因于供给柔性度、技术应用度和供需诚信度三类因子。

7.4.2　定制模式主体

通过区域有机农产品供应链的调研掌握产品供给环节,本书将定制模式主体界定为三类,分别为供给主体、流通主体和消费主体,并结合国外区域有机农产品供给案例,深入研究定制模式主体的各自职责和功能及三者之间的联系,从而构建稳定发展的"铁三角"架构,为定制体系的顺利运行夯实基础。因此,本书提出江苏有机农产品定制的运行主体、流程设计重点、驱动机制落脚点和实施效果论证都是基于供给主体、流通主体和消费主体,他们是推动定制市场车船勇往直前的驾驶员和掌舵员。

7.4.3　定制体系建设

通过定制系统主体情况的研究,本书从增强供给柔性、提升风险防范能力、保障信用保障等方面,结合前面提出的定制影响因素的保障因子,将精准性、柔性化、众筹性、便利性作为设计原则,提出适合不同种类的有机农产品定制的市场诱导、风险防范和信用保障三种类型的定制设计模式,同时在借鉴工业品规模定制理论的基础上,提出江苏有机农产品私人定制的设计、生产与销售等方面的关键技术,并初步勾勒出有机农产品定制体系的理论框架。

第8章 江苏有机农产品定制体系发展的对策建议

区域有机农产品定制是实现江苏有机农产品精准供给的有效途径,能够降低区域农业资源的无效耗费,提升农业生产的质量与安全,利于农业产业结构调整与升级,符合现代农业发展趋势,将精益农业、生态农业及精准农业结合起来,以"一对一"的流通匹配,助力江苏农业供给侧结构性改革。

8.1 培育市郊的家庭农场

依据前面区域有机农产品供给主体类型分析可知,江苏有机农产品定制模式总体分为两类:一是传统代理模式;二是网络直销模式。前者采用线上与线下两种渠道,但大多离不开商贸公司代理、经销和两级以上的中介环节,且需要大量的场地或实体店面进行销售;后者则以线上平台为依托,缩减交易环节,搭建供给方和需求方之间的桥梁,不占用售卖场地,更为依靠供需双方的信任度和产品的质量水平。

8.1.1 专业合作社的支撑至为关键

尽管国家屡次在中央一号文件中提出"加大对三农的投入力度",但最终落实到单个农户的资金却非常少,大多数流向农业龙头企业与专业合作社。其主要原因有三个:一是在传统代理模式中,江苏有机农产品产销体系的中坚力量为大型农业企业和专业合作社,影响着国家农业产业结构调整和升级的进程;二是在财政资金拨付管理中,区域内大型农业企业和有限专业合作社的项目类型同质化,考核标准一致,易于效益验收;三是家庭农场或单体农业业务素养相对较低,大多数处于被动接受技术输入和品种更新阶段,难以对江苏有机农产品供给侧结构性改革提供合力。因此,相对于大型农业企业而言,专业合作社由于组织结构、运营方式及效益分成等特点,能够持续引导和带动单体农民的专业化发展和素养化更新,对于现代农业专业化模式的发展完善具有关键的支撑作用。

8.1.2 "超市+*X*+基地"的合作模式应用广泛

当前,江苏有机农产品产销模式普遍采用"连锁超市+有机农产品供给基地"的方式进行市场销售,其本质是通过"农超对接"将有机农产品基地直接与销售地的超市衔接,剔除多级代理,简化流通环节,缩短产销时间,夯实有机农产品的定制化基础。据有效统计,美国、欧洲、日本有机农产品经超市销售的比重达80%以上,我国只有25%左右。具体而言,"超市+基地"的合作模式主要分为三种:一是"超市+专业合作社+单体农户",又称为"直接采购模式"。这种模式的特点是采购成本较低,但依赖第三方物流公司完成有机农产品的配送,需要额外支付配送成本。二是"超市+中介型农产品公司+农户",又称为"专业采购模式"。这种模式的特点是由中介型农产品公司负责区域有机农产品配送流程,可以降低超市的物流作业负担和安全质量风险,且具有较完整的质量保证与防控标准,但会增加区域有机农产品的采购成本。三是TESCO模式,又称为"订单采购模式",与第一种采购模式相似,超市不再是被动地采购或接受农户已种植的有机农产品,而是主动提供采购订单,对有机农产品的品质与质量、品种及种植技术等提出具体的要求。这种模式的特点是需要构建江苏有机农产品冷链仓库,保障生鲜度、提高安全度、规范标准度,对江苏有机农产品家庭农场和种植基地提出更高的要求。

8.1.3 "家庭+定制平台+农户"成为趋势

未来淘宝、京东、拼多多等电商平台将取代实体超市进行江苏有机农产品销售的虚拟化展示,综合有机知识宣讲、健康食疗讲座及有机食品制作烹饪等模块,实现消费前、消费中和消费后的"一条龙"服务。借助美团、饿了么等App的"送菜"服务,江苏有机农产品定制将实现"一对一"的直接订单供给和个性化需求,打破目前难以有效根除的供需双方信息不对称问题,形成新型职业农民专注提供优质江苏有机农产品,电商平台负责搜集、处理、传递大量订单,城市"滴滴农产品"负责江苏有机农产品配送的理想状态,推动江苏有机农产品定制体系的构建与发展,稳步扩大有机农产品销售市场。

8.2 提高有机农业的定制能力

江苏有机农产品定制能力主要是从定制质量、定制流程与定制柔性出发,以定制体系参与主体为基础,深入探讨农业经济、信息技术与管理科学相关的定制建议。

8.2.1 提升江苏有机农产品定制柔性

定制柔性是江苏有机农产品供给能力得以保障的直接体现,深挖定制产品、重构定制组织和丰富定制内容,不断扩大产品的定制种类。

8.2.1.1 深挖江苏"一村一品"定制脉络

区域有机农产品栽培种植具有天然的地理优势,具备难以复制的竞争力,绝大多数出产于固定且有限的区域,形成"地理标识保护产品"。另一方面,随着乡村振兴战略的逐步深化,挖掘乡村特色农产品或特有农产品,能够引导农村聚焦当地自然生态农产品的栽培、销售及技术升级,集中资金投入放大农产品定制收益。其中,深挖定制脉络还需要注意以下几点:一是精准投入资金扶持特色农产品发展,包括生态环境的保护与检测、土壤肥力保养与修复、品种改良和升级等;二是精准调研同质品种售卖区域,采取差异化竞争方式,形成以区域需求量确定区域产出量的模式,避免资源浪费;三是精准构建定制体系,依据江苏有机农产品的特点,选择不同的定制渠道,提升定制效益和效率。

8.2.1.2 重构江苏"一园一链"定制组织

江苏有机农产品产业链的重构应朝向规范、安全、高效率与低成本方面发展,形成集聚化、集约化和规模化效应,从而利于提升产品流通效率,降低产品流通成本。"一园"是江苏有机农产品产业园,是将地方特色农产品加工流通、仓储保管、配送运输的环节资源整合起来,基本将除了产地采集与消费地接受之外的其他过程囊括在内,形成集中化仓储管理、现代化加工及整包配载等状态,提升物流安全与质量;"一链"是指江苏有机农产品全产业链,涵盖农产品的整个产业过程,包括产地耕作栽培、收集整理、加工流通、仓储及配送等环节,重点在于产业链的增值功能与升级效应,创造更多的就业机会,提高更多的产业附加值。因此,重构定制组织尚需关注以下几点:一是精准定位园区功能,依据产品产销特征设置功能要素和运营组织管理,提供多样化与单一化、轻资产与重资产等模式,达成共建共享的目标;二是精准设置流通模块,注重江苏有机农产品城乡流通一体化,采用信息化技术与智能化设备,以效率为中心,提高分拣、理货及包装速度,完成"一日达"或"三日配"任务;三是精准完善管理组织,以股份公司为主,持续优化公司组织管理流程,采用"公司+合作社+农户"或"直销超市+合作社+家庭农场"等合作方式,提升产业链稳定性和发展力。

8.2.1.3　丰富江苏"有机农产品+"定制内容

江苏有机农产品的发展不仅需要产品本身的优良品质,更需要结合当地产业特点。同时,三产融合是今后相当长时间应坚持的发展方向,将江苏有机农产品种植培育的第一产业延伸到农产品加工业,尤其是农产品深加工,逐步扩大"农业+旅游业""农业+养老业"及"农业+教育业"等定制内容,提升农产品定制的观赏性、健康性与知识性,从而不断整合粮、果、蔬、畜牧等资源,并为当地农民选择适合自身发展特色的农产品提供更有利的条件。但是,丰富"农业+"定制内容还应注意以下几点:一是精准探究地方自然环境与生态优势,引入同条件培育的新品种,满足国内消费主体对国外江苏有机农产品的品质化需求;二是精准构建区域"农业+"定制内容,依据本地支柱产业发展类型,设计三产融合模式,突出提升农产品主线产业链,带动农业经济发展,促进农村地区自然资源的合理化与可持续化开发利用;三是精准创新"农业+"定制内容,积极探索区域间农业合作模式,援引合作城市农业共享途径,取长补短,提高整体资源的利用效益,还要积极寻求周边农村地区的资源合作,挖掘差异性内涵,并结合各类农业和文化活动,分享互补收益。

8.2.2　优化江苏有机农产品定制流程

定时技术需依赖江苏有机农产品定制体系参与方信息动态匹配、产品信息及时更新和 AI 服务实时反馈,实现产品产销过程的信息监控,把握供给环节的时间,保证产品定制的精准性。

8.2.2.1 三方信息动态匹配

信息搜索与采集的形式主要有网络搜集、实地调查、朋友和亲戚告知等。据调查,因成本、时间等条件限制,网络搜集占据主要比例,但由于虚假信息的泛滥与相关搜索监控的松散,使得大量信息丧失正确性和真实性,导致信息搜索"无功而返"。因此,笔者建议在多方构建的江苏有机农产品定制平台上进行买卖双方及流通方的实名注册和认证,并缴纳一定比例的保证金,由相关方进行自动网络检索结对交易,通过系统内部自动匹配,显示三方的供需信息及流通能力[127],提供给相关方进行选择,完成江苏有机农产品信息三方匹配的过程。

8.2.2.2 产品信息及时更新

如前所述,江苏有机农产品定制交易通常由消费主体通过定制平台、电商平台或相关沟通工具及 App 发送定制需求,供给主体接受订单信息,借助第三方配送,将符合定制要求的江苏有机农产品送交消费主体。供给主体会不定期地将江苏有机农产品的新消息推送给相应的消费主体,提醒或激发消费需求,吸引潜在客户或老客户,从而完成江苏有机农产品的交易。值得关注的交易环节主要有:一是搜集到符合消费需求的供给主体。江苏有机农产品的需求根据群体收入的不断上涨及对身体健康的日趋重视,必将呈现逐步增长的态势,因此,江苏有机农产品交易的第一步是寻求和培育符合定制要求的供给主体,可以采用区域就近培育,结合现代栽培技术,逐步形成城市近郊供给的"直销模式"。二是安全配送给消费主体。当前,江苏有机农产品的供给基地大多集中于天然的地理区域和先天的环境优势,容易导致物流配送的堵塞。所以,土壤、温度、湿度、光照等人工调节及规模化供给成为今后江苏有机农产品定制解决的要点,变地理标识化农产品为江苏有机农产品,形成覆盖近距离的产销体系。三是保障江苏有机农产品的供给质量。江苏有机农产品供给质量是影响定制流程的关键要素,是稳定发展定制体系的主要因素。如前所述,诚信体系是江苏有机农产品供给的基础,是保障供给主体自我监管、自我检测和事后追溯的基石。诚然,网络化的定制流程必然伴随江苏有机农产品供给质量的参差不齐与滥竽充数,但通过不断完善的信用积分机制与透明化通告制度及信用身份证的网络构建,能够完成江苏有机农产品定制流程的安全交易。

8.2.2.3　AI 服务实时反馈

当前,大型电商平台主要通过建立客户支持组织、招聘网络平台服务员和电话接线员等进行服务反馈,及时解决客户投诉和其他沟通问题,但仍面临人员短缺问题,导致沟通不及时或不完善。因此,服务反馈的及时性和消费满意度是江苏有机农产品定制流程设计的重要评价内容。同时,针对上述问题,定制流程应具备江苏有机农产品流通的全程监控能力,能够保证消费主体拥有对订单产品可视化追踪的权利,借助手机 App 与 AI 实时反馈系统了解并查看产品状态,从而精准把握产品送达时间,将服务反馈可能出现的问题通过现代化物流技术表现出来达到定制流程全程透明化、可控化、精准化。

总之,尽管信息固有的多变性、波动性和不确定性增加了搜集成本,影响了交易效率,且易成为有机农产品定制的重要阻碍,但定制体系可利用定时技术搜集有机农产品供给地和供给方、消费主体等主体的信息,寻求合适的流通方,进行江苏有机农产品交易并完成反馈服务等。

8.3　加大有机农业技术研发的投入

本书从有机认证体系、溯源系统与信用平台等方面认定江苏有机农产品供给、消费及流通的有效性,以保证定制市场的纯洁度,避免资源的无效浪费。

8.3.1　落实江苏有机农产品定制"认证"体系

农产品有机认证是保证江苏有机农产品质量,并以令公众信服的文件与结果说明江苏有机农产品对人体健康与食用品质的有利作用,但对于江苏有机农产品定制"认证"而言,目前尚缺乏有效内容,主要表现为:一是江苏有机农产品小规模定制往往是个人交易或私下交易,凭借交易双方自然形成的信任机制,基本没有有机认证环节;二是江苏有机农产品大规模定制普遍借助"电子商务下乡"或客商小规模定制形成的基础,通过双方自主交易体系进行江苏有机农产品交易,但对有机程度与具体理化指标没有足够的检测设备与装置;三是江苏有机农产品市场虽然拥有巨大的发展潜力,但有机农产品认证机构资质的参差不齐与鱼龙混杂,也对江苏有机农产品定制认证带来了较大的不良影响。如前所述,江苏有机农产品定制是农产品产销精准对接机制的一种形式,是"需求什么,种植什么"的直接体现,是从根本上改变以供定产的现状,避免资源浪费的供给侧结构性改革的途径。此外,定制与普通产销存在诸多不同,江苏有机农产品定制"认证"内容应关注以下几个方面:一是认证人员由新型农业技术服务人员兼职,化被动接受检测与认证为农资、农业设备等服务关联的主动出击,既能化解成本过高或监管空白的难题,又能全方面指导江苏有机农产品定制实践;二是认证内容由监管土地转变为监管环境,以定制农产品培育的土壤、水质、种植方式等外界环境检测结果逐渐取代产品本身的有机性,从而与江苏有机农产品溯源系统联结起来,提升产地质量保护的意识与素养;三是认证方式由单次个体认证完善为全程合作的认证体系,吸收与扩大认证人员的范围与种类,将"先种植再认证"变革为"先认证再种植"与"边种植边认证"机制,形成"提前发现、预先防范、有效避免"的认证方案。

8.3.2　集成江苏有机农产品定制"溯源"系统

查阅相关资料发现,国际上尚未构建完成基于食品安全生产和全程供应链管理系统完整对接的农产品可追溯体系,但江苏有机农产品定制由于来源复杂且分散、形式与渠道多样、质量影响因素繁多等原因,愈发使得构建定制"溯源"系统成为江苏有机农产品定制持续发展的重要支撑条件。以上研究内容充分说明定制的私密性与个体性,容易造成问题解决的随机性,究其重点在于无法确认质量变化的环节与对应责任人。目前,针对江苏有机农产品溯源系统,尤其是小批量的农产品交易,已相继探索并实践了诸多保障体系,如社区支援农业系统(CSA)、消费主体合作社(Consumers' Cooperative)、农夫市场(Farmers' Market)、农盟保障体系(24AG)等。上述系统的主要特点有:一是注重消费主体参与江苏有机农产品种植过程,取代市场监管主体的职责与行为;二是注重供需双方的共同利益,双方不再是纯买卖关系;三是注重网络技术的推广和利用,全程性与可视化成为发展趋势。因此,构建江苏有机农产品定制"溯源"系统包括以下几个方面:一是成熟的网络技术与信息沟通机制。江苏有机农产品产地与供给方因为天生的"技术弱势"尤其值得关注并给予更多的资金扶持,成为"智力扶贫"的重要组成部分。二是稳定的交易环境与场所。江苏有机农产品因为种植环境的敏感性与供给主体的脆弱性易受到外在环境的影响,对利益共同体的构建压力颇大,因此,消费方与流通方的积极参与具有巨大的支撑力,而这些都是建设在稳定的平台基础上,并能够保障参与者的核心利益。三是良好的交易能力与素养。江苏有机农产品的交易基础建立在需求方或消费主体对品质生活的一种向往,需要具备较好的教育水平和学习能力,积极吸收新知识,更新陈旧观念,并更为注重长远效益[128]。

8.3.3　稳固江苏有机农产品定制"信用"平台

"信用"是个体、单位或团队外在名声或美誉的载体,是信息沟通受众对其品德观念判定的媒介,包括私人信用与商业信用。江苏有机农产品定制信用相比较于普通农产品交易更倾向于前者,对私人信用的依赖更为明显。现实交易中,江苏有机农产品定制交易需要供需双方构建信任机制并进行长期合作,获取长远收益,形成利益共同体,因此,强化江苏有机农产品定制信用并持续提升成为市场定制规模逐步扩大的重要因素之一。此外,"信用"就是隐形购买力,是综合表征信用者能够无成本或低成本获取外部资源的指标之一,对显性购买力具有重要的影响作用,因此,商业信用是社会流通货币,私人信用则是个体固有价值,两者之间可互相转换和兼容。由此,江苏有机农产品定制"信用"平台的搭建成为健全江苏有机农产品定制保障体系的重要组成内容,主要有以下几个步骤:一是设置江苏有机农产品定制"信用"模块,记录供给方、需求方、流通方交易信息,包括交易及时性、有效性和准确性,利用电脑自动分析交易数据质量,定量测定交易经验值,计算交易信用积分;二是对接社会信用诚信系统,从商业信用层面掌握参与方信用信息,剔除或隔离长期失信人名单,避免江苏有机农产品定制体系受损;三是剖析征信人信用快速上升和下降的原因,结合实际交易内容,给予综合性评价,保证信用参与人的主观积极性和一定程度的容错性。

8.4 强化参与主体的征信力度

8.4.1 数据与信息共享

8.4.1.1 共享消费主体数据

消费主体是江苏有机农产品定制的发起者,也是产品的消耗方;消费群是江苏有机农产品市场的组成部分,更是产品不断升级换代的动力来源。消费数据是客户数量、分布、年龄、收入及相关变化的数值和曲线,能够表征一定时间内消费主体对江苏有机农产品的喜好变化,从而对江苏有机农产品针对性的研发起到重要影响作用。众所周知,大数据分析处理已成为产品研发推广的前置环节,同时也成为江苏有机农产品供给主体提前种植评估的信息依据,究其原因主要有两点:一是江苏有机农产品供给与普通工业制品存在显著不同,前者往往要耗费几个月乃至几年,且大多品种各不相同;后者往往只需几个小时或者几周,这种明显差异使得江苏有机农产品供给方应具备较强的数据搜集、分析与预判能力,提前规划产品的供给品种、品质及周期,以提高供给精准度。二是江苏有机农产品消费群相对普通商品易发生明显波动,前者存在消费不稳定性和冲动性,后者的变化相对平稳,这种明显波动不仅会给供给主体带来信息干扰,也会给区域消费主体造成供给不足的假象。因此,三方共享消费主体数据不仅能够对供给主体预估产品信息有效,对流通主体界定配送信息有用,也对消费主体组成虚拟消费社区有利。

8.4.1.2 共享市场信息

产品市场由三方共同打造,理应由三方共享,结合江苏有机农产品种类,群策群力推动江苏有机农产品市场发展,扩大市场份额。从美国、德国、日本等国家江苏有机农产品的市场占有份额可以看出,消费主体的收入与江苏有机农产品市场份额成正比,生活方式由吃饱变为吃好,再变为吃健康。该种状况的出现将颠覆传统农产品产销体系,转被动为主动,使得消费主体成为江苏有机农产品市场份额变化的关键。同时,江苏有机农产品生产质量、配送质量及安全成为市场份额变化的重要因素,对供给主体、流通主体及消费主体都提出了相应的要求,在积极参与江苏有机农产品定制流程设计、改造及升级的过程中,逐步降低产品价格,提高供需质量和匹配度。

8.4.1.3　共享产品禀赋

产品禀赋主要是指江苏有机农产品品种、产地、组成、储存条件及品牌等标识,用于与其他普通农产品相区分,因此,其对有机性的权威认证应醒目标注在产品包装上。当前,消费主体对江苏有机农产品购买欲望不高的主要原因有:一是认为没必要购买。消费主体认为有机农产品对身体健康的影响程度不高,没必要购买该类农产品。二是价格贵。尽管有一定的需求,但相比较普通农产品,江苏有机农产品的价格是前者的十倍甚至更高。三是不敢购买。出于对国内有机农产品认证的不信任,消费主体不敢购买此类产品,转而购买国外价格相近乃至更高的同类农产品。因此,三方共享产品信息,共同把关产品质量,从供应链角度提升消费主体对有机农产品有机认证的信任度,逐步构建安全质量风险的联动机制,降低消费主体上述三类心理的出现频率,重振市场的消费信心。

8.4.2　探索信用积分管理制度

江苏有机农产品交易信用是产品定制中的核心内容,更是推动供应链节约化、节能化的重要助力。探索江苏有机农产品交易信用积分管理不仅有利于市场规模的持续发展,更是解决"三农"问题的重要举措。

8.4.2.1　探索抵押物价值与个人(家庭)信用积分转换办法

如前所述,无抵押条件下个体农民或家庭农场可以用信用积分向银行等金融机构贷款融资,同时,通过进一步探索抵押物价值与信用积分之间的转换,"以物换分"或"以分购物",用积分直接购买农业所需的种子、农资和相关设备,通过信用联网系统数据实时监控和督查受资助者的项目执行进度,逐渐扩大江苏有机农产品供给主体的信用积分普及率和受惠面,激发供给诚信交易的积极性。

8.4.2.2　创新江苏有机农产品交易积分奖励与惩罚机制

江苏有机农产品定制市场,制定合理的升级与降级规则,严格信用积分奖励和惩罚具体标准,并对严重危害市场发展的行为采取终身禁止的措施,如产品危及消费主体生命、恶意规模化仿冒品牌等。同时,将交易积分推广到流通主体与消费主体的方式,形成交易内积分的有效联动,创新"以分购物"的方式,探索三方参与提供建议和意见换取积分,不断集思广益开创江苏有机农产品定制的生态社区概念,形成"虚拟家庭、虚拟社区或农场"的网络"共建、共享、共赢"的积分增长与消费模式。

8.4.2.3 实现公安、社保、教育、银行等机构的信用联网

当前,银行信用已与个人消费、子女入学教育、医疗保险等项目挂钩,并不断推广到个体生活的其他方面。实现江苏有机农产品定制的核心环节是具备完善的信用联网基础,能够查询到交易方的信用积分,并能有效监督交易方的诚信记录,保障交易过程的诚信守约,从而推动江苏有机农产品定制市场的健康发展。

8.5 优化定制驱动机制

本书认为保障江苏有机农产品定制市场稳健的支撑基础是定制体系的顺畅运行,其驱动动力源主要有"铁三角"内部稳定和流程设计合理,进一步分析提出铁三角内部稳定和流程设计合理是江苏有机农产品定制体系存在的必要基础。拉力是市场诱导,推力是风险防范,定力则为信用保障,三者组成合力共同驱动江苏有机农产品定制体系的稳定高效运行。

8.5.1 增强市场诱导的拉力

市场诱导是指驱动有机农产品三方参与者共同关注农产品定制供给安全质量,保证供需精准的拉力。本书剖析了市场诱导动力、机理和途径,以激发供给主体供给积极性、提升流通主体配送效率、满足消费主体需求等方面,提出相关观点,并结合文章中分析的案例,深入挖掘市场诱导的内在机理,揭示其内在规律,归纳出定价权、预期收益和政府补贴是市场诱导机制的动力载体,同时提出应促进拥有定价权群体、预期收益周期及政府补贴结构的精准化,避免简单的"一刀切",推行精准施策的科学化管理。

8.5.2 保障风险防范的推力

风险防范是指杜绝有机农产品定制体系运行风险,驱动其保持健康有序的运行轨迹,避开内外杂质的干扰,提升自身生存能力和防御水平,不断

壮大定制市场,进一步提高防御风险的"免疫力"。本书围绕江苏有机农产品定制体系运行中常见的风险类型,剖析引发风险的原因,并结合所查阅的文献资料,提出自我防范、技术防范和制度防范等举措,进一步通过各类案例论证三种防范对于提升江苏有机农产品定制体系运行能力的重要作用,同时详尽阐述了三种举措的具体内容,深挖风险防范与定制体系的内在联系,从而指导定制体系参与者的防范行为,提高风险防范意识。

8.5.3 稳定信用保障的定力

信用保障是指江苏有机农产品定制体系运行的生态性,旨在推动自然资源的可持续利用,促进江苏有机农产品供给过程的低碳循环,通过精准农业、低碳种植、循环模式等途径,变废为宝,降低不可再生能源的输入,提升产品供给过程的绿色比例,如绿色生产、绿色物流和绿色消费,提高驱动定制体系运行动力源的"清洁度",实现江苏有机农产品定制体系建设符合保护生态环境、人与自然和谐相处的大系统,从而保持源源不断的驱动力。

总的来说,市场诱导、风险防范及信用保障对江苏有机农产品定制体系的参与主体行为影响重大。首先,市场诱导主要认为趋利是人之天性,符合经济理论假说与新制度经济学论述,进一步说明定制体系的供给主体具备追逐市场利益最大化的本能。其次,风险防范认为避害是物之要务,符合农产品供应链与产业链的要求,进一步阐述了定制体系的流通主体应关注江苏有机农产品的配送安全。最后,信用保障从人与自然和谐共生的角度,提出定制体系的消费主体关心饮食健康能够对生态环境保护产生逆向激励,符合社会经济的可持续发展需要。

当然,江苏有机农产品定制体系运行的驱动机制构成复杂,不仅包括上述三类,还包括如理念驱动、技术驱动和制度驱动等。但本书以这三种影响程度较深的机制为主,挖掘它们与江苏有机农产品定制体系间的内在联系,旨在研究定制体系运行的动力源、驱动形式和机理,从而把握江苏有机农产品定制市场的内在发展规律。

8.6 重塑定制组织优势

8.6.1 提升消费信心

消费主体可通过定制平台检索产品,也可通过讲座、面授及体验等现场活动体验消费,提升消费信心,确认产品定制质量。

8.6.1.1 定期举办江苏有机农产品健康专题讲座

据实地调研,江苏消费主体对江苏有机农产品消费不感兴趣的主要原因是价格高,超过家庭承受能力,认为有机并不有机、有机不一定健康,导致市场上销售的大多数"有机难有戏"。同时,江苏消费主体对国外有机食品趋之若鹜,甚至以更为高昂的价格买给子女食用。究其根本,主要原因在于以下几点:一、不信任国内有机食品的安全质量;二、不相信物有所值;三、购买力小于承受力。因此,举办江苏有机农产品健康专题讲座具有较强的意义,利于消费主体深入了解江苏有机农产品的认证过程,重塑有机认证的权威性。

8.6.1.2 及时更新或发放江苏有机农产品宣传信息

充分利用社区等基层单位的宣传栏,开辟专属江苏有机农产品推广栏目,选择时令性突出的瓜果蔬菜进行知识宣讲,聚焦特殊需求人群的敏感点,并联合江苏有机农产品供应商进行供给产品的广告宣传。同时,结合社区节日活动,设立社区产品代理人和经纪人,提高江苏有机农产品的影响力。

8.6.1.3 积极开展有机农场免费体验月活动

将有机农场体验与休闲游、亲子游、假期一日游等有机结合起来,融入现场采摘、食品烹饪、美食文化等环节,提升江苏有机农产品产销体系的"信用度",塑造家庭农场的"家庭氛围",逐步形成直销或直供模式,从而沉淀老顾客,发展新顾客。

8.6.2 增强供给主体抗压性

相比较江苏有机农产品的其他供给类型,在产品市场价格不变的情况下,定制体系能够带给供给主体更多的收益,更便利的渠道及更有效的刺激手段。

8.6.2.1　扩大江苏有机农产品定制补贴范围

调研结果表明,江苏有机农产品补贴种类较全,基本覆盖了农产品种植相关区域,在围绕国家植树造林、重点农作物供给、土壤养护及生态环境保护等方面突出了补贴作用,很大程度上解决了农产品种植面临的诸多问题,但是江苏有机农产品供给仍面临资金短缺、融资困难、保险渠道不顺畅等难题,因此,为保障江苏有机农产品定制需求满足度与消费主体日益增加的品质感,扩大江苏有机农产品定制补贴范围是大势所趋,提出以下几点建议:一是落实江苏有机农产品的定制认证规范,筛选补贴区域,以产出量或种植面积作为补贴计算依据,精确扶持培育合格的江苏有机农产品销售规模;二是落实江苏有机农产品的定向补贴对象,以种植技术升级、采摘机械更新、流通设施设备为重点,提升江苏有机农产品的消费满意度;三是落实江苏有机农产品保障基金,逐年提取一定比例补贴用于技术升级与改造,预防江苏有机农产品风险,保证供给稳定性与持续性。

8.6.2.2　完善江苏有机农产品定制补贴流程

江苏有机农产品定制补贴申请人为供给个体、农村合作社、农业企业等,审核方是定制产品或项目对应的政府主管部门,如江苏有机农产品种植技术归属科技部、江苏有机农产品流通设备改造归属供销总社、江苏有机农产品价格制订归属市监局、江苏有机农产品园区规划归属发展改革委等,但申报资料格式不一、内容多样,造成申请难度提高,不利于江苏有机农产品供应方的补贴落地。此外,对于供给个体和农村合作社而言,缺乏应用政策的能力导致政策利用度不够,形成执行单位敷衍,任其"野生"的恶性循环。因此,"放管服"的行政管理导向为精简江苏有机农产品定制补贴流程提供了政策依据。由前所述,搭建信用平台是江苏有机农产品市场销售规模扩大与提升其市场竞争力的基础条件,同时也是界定江苏有机农产品供给方相关信息正确可靠的主要标准。通过平台对供给方信息的搜集,江苏有机农产品申请人可利用系统数据对接实现自动申请与提交,弥补不会申请、不懂申请乃至不知道申请的短处,及时发挥政策帮扶性与惠及性,使得政策落地滞后期与宣导期大大缩短。

8.6.2.3 创新江苏有机农产品定制补贴考核

江苏有机农产品定制补贴发放部门可采用部门委托、人员兼职、消费主体代理等方式检测成效,主要包括资金使用范围、资金使用量与资金使用绩效,并重点关注投入与产出比例。通过成立补贴成效监管委员会,以消费主体、农技服务人员为主,采用第三方的成效检测表格,对申报区域逐一进行评分。评分标准可划分为三个方面,包括环境改良、种植技术升级、产量与品质提升等,分别占 40%、30%、30% 比重,不断提高专款专用的精准度,有效改善"大锅饭"和"人头均分"的简易做法。此外,成效监测的数据应与消费主体、社区团队、供应链平台等终端绑定,实现数据实时传递,将接受补贴方事前、事中与事后成效反馈到界面上,归入数据中心,从而对后继者与其他利益相关者产生积极的引导作用。

8.6.3 促进流通主体坚韧化

冷链物流的发展关乎江苏有机农产品定制体系的实施效果,影响着最终产品的定制质量,因此,灵活构建联盟化的共建体系成为亟须探索的重点[129]。

8.6.3.1 产地共建仓储设施

通常意义上,冷链仓储设施是江苏有机农产品流通中不可或缺的基础设施,能够保障一定时间内产品的供给质量,成为衔接产销时间不一致的"缓冲器"。从江苏有机农产品定制方面来说,仓储设施的重要性有所降低,仅在订单波动时作为紧急之需,所以仓储能力不是考虑的重点,仓储技术才是考评的必备要素。同时,降温、抽真空措施仅能保持江苏有机农产品短期内的品质,控温保湿才能保证短期内江苏有机农产品的生鲜度和营养度。此外,专业合作社牵头共建仓储设施是凝聚江苏有机农产品供给主体的有效手段,采取入股、租赁和合作等方式,吸引更多的资金和人员参与到项目中,降低个体风险,同时,积极鼓励第三方参与仓储设施管理运营,提高专业人员比例,增强仓储设施共建的覆盖范围[130]。

8.6.3.2 销地共建包装线

一般而言,包装是产品生产前由生产厂家依据产品属性、功能、运输特征及销售宣传需求等设计的,包括个体产品的销售包装、组合包装及运输包装。但江苏有机农产品定制由于农产品自然属性提出更高要求的包装,尤其是单体包装。据市场调研可知,当前江苏有机农产品包装大多与普通农产品包装相似,没有专门的包装装备和特殊处理技术,容易产生与普通农产品一样的问题,如颜色或水分变化明显、香味淡化等。与上述不同的是,江苏有机农产品定制流程通常由消费主体发送订单提出需求,同时可提供符合所需农产品保管要求的包装装置,诸如保温袋、控温盒等,通过物流送交供给主体,并标注客户信息,部分包装装置可多次使用,从而可降低包装成本,提高配送效益。此外,江苏有机农产品消费群可以借助市场上现有的农产品包装选择、设计制作常用的包装装置,借鉴城市外卖配送的餐饮包装经验,确定并规范消费量较大的江苏有机农产品种类(如鸡蛋、大米、青菜、苹果等)的包装标准,并逐步推广应用。

8.6.3.3　三方共建监测系统

当前,监测设备主要呈现给消费主体的是产品配送过程中的位置,通过产品扫描发送地点信息上传给平台 App,便于消费主体实时查询以了解流通状态。然而,不同于普通产品,江苏有机农产品的品质与温度、湿度及卫生环境等密切相关,因此,监测设备除了提供江苏有机农产品位置信息外,还需关注其所处的环境状态,包括实时温湿度、流通环境的视频影像等资料,这也将成为溯源机制必不可少的内容。总的来说,供给主体应提供江苏有机农产品供给阶段的监控视频,用于消费主体及时了解定制农产品的种植过程、采摘进度及成长阶段,深化产品"有机绿色"的印象,固化"物有所值"的理念;流通主体应提供江苏有机农产品流通阶段监控视频,用于消费主体和供给主体及时跟踪定制农产品的配送过程,了解产品的状态变化,放心产品的流通质量;消费主体应能提供可供检测包装内产品状态的检测装置,依据自身消费要求,调整与改变检测具体数值,另辟蹊径地体现个性化定制诉求。

8.7 健全江苏有机农产品风险防范体系

8.7.1 优化产销风险共担机制

8.7.1.1 共担质量风险

质量风险是指供给的江苏有机农产品不符合消费定制需求,发生外观品相、内在成分不合规等问题,最终影响农产品持续交易的事件。质量风险依据流通阶段可分为生产阶段风险、流通阶段风险及消费阶段风险等。同时,质量风险是意外事件,具有一定程度的不可抗性,需要三方共同预防和分担。具体而言,生产阶段质量风险主要由自然气候变化、土壤养分变化及栽培技术与方法变化等因素引起;流通阶段质量风险主要由自然灾害、紧急群体事件等因素引发,如地震、泥石流及重大传染性疾病;消费阶段质量风险主要由存储不当、操作疏忽等因素引发,易影响下次交易行为。因此,三方共担质量风险是将江苏有机农产品定制体系中易发生的风险系数降到最低,采用多种沟通渠道避免农产品质量变化,积极跟踪产品状态,保障供应链系统质量。

8.7.1.2 共担安全风险

安全往往与江苏有机农产品质量挂勾,主要是指产品安全生产、安全流通、安全食用等方面。安全生产是指江苏有机农产品栽培过程中的作业安全、农资投入安全及技术方法安全等;安全流通则是指江苏有机农产品流通过程中的操作安全、防护安全及设备使用安全等;安全食用与消费主体食用习惯、生活传统及烹饪方式紧密关联,包括器具清洁、环境干净卫生及作业规范等。三方共担江苏有机农产品安全风险,能够保障产品的供给质量和数量,保证流通体系的高效和节能,降低定制流程中的危险度,通过三方联动构建安全提醒机制,提高江苏有机农产品的供给安全系数。

8.7.1.3 共担信用风险

三方的信用风险主要体现在消费主体不及时付款、恶意投诉、随意变更送货地址或改变定制需求等;流通主体不及时送货、不按时接收江苏有机农产品、不按协议保障江苏有机农产品品质等;供给主体不按定制要求提供江苏有机农产品、不能保证产品有机品质、不按时提供货物等。上述信用风险易导致一次性交易,同时挫伤三方交易的积极性,极大地阻碍江苏有机农产品的市场发展。三方共担信用风险应建立互评互动机制,采用信用积分形式提升三方交易的稳定性,驱逐混乱市场的"劣币",量化供给质量安全与信用度的换算分值,借鉴淘宝、京东等电商平台信用累计方法,积极拓展金融租赁、信用白条及保险信托等业务,灵活机动地发挥三方信用能力,提升江苏有机农产品的市场竞争力。

8.7.2　构建气象风险预警系统

如前所述,江苏有机农产品气象风险普遍大于其他产品,因此对气象灾害风险的规避要求甚高,但由于市场规模小,经济效益不明显等劣势未得到保险公司的关注。不可否认的是,构建气象风险防控预警体系对于助力江苏有机农产品定制的纵深化具有深远的积极意义。

8.7.2.1　联动江苏有机农产品风险预防机制

围绕上述三方共担风险建议,保险公司可研究部署江苏有机农产品风险预防体系,通过保险种类、保险项目、保险金额、保险费率等设置与调整,构建三方联动风险防控机制,并针对生产阶段风险较大的领域,结合技术指导,将风险控制在供应链源头。此外,依据"防控结合、以防为主"的指导思想,江苏有机农产品定制的交易三方应编制标准化作业手册,系统规范各供应链环节作业细节,从根本上杜绝意外事件,做到"规范作业、标准产品、安全实施"。

8.7.2.2　聚焦江苏有机农产品供给重点风险

江苏有机农产品供给是风险防控的重点领域,应结合农业科学与技术、土壤学、栽培与耕作及农业遗传育种等进行研发指导,科学化地预防种植过程中的气象风险,并采用多种培训或会议方式指导供给主体执行预防措施,降低供给阶段的风险发生率,从而从源头上提升江苏有机农产品供给主体的信心。

8.7.2.3　新增家庭农场江苏有机农产品气象保险种类

据上述研究表明,家庭农场将成为江苏有机农产品定制的未来主体之一,能够适应城乡结合的综合化消费趋势和多元化消费理念,并能与新型职业农民培育相结合,构建起"小而精""多而广"的"蚂蚁农场",汇聚成江苏有机农产品供给群体。同时,家庭农场面临较大的技术缺口,如科学种植、科学防控等,需要农科院和研究所等科研机构的有效支持,更需要完善的风险防控体系的支撑。因此,新增家庭农场有机农产品供给保险能够一定程度上促进其规模的扩大,支持与鼓励返乡回乡人员再创业,助力家庭农场能够成为江苏有机农产品供给的中坚力量。

总之,江苏有机农产品定制实现的重要借力之一是保险与金融,前者是防控风险,给予意外补偿,稳定供给主体信心;后者则是鼓励投入,扩大资金规模,刺激供给主体的积极性。两者互为辅助,形成稳定力和推动力,共同促进江苏有机农产品定制市场的发展。

8.7.3 创新融资风险规避模式

8.7.3.1 创建无抵押的信用融资流程

江苏有机农产品定制流程的信用积分既对交易各方产生积极的影响,又是交易过程中互助互信的依据。当前,金融机构已将个人存款、还款记录折算为个人信用分值,可以实现无抵押贷款,且大多为银行主动提供贷款信息和贷款额度。与此相对应,江苏有机农产品定制累计的信用积分也可作为无抵押贷款的依据,成为创新江苏有机农产品供给融资的有力途径,并结合个人或家庭农场资金的申请额度,折算为具体贷款额和利率,以作为江苏家庭农场发展的有效支撑。

8.7.3.2 探索基层党组织的融资担保制度

专业合作社是现阶段江苏有机农产品产销体系中不可或缺的组织,是连接超市与基地的桥梁。同时,相关学者提出基层党组织作为乡村振兴的重要力量,具有担负解决"三农"问题的重要职责,具有不可替代的作用。因此,基层党组织可承担类似于专业合作社的功能,汇集江苏有机农产品的供给分支,并具有一定的融资担保能力。总的来说,探索基层党组织的融资担保制度不仅能激发对乡村家庭农场的供给活力,更能够将基层党组织与农民紧密联系在一起,真正实践"为农服务"的根本宗旨。

8.7.3.3 创新全过程融资项目指导监管体系

结合以上内容,江苏有机农产品的供给主体大多对农业发展有热情、经营农业有韧性、发展农业有信心,但仍缺乏一定的项目指导与监管,不具备整体性规划与市场预测,带有一定的市场盲目性。因此,保险公司与金融机构不仅需要防控风险和给予资金扶持,还需新建一套全过程的融资项目指导监管体系,将助力落到实处。同时,培训江苏有机农产品供给咨询师、技术员成为当务之急,可委托第三方进行江苏有机农产品项目指导和监管,出台相关考核标准,并量化为保险赔付金额和投入资金数额,杜绝人人平均、户户相同的"大锅饭"问题,以定制产品效益为评价指标,鼓励出彩,惩罚出乱,形成"出彩的加油干、出乱的没法干"的江苏农业发展新气象。

参考文献

［1］黄祖辉,傅琳琳,李海涛.我国农业供给侧结构调整:历史回顾、问题实质与改革重点［J］.南京农业大学学报(社会科学版),2016,16(6):1-5,152.

［2］李克强.实施创新驱动发展 增强科技创新能力 更好引领带动经济结构转型升级［N］.人民日报,2017-08-23(1).

［3］姚冠新,徐静.产出不确定下的农产品供应链参与主体决策行为研究［J］.工业工程与管理,2015(2):16-22.

［4］徐静.我国有机农产品有效供给保障研究［D］.镇江:江苏大学,2016.

［5］姚冠新,边晓雨,何勇.低碳经济视角下农村物流系统动力学模型构建及仿真研究［J］.软科学,2018(2):60-66.

［6］林俐.供给侧结构性改革背景下精准扶贫机制创新研究［J］.经济体制改革,2016(5):190-194.

［7］石朝光.基于产业链视角的蔬菜质量安全管理研究［D］.南京:南京农业大学,2010.

［8］田跃,姚冠新,徐静.现代农产品流通体系创新模式的探索研究［J］.农业经济问题,2017,38(12):89-90.

［9］陆建飞,陈波,葛敏,等.德国和日本有机农产品流通体系的比较及其启示［J］.生态经济,2006(5):259-261.

［10］李宗育,王小鹏,董超,等.精准施策提升服务农业供给侧改革的能力和水平［J］.农业发展与金融,2017(11):63-65.

［11］袁媛,陆建飞.国外近10年有机农业的发展与启示[J].世界农业,2012(2)：14-17,22.

［12］孟菲.食品安全的利益相关者行为分析及其规制研究[D].无锡:江南大学,2009.

［13］吴锋,李怀祖,韩新民.关于产品批量化定制的思考[J].工业工程与管理,2001(2):18-21.

［14］陈昆玉,覃正.大规模定制:企业竞争的新范式[J].科学学与科学技术管理,2002(2):49-51.

［15］顾燕.大规模定制模式的综述:概念、原因、分类及实现[J].企业经济,2002(9):79-80.

［16］车帅,雷毅,贺可太,等.基于Internet的产品客户化定制平台[J].中国机械工程,2003(7):54-57,5.

［17］姚建明,蒲云,张秀敏.面向供应链的大规模定制时间阈值理论研究[J].工业工程与管理,2005(2):64-69.

［18］徐贤浩,陈荣秋.即时定制生产模式下企业生产能力概念及其快速形成机制[J].管理评论,2006(8):56-62,64.

［19］彭正龙,姚黎旻.人力资源外包服务的大规模定制研究[J].工业工程与管理,2007(3):82-85,108.

［20］金立印,邹德强.定制化购买情境下的消费者决策研究综述与展望[J].外国经济与管理,2009,31(6):32-38.

［21］陈觉,郝云宏.服务业前后台分离:从传统运营到大批量定制[J].中国工业经济,2009(10):108-117.

［22］刘胜,黄河,刘飞.陶瓷产品网络化销售和定制体系设计研究[J].计算机集成制造系统,2002(4):303-305,325.

［23］马玉芳.基于Internet的大规模定制生产计划系统的研究[D].武汉:武汉理工大学,2003.

［24］张雷.大规模定制模式下产品绿色设计方法研究[D].合肥:合肥工业大学,2007.

［25］鲁玉军.面向大批量定制的ETO产品配置设计方法研究[D].杭

州:浙江大学,2007.

[26] 詹蓉.面向即时顾客化定制的个性化需求预测方法研究[D].武汉:华中科技大学,2008.

[27] 钟小强.个性化产品快速响应设计方法研究[D].合肥:中国科学技术大学,2008.

[28] 邵晓峰,季建华,黄培清.面向大规模定制的供应链驱动模型的研究与应用[J].工业工程与管理,2001(6):10-13.

[29] 林森,但斌.面向大规模定制的产品平台管理模型[J].管理工程学报,2005(1):51-55.

[30] 张敏,程文明,张则强,等.面向大规模定制的供应链延迟策略模型[J].西南交通大学学报,2011,46(6):1055-1059.

[31] 李敏,徐福缘,顾新建.大批量定制及其产品与过程集成优化模型研究[J].中国机械工程,2002(9):48-51,4.

[32] 王庆国,蔡淑琴,陈宏峰,等.面向客户定制的动态 BOM 模型及算法[J].计算机工程与应用,2002(24):94-95,171.

[33] 陈俊,黄炜.产品平台在基于大规模定制范式的生产系统中的作用建模[J].中国管理科学,2003(4):21-27.

[34] 王海军,马士华,赵勇.大量定制环境下基于延迟制造的多级供应控制模型研究[J].管理工程学报,2005(1):6-9.

[35] 郭昱,吴清烈.基于云计算的大规模定制客户需求响应模型及其节点的选择与分布[J].系统工程理论与实践,2011,31(S2):1-6.

[36] 邵晓峰,黄培清,季建华.21 世纪的主流生产模式:大规模定制[J].软科学,2000(4):43-45.

[37] 郑华林.面向大规模定制的生产管理模式及其产品族建模技术研究[D].重庆:重庆大学,2002.

[38] 汪晓霞,黄磊.大规模定制——21 世纪的生产模式[J].山东经济,2002(1):68-70.

[39] 黎继子,刘春玲.集群式供应链大规模定制化的计划管理模式[J].工业工程与管理,2007(3):40-46.

［40］黎继子,李柏勋.集群式供应链大规模定制化运作模式分析——以晋江鞋业产业集群为例[J].科研管理,2007(6):167-174.

［41］戴若夷.面向大规模定制的广义需求建模方法与实现技术的研究及应用[D].杭州:浙江大学,2004.

［42］孔凡凯.大型定制产品模块化制造关键技术研究[D].哈尔滨:哈尔滨工程大学,2006.

［43］杨青海.大批量定制原理与若干关键技术研究[D].杭州:浙江大学,2006.

［44］朱凌云.面向大规模定制产品设计的客户需求处理关键技术研究[D].合肥:合肥工业大学,2008.

［45］李长江,陈衡.大规模定制模式下定制程度的优选分析[J].工业工程与管理,2006(1):6-9.

［46］连海佳,季建华.大规模定制模式下定制程度分析[J].上海交通大学学报,2006(4):677-680.

［47］龚本刚,程幼明.延迟区分战略——实现大规模定制生产的有效途径[J].决策借鉴,2002(5):22-26.

［48］刘一骝,余瑜.基于大规模定制的成本管理[J].科技管理研究,2005(3):110-112.

［49］邵晓峰,季建华.大规模定制环境下定制产品与标准产品的定价与库存协调研究[J].中国管理科学,2009,17(6):109-115.

［50］金立印,邹德强,裴理瑾.服务定制情境下选项的战略呈现:呈现框架对消费者选择的影响[J].南开管理评论,2009,12(6):90-100.

［51］Doorn J V, Hoekstra J. Customization of online advertising: The role of intrusiveness[J].Marketing Letters.2013,4(24):339-351.

［52］Nagpal A, Lei J, Khare A. To choose or to reject: The effect of decision frame on food customization decisions[J]. Journal of Retailing,2015,9(3):422-435.

［53］Ulrike K, Martin S, Chris J. The self-expressive customization of a product can improve performance[J]. Journal of Marketing Research,2017,54

(5):816-831.

[54] Koch S, Duygu I. Mass customization for financial services: an empirical study of adoption and usage behavior [J]. Journal of Services Marketing, 2015,29(3):235-243.

[55] Yang J, Kincade D, Jessie C. Types of apparel mass customization and levels of modularity and variety: Application of the theory of inventive problem solving[J]. Clothing and Textiles Research Journal,2015,33(7):199-212.

[56] Fabrizio S, Rungtusanatham M, Madiedo J. Montanez. Antecedents of mass customization capability: Direct and interaction effects [J]. Ieee Transactions on Engineering Management,2015,62(11):618-630.

[57] Bock D, Mangus S, Folse J. The road to customer loyalty paved with service customization [J]. Journal of Business Research, 2016, 69(11):3923-3932.

[58] Customer G, Antonietta R, Stefania F. Attitude and dispositions towards customized products: The interaction between customization model and brand[J]. Journal of Interactive Marketing,2013,27(3):209-225.

[59] Lai F J, Zhang M, Lee D M S, et al. The impact of supply chain integration on mass customization capability: An extended resource-based view[J]. IEEE Transactions on Engineering Management,2012,59(3):443-456.

[60] Wang Y, Lee J, Fang E. Project customization and the supplier revenue-cost dilemmas: The critical roles of supplier-customer coordination[J]. Journal of Marketing,2017,81(1):136-154.

[61] Alexander L, Kati K, Sabrina T. Spotlight on customization: An analysis of necessity and sufficiency in services [J]. Journal of Business Research, 2018,89(8):385-390.

[62] Lee G, Huang F, Cheng T. Edwin competition between manufacturer's online customization channel and conventional retailer[J]. IEEE Transactions on Engineering Management,2015,62(5):150-157.

[63] Yao J, Deng Z. Scheduling optimization in the mass customization of

global producer services[J]. IEEE Transactions on Engineering Management, 2015,62(11):591-603.

[64] Christian H, Haeubl G, Andreas H. Product customization via starting solutions[J].Journal of Marketing Research,2014,51(6):707-725.

[65] Deshpande A. Relationships between advanced manufacturing technologies, absorptive capacity, mass customization, time to market and financial and market performance[J]. Asia-Pacific Journal of Business Administration,2018, 11(1):2-20.

[66] Benedikt S, Ursula S. Beauty or function? How different mass customization toolkits affect customers' process enjoyment[J]. Journal of Consumer Behaviour,2015,14(9):335-343.

[67] Song X. Integrated Product and Channel Decision in Mass Customization[J].IEEE Transactions on Engineering Management,2013,60(1):30-45.

[68] Johanna V, Arjen W, Paul M. Being flexible through customization-The impact of incubator focus and customization strategies on incubatee survival and growth[J]. Journal of Engineering And Technology Management,2016,41 (9):45-64.

[69] Chen T. Optimal return service charging policy for a fashion mass customization program[J].Service Science,2013,5(1):56-68.

[70] Andrea P, Andrea R, Valerio T. Problematizing customization and IT in the fashion industry: A case study of an Italian shoemaker[J]. Journal of Global Fashion Marketing,2018(9):73-86.

[71] Lee H, Meng H. Perceived risk of online apparel mass customization: Scale development and validation[J]. Clothing and Textiles Research Journal, 2015,33(6):115-128.

[72] Emanuel D, Christian H, Kenichi I. Cross-national differences in uncertainty avoidance predict the effectiveness of mass customization across East Asia: A large-scale field investigation[J]. Marketing Letters,2015,26(9):309-320.

［73］Nguyen B, Klaus P, Simkin L. It's just not fair：exploring the effects of firm customization on unfairness perceptions, trust and loyalty［J］.Journal of Services Marketing,2014,28(6):484−497.

［74］Nikolaus f, Christopher H. Mass or only "Niche Customization"? why we should interpret configuration toolkits as learning instruments［J］.Journal of Product Innovation Management,2014,31(6):1214−1234.

［75］Jafari H, Nyberg A, Tone O. Customization in bicycle retailing［J］. Journal of Retailing and Consumer Services,2015,23(5):77−90.

［76］Kasiri L, Cheng K, Murali S. Integration of standardization and cus-tomization：Impact on service quality, customer satisfaction, and loyalty［J］. Journal of Retailing and Consumer Services,2017,54(5):816−831.

［77］Puzakova M, Rocereto J, Hyokjin K. Ads are watching me：A view from the interplay between anthropomorphism and customisation［J］.International Journal of Advertising,2013,32(4):513−538.

［78］Ding Y, Keh H. A re-examination of service standardization versus customization from the consumer's perspective［J］. Journal of Services Marketing,2016(30):16−28.

［79］Kang Y, Lee W. Self-customization of online service environments by users and its effect on their continuance intention［J］. Service Business,2015,9(6):321−342.

［80］He H, Harris L, Wang W. Brand identity and online self-customisation usefulness perception［J］. Journal of Marketing Management,2016(32):1308−1332.

［81］Yoo J, Park M. The effects of e-mass customization on consumer per-ceived value, satisfaction, and loyalty toward luxury brands［J］. Journal of Busi-ness Research,2016,69(12):5775−5784.

［82］李静芳. 精益生产、敏捷制造、大规模定制和即时顾客化定制比较研究［J］. 经济与管理,2005(8):61−64.

［83］徐贤浩,陈荣秋.即时定制生产模式下产品交货期及策略研究［J］.

工业工程与管理,2006(2):61-64,82.

[84] 王晶,程丽娟,宋庆美.基于顾客参与的定制满意度研究[J].管理学报,2008(3):391-395.

[85] 张祥.顾客化定制中的顾客参与研究[D].武汉:华中科技大学,2007.

[86] 单汨源,王福秋.大规模定制企业快速反应能力的模糊综合评价研究[J].现代情报,2005(10):165-167,175.

[87] 冯根尧.大批量定制化服务产品优化模型探讨[J].价值工程,2006(1):64-66.

[88] 王海军.面向大规模定制的产品模块化若干设计方法研究[D].大连:大连理工大学,2005.

[89] 赵凯.基于个性化产品定制的参数化设计系统研究[D].沈阳:东北大学,2009.

[90] 熊立华.面向大规模定制的产品族开发设计研究[D].天津:天津大学,2004.

[91] 刘明周,葛茂根,刘正琼,等.基于约束的可定制产品配置模型[J].计算机辅助设计与图形学学报,2006(2):225-230.

[92] 范志君.个性化产品需求管理及快速定制技术研究[D].济南:山东大学,2012.

[93] 祁国宁,杨青海.大批量定制生产模式综述[J].中国机械工程,2004(14):20-25.

[94] 曹乐.面向大规模定制的扩展制造执行系统及其关键技术研究[D].重庆:重庆大学,2008.

[95] 但斌,王江平,刘瑜.大规模定制环境下客户需求信息分类模型及其表达方法研究[J].计算机集成制造系统,2008(8):1504-1511.

[96] 龚本刚,华中生.基于延迟技术的大规模定制生产模式[J].经济管理,2001(16):46-50.

[97] 李莉,唐婧.消费者对定制化营销的反应及对企业管理实践的启示[J].湘潭大学学报(哲学社会科学版),2007(6):92-97.

［98］周镕基，皮修平，吴思斌.供给侧视角下农业"悖论"化解的路径选择与体制机制构建［J］.经济问题探索，2016(8):150-154.

［99］黄建华.政府双重干预下基于渠道商价格欺诈的农产品交易演化博弈模型［J］.中国管理科学，2016(11):66-72.

［100］张红宇.新型农业经营主体与农业供给侧结构性改革［J］.中国农民合作社，2016(6):9-10.

［101］李冬艳.农业补贴政策应适时调整与完善［J］.经济纵横，2014(3):63-66.

［102］马亚娟，郭丽珍，许玉贵.我国生猪价格波动的特点与调控对策［J］.中国市场，2012(48):52-54,61.

［103］刘世锦.供给侧改革需打通要素流动通道［N］.经济日报，2016-01-11(13).

［104］杨曙辉，宋天庆，陈怀军，等.现代农业生产方式与技术体系对生态环境的影响［J］.农业环境与发展，2010,27(1):1-7.

［105］王勇，李怀苍.国内微信的本体功能及其应用研究综述［J］.昆明理工大学学报(社会科学版)，2014,14(2):100-108.

［106］高小兰，王址道.基于流通渠道优化的农产品流通成本和效率分析［J］.农业经济，2015(12):135-136.

［107］陈定洋.供给侧改革视域下现代农业产业化联合体研究——产生机理、运行机制与实证分析［J］.科技进步与对策，2016,33(13):78-83.

［108］高珊，黄贤金，钟太洋，等.农产品商品化对农户种植结构的影响——基于沪苏皖农户的调查研究［J］.资源科学，2014,36(11):2370-2378.

［109］陈品，陆建飞.农民对种植结构调整的认知和心态分析及政策启示——基于江苏淮北4县476位农民的调查［J］.江苏农业科学，2014,42(9):482-484.

［110］Guibert H,Kueteyim P,Bassala J. Intensification of maize cropping systems to improve food security: Is there any benefit for Northern Cameroon farmers? ［J］. Cahiers Agricultures, 2016, 25(6): 533-547.

［111］Suto N, Kawashima H. The stable isotope finger printing technique for agricultural pesticide[C].AGU Fall Meeting, California,2014.

[112] 曹春雷.影响农产品有效供给的主要价费问题及对策建议[J].价格理论与实践, 2011(10):19-20.

[113] 王帅,赵秀梅.中国粮食流通与粮食安全:关键节点的风险识别[J].西北农林科技大学学报(社会科学版),2019,19(2):124-132.

[114] 王川.我国农产品市场风险的形成及防范研究[J].中国食物与营养,2008(9):33-36.

[115] 冉净斐.逆向选择、道德风险与中国农村流通体系建设[J].区域经济评论,2018(1):48-54.

[116] 陆连华.建立农产品流通风险机制的探讨[J].吉林财贸学院学报,1992(1):52-55.

[117] 蒋和平,傅晨.论建立农产品流通风险调控机制[J].广西大学学报(哲学社会科学版),1996(5):36-41.

[118] 张云起,冯漪.基于区块链的电商信用生态治理研究[J].中央财经大学学报,2019(5):102-108,128.

[119] 汪火根.新政治生态下我国政府信用问题的生成机理与治理路径[J].湖北社会科学,2015(1):28-33.

[120] 查慧园,刘洋.担保机构引入第三方信用评级体系的构建——以江西鄱阳湖生态经济区为例[J].江西社会科学,2012,32(11):75-79.

[121] Joe B, Erik M, Robert W. The effect of credit card versus mobile payment on convenience and consumers' willingness to pay[J]. Journal of Retailing and Consumer Services,2020(52):101910.

[122] Hersperger A, Oliveira E, Pagliarin S. Urban land-use change: The role of strategic spatial planning[J]. Global Environmental Change,2018(51):32-42.

[123] 倪超,杨胜天.黑龙江省耕地集约利用评价及障碍因素诊断[J].干旱区资源与环境,2014,28(12):32-37.

[124] 李春燕,南灵.陕西省土地生态安全动态评价及障碍因子诊断[J].中国土地科学,2015,29(4):72-81.

［125］ Yue Tian, Guanxin Yao. Fuzzy evaluation of intelligent service system scheme for meteorological disaster management in facility vegetable［J］. International Agricultural Engineering,2020,29(3):349-359.

［126］王莉. 基于 WebGIS 的农业环境动态监测与评价管理信息系统设计与实现［D］. 南昌:江西农业大学,2013.

［127］赵启兰. 大规模定制(MC)物流服务能力研究［D］.北京:北京交通大学,2010.

［128］田跃,钱志洪.基于地域共享的现代物流业成本控制问题研究［J］.商业时代,2013(33):53-54.

［129］张慧娟,薛曦.农产品三级流通供应链协调机制研究——基于风险控制与信息共享视角［J］.商业经济研究,2017(9):150-153.

［130］田跃.我国城乡商贸流通一体化的有利条件及其发展对策［J］.改革与战略,2017,33(7):156-158.